《中国名人大传》
ZHONGGUO MINGREN DAZHUAN

曾國藩传

王 燕◎著

北京联合出版公司
Beijing United Publishing Co.,Ltd.

图书在版编目(CIP)数据

曾国藩传/王燕编著.—北京:北京联合出版公司,2013.11(2022.1重印)

(中国名人大传/马道宗主编)

ISBN 978-7-5502-2167-3

Ⅰ.①曾… Ⅱ.①王… Ⅲ.①曾国藩(1811~1872)-传记

Ⅳ.①K827=52

中国版本图书馆 CIP 数据核字(2013)第 253169 号

曾国藩传

编　著:王　燕

版式设计:东方视点

北京联合出版公司出版

(北京市西城区德外大街 83 号楼 9 层　100088)

北京一鑫印务有限责任公司印刷　新华书店经销

字数 230 千字　710 毫米×1000 毫米　1/16　15 印张

2013 年 11 月第 1 版　2022 年 1 月第 3 次印刷

ISBN 978-7-5502-2167-3

定价: 49.80元

前　言

　　曾国藩（1811—1872 年），初名子城，字伯涵，号涤生，湖南湘乡（今双峰）人。道光十八年（1838 年）中进士，入翰林院。1843 年，以检讨典试四川，之后升为侍读，内阁学士，礼部侍郎，署兵、工、刑、吏部侍郎。曾从太常寺卿唐鉴讲求义理之学。平时有感于政治废弛，主张以理学经世。

　　咸丰二年（1852 年），太平军自广西进入湖南，清廷为此十分惊恐，便命令两湖督抚等地方官员劝谕士绅，办团练。曾国藩此时正在原籍为母亲守孝，当他接到清廷的命令后，立即前往长沙，辅助湖南巡抚办理团练。他招募农民为营勇，任用儒生为将领，成立了一支新的地主阶级武装——湘军。

　　1854 年初，曾国藩发布《讨粤匪檄》，极力攻击太平天国起义，并会集了湘军的水陆师一万七千多人，准备攻取湘潭。他还亲自指挥水师攻打长沙以北的靖港，结果初战失利，光丢失、被焚的战船就达三分之一。曾国藩羞愤交加，欲投河自尽，被随从救起。

　　之后，他重新整顿军队，准备再次攻打岳州。1854 年 10 月，曾率领的湘军攻陷湖北省城武昌，被清廷任命为湖北巡抚。后因势力太过强大，为朝廷所害怕，遂被解除巡抚一职，以后长期被任命为侍郎，虚职带兵。

　　在与太平军交战的几年间，曾国藩的命运几经沉浮。

　　1858 年 6 月，曾国藩接到朝廷命令负责浙江的军机事务。他不顾清廷令其增援闽、川，以消灭太平军石达开部的命令，坚持其去天京（太平天国都城，今江苏南京）外围屏障、断芜湖粮路的策略，派其弟曾国荃率所部官兵分几路向太平天国安徽的基地进发。1860 年，清军的江南大营被太平军攻破后，朝廷加封曾国藩为兵部尚书、两江总督，以钦差大臣的身份去江南督办军机事务。至此，曾国藩将兵权和地方大权牢牢掌握在自己手里。

　　同治三年六月十六日（1864 年 7 月 19 日），曾国荃攻陷天京，太平天国终于被灭，这彻底解除了清廷的心腹之患，曾国藩也因此受到了清廷的嘉奖，被

封为太子太保衔，赐一等侯爵，世袭罔替，并赏戴双眼花翎。

作为清廷重臣的曾国藩，还是举办洋务运动的倡导者。鸦片战争后，受当时时局的影响，曾国藩由宋明理学的信仰者变为一个要求"自强"的洋务派大员。他在镇压太平天国和捻军的过程中，就开始重视采用外国军火，主张"师夷智以造制船"，并在上海创建了江南制造总局，制造枪炮、战船。他还同李鸿章联名上奏，选派幼童赴美留学，为中国培养国内急需的新式人才。

1870 年 6 月，任直隶总督的曾国藩在处理天津发生的教案时，因屈从法国势力，不惜违心地大肆惩办中国人，受到社会舆论的谴责，使他由"中兴名臣"变为"卖国贼"。至此事之后，曾国藩的政治生涯日渐黯淡。

同治十一年二月初四（1872 年 3 月 12 日），曾国藩由于重病缠身，加上长期的精神抑郁，病逝于两江总督衙门，终年 62 岁。清廷追赠太傅，赐"文正"的谥号。

曾国藩的一生以儒家伦理道德为准则，居官治军尤重整饬吏治，明刑法，重农事，崇节俭，重视发展国力，主张兴办洋务，对缓和社会矛盾、稳定统治秩序作出了一定贡献。另一方面，他做为封建地主阶级的代表人物，在镇压太平天国起义的过程中扮演了刽子手的角色，使得本已奄奄一息的清王朝得以苟延残喘，这不仅是他的历史局限性所致，更是儒家伦理与封建统治者合流的典型人生案例。

目 录
Contents

第一章 负厚载重

一、蟒蛇投胎

嘉庆十六年（1811 年）农历十一月十一日的夜半时分，一个小生命在湖南省湘乡县诞生了。

这个呱呱坠地的乳名为宽一的小生命，就是后来在清代被称为"中兴"大臣的曾国藩，他曾在中国近代史上叱咤风云，影响了中国的历史进程。

宽一的祖父曾星冈，继承了父亲的产业，拥有一百多亩水田和多处山林、屋宇。家中"自道光元年即处顺境，平安经历三十余年"。曾星冈是一个财主，他既管有山林田产，又雇有佣工，自己只参加一些辅助性的劳动。他的儿子曾竹亭则一生都以读书、教书为业。这样的家庭当然不能再称为"农家"，称他们的子孙为"农家子弟"则更不合适了。

曾星冈还常常插手地方事务，武断乡曲，他声音洪亮，看见他的人都慑服于他的威严。他自述道："邻里讼争，吾尝居间以解两家之纷，其尤无状者，厉辞诘责，势若霆催，而理如的破，悍夫往往神沮，或具樽酒通殷勤，一笑散去。"这篇明显地带有美化痕迹的《大界墓表》以及曾星冈的儿子曾竹亭后来担任"僻在穷乡，志在军国"的湘乡全县团练总头目这些事实说明，曾星冈、曾竹亭两代都是地方上的绅士，也就是当时的地主阶级的当权派。出生在这样家庭中的曾国藩，受到祖父曾星冈、父亲曾竹亭很深的影响是在所难免的。

据说，1811 年的那个晚上，曾国藩的曾祖父，年近七十岁的曾竟希梦到了一件很奇怪的事情：有一只很大的怪物从空中蜿蜒而下，头俯在梁上，尾巴盘在柱子上，身上满是鳞甲，令人不敢直视。这个巨物就是蟒蛇，曾竟希被这一可怕的梦境吓醒。他醒来不久即被告知添了一个曾孙，这个曾孙就是曾国藩。

曾竟希惊讶于这一偶然的巧合，便告诉家人他做了那样一个梦。家人认为不可思议，便将这件事告诉了别人，这样一传十、十传百，曾国藩就被人们认为是蟒蛇投胎了。

据湘乡县荷叶塘一带的人世代口耳相传的说法，成年后的曾国藩长得和蟒蛇特别像，他眼睛呈三角形，总是像要睡觉的样子但却充满了光泽，中等身材，走路很重，言语迟缓。不仅如此，曾国藩的性格也跟蛇很近似，即使是很小的仇恨也记在心中，必定会进行报复。嘉庆二十四年下半年，九岁的曾国藩随父至桂花塘一位姓欧阳的人家中开始读书。一天，他与主家小孩发生口角，主人疼爱自己的孩子，于是不问青红皂白，将曾国藩骂了一顿，在那里当塾师的曾竹亭也连连向主家赔不是。曾国藩把这件事暗自记在心里，到散学时，偷偷打破了主家的金鱼缸底，水干鱼死，这才消了心头之恨。十二岁时，曾国藩与小伙伴在神王庙里玩，不小心把神王翻倒在地。曾竹亭为此痛斥了他，还给神王重新装了金身。为了不让曾国藩像邻居小孩一样嬉游，曾竹亭带着曾国藩到六里以外的九峰山古锣坪定慧庵去读书，每天很早出门，很晚才回来。从此，曾国藩路过神王庙时，常把当作马骑的竹棍系上绳子，往神王肩上一放，很生气地说："搭帮你，我到山冲里读书去了！你一定要看好我的马，如果我的马走了，我一定饶不了你！"因曾国藩有着一双似闭非闭的三角眼，个性内向，把什么事都搁在心里盘算，所以，人们就给他起了个外号"闭眼蛇"。

道光十年，曾国藩已经十九岁了，他与十岁的弟弟国潢去衡阳唐氏家塾，跟汪觉庵学习。国潢伶俐，有问必答，塾师非常喜欢他，于是就总是夸奖他，而曾国藩沉默不好言语，塾师对他的诗文总是用"也好"二字敷衍了事。一天，曾国藩因为背书不流畅，塾师训斥他说："你这个蠢货真是天生一副戮牛屁股的相！要是你将来有点出息，我就是给你背伞的人！"谁知，曾国藩在心里牢牢记住了老师这句一时的气话。道光十八年，在京城参加会试的他，高中进士，还乡拜谢老师汪觉庵时，故意拿了一把伞去，进门便放在汪家的神龛旁边。后来当他告辞回家，走到槽门口时，突然对送行的汪觉庵说："我忘了带伞。"汪觉庵连忙用双手把他拦住说："曾大人在此稍候，我去帮你拿来便是。"汪觉庵取了伞递给曾国藩的时候，曾国藩不冷不热地说："谢谢汪师，您今天终于有机会做给我背伞的人了！"汪觉庵猛然想起自己过去所说的话，特别尴尬，只好作了个长揖。

二、肩负重任

1. 寒窗苦读固"早售"之喜

湘乡曾氏，从来未曾出过什么光宗耀祖之人。到了曾星冈这代，青年时的他好吃懒做，到处游荡，按他自己的话说，"吾早岁失学"；到壮年，才好不容易混上了地方士绅的身份，这才以不做学问为羞耻，因此，他喜欢宴请文人雅士，认为这是很开心的事情，同时，教督儿子曾竹亭一年到头辛苦读书，以期有所成。然而，偏偏这位曾竹亭天生就比较愚钝，"累困于学政之试"，至道光十二年，已四十有三岁，经过了十七次考试才中了举，入了县学。所以，长孙宽一凝聚了祖父辈和父辈光大门第的全部希望。"平生因学而困苦，课徒传业者盖二十余年"的曾竹亭，从儿子八岁起就把他带在自己的身边，无论出门还是睡觉，从早到晚给他讲书，耳提面命，如果他不懂就再讲，颇有耐心。他对儿子说："我虽愚钝，但对你这样愚钝的人进行训告也不会觉得烦的。"这样的家庭期望，这样的家庭教育，对宽一而言走上学而优则仕的道路是理所当然的。

宽一于嘉庆二十年，也就是他五岁的时候就学认字，取学名叫子城，字伯涵。"城"是"成"的谐音，也就是渴望儿子早日成龙。家中聘请陈雁门做子城的启蒙老师，以《千字文》为读本。

曾国藩七岁多时，父亲曾竹亭因参加童子试屡试屡败，便设立私塾，取名字叫"利见斋"，这个名字其实极为俗气，私塾中授徒十多人。子城从这时起跟着父亲学习，一共学了整整八年。

一天，竹亭带子城兄妹外出，边走边教他们如何作对联。他随景出了上联"狗尾草"考他们。妹妹蕙生（后取名国蕙）接口对道："凤冠花。"竹亭点头说："虽然简易，对仗却很工整。"不久，走到团山嘴的一座桥上，竹亭又出了一个上联是："观风桥。"兄妹二人一时都想不出合适的下联。后来回到家里，子城见一本《月旦评》摆在书架上，顿时受到启发，对父亲说："下联是'听月楼'。"子城刚出世时，颧骨突出，黄瘦的脸长长的，但抚养到七八岁时，已经长得有些胖了，但却不太爱说话，所以别人给他取了个"肉哑巴"的诨号。他

才思并不敏捷，但从小就喜动脑子，性格倔强，争强好胜，即使是在妹妹面前也如此。他的母亲江氏的父亲是湘乡处士江沛霖（字良济），母亲倔强的性格对子城性格的形成很有影响。后来，他自述道："吾兄弟皆因秉承母德而性格倔强。若能去除忿欲，修身养性，存倔强以励志，则每日的进步可谓大矣。"

嘉庆二十四年，子城九岁，已经把四书五经都读完了，开始学习时文帖括。他练字时，先后临摹了颜真卿和柳公权的字帖，同时也学习了黄庭坚帖。十岁时，弟弟国潢出生了，曾竹亭叫子城写篇文章，说："你现在有弟弟了，就以《兄弟怡怡》写篇文章吧！"子城写成作文后，曾竹亭高兴地说："文中出现了至情至性之言，以后你必能守孝悌之道，继承家业了！"

道光四年，曾子城随父第一次到长沙府参加童子试。一天，他父亲的朋友衡阳虞生欧阳凝祉到曾家来做客，见到了曾子城所作的试艺，对此赞不绝口。曾竹亭请欧阳先生出个题当面考考子城，欧阳叫他吟首诗，诗要以"青云共登梯"为主题。诗写成后，欧阳称赞说："这种语气分明金华殿中人才会有！"表示愿为子城说媒。不料那些"名门闺秀"都因曾家地位不太显赫而无人问津。欧阳凝祉深觉不安，便移花接木，让曾子城做了自己的女婿。这位欧阳夫人生于嘉庆二十一年，少子城五岁，她于同治十三年撒手人寰。

道光六年，曾子城第二次到长沙府应童子试，取得了第七名的成绩。他非常自傲，认为考官张启庚阅卷不公平，为讽刺考官两目无光，还特地买了副老花镜作礼物送给他。

道光十一年，曾子城从衡阳唐氏家塾汪觉庵师处回到自己所在县后，肄业于湘乡县的涟滨书院。山长刘象履（字元堂）对他的诗文颇为赏识，称赞他一定能成就一番事业。这年，他改号涤生，意思是要改头换面，重新奋斗。

道光十二年，曾竹亭考取府试第一名，进入了湘乡县学。儿子曾子城一齐去应试，录为备取，注册为佾生，仍旧回到"利见斋"温习课本。这次考试中，一个姓廖的学使训斥道："曾子城文理不通，发充佾生！"这件事成为曾子城一生都难以忘记的耻辱。直至同治六年三月，他还念念不忘地对九弟说："我生平吃过很多亏，……第一次壬辰年发佾生，学台责备我文理太浅。"

道光十三年，参加科试的曾子城被录取，入县学。他后来回忆道"我生平科考都很顺利，只有小考七次才通过。即使名落孙山，我也不敢出怨言，只有愧疚自己试场的诗文写得不好。现在想起来还如芒在背。"到了同治十年五月，他仍在日记中写道："接澄弟信，知纪寿侄县考又取案首。吾家星冈公之子、孙、曾孙，入学者九人，而取案首者八人，惟余不得案首耳。"他没有取上第一名，竟一生都难以释怀。

入县学的这年十二月，曾子城与欧阳夫人结为伉俪。由于他父亲与叔父骥云高轩并不居住在一起，他家早于道光二年由白杨坪移到了下腰里（今属双峰县荷叶乡良江村）居住，并扩建了四间新屋。入了学，成为了秀才的曾子城附庸风雅，改称这四间新屋叫"听雨轩"，新婚燕尔的他就居住在这里。

道光十四年，他在欧阳厚均的教导下肄业于岳麓书院。当时，他的文名已在同辈中初露锋芒。他的同学罗泽南、郭嵩焘、胡林翼、左宗棠、刘蓉、刘长佑等后来都成为湘军的将领。

这年，参加甲午乡试的他中试第三十六名举人。当时，他已二十四岁。曾子城自五岁开始识字读书，读到现在已过了十八九年的光阴，但与他父亲四十三岁始入县学相较，他应该算是"早售"。所以，曾家上下，每个人都欢欣鼓舞，在家里大摆筵席，接待亲朋好友，整整热闹忙碌了好几天。

2. 科举不顺，苦于生计

清代的科举考试继承了明朝的考试制度。到光绪三十一年（1905）明令废科举制度的时候，其间二百余年，根本就没有太大的变化。儒生首先须通过制艺考试，成为可入县学的生员，也就是人们通常所称的秀才。在乡试中登弟的秀才，称为举人。通过会试、殿试登弟的举人，称为进士。进士中只有进入一甲、二甲者，才可以进到翰林院中。曾子城经过十八年的苦读，于道光十三年始入县学，磨炼了五年之后，才中试进士。他从识字读书到开始踏上仕途，耗尽了二十三年的时光。

曾子城在中试举人后的当年十一月就起身赶往京城。第二年，即道光十五年三月，第一次参加会试的他却名落孙山。

这一年的冬天，他作了十首《岁暮杂感》七律。这是目前能见到的他的诗集中的第一批诗作。第六首是：

> 韶华弹指总悠悠，我到人间廿五秋。
> 自愧望洋迷学海，更无清福住糟邱。
> 尊前互注曾千局，脚底红尘即九州。
> 自笑此身何处著，莝歌丛里合闲游。

落第的他居住在京城，穷困潦倒，"笙歌丛里合闲游"，他还要故作潇洒，"望洋迷学海"，这句诗才真正表达了他的自愧之情。因此，他颇有感触地吟唱道：

> 万事拼同骈拇视，浮生无奈茧丝多。
> 频年踪迹随波谲，大半光阴被墨磨。

然而，拥有很高期望、进取不止的他依然高唱着"匣里龙泉吟不住，问予何日斫蛟鼍！"。正好，这年赶上了皇太后的六十大寿，增加会试恩科一次是通常的惯例，所以第二年还有一次中第的机会。但从湘乡到北京，来回路上的花销太大了。曾子城在征得父亲的同意后，决定留在京城一年，等待参加明年的恩科会试。好在有一所"长沙会馆"设在京师，长沙府的应试举子都住在里面，所需的花费也不是很多。曾子城在北京居住的一年多时间里，渐渐开拓了自己的眼界。他除继续勤研经史外，又很快地沉醉于唐宋的诗和古文。他觉得古文可以任意发挥见解，比起那拾古人唾余而又缚手缚足的八股文，实在是更有生气，也更有意义。

但道光十六年的恩科会试，曾子城再一次与登第无缘。他虽然对此很感失望，但想到自己只有二十六岁，将来还有的是机会，因此，也就将这一时的挫折看得格外坦然了。

发榜后，曾子城立即收拾行装，搭乘运河的粮船回故乡了。这时，他身边的盘费已经所剩无几。因此路过淮宁时，他便借了同乡、任知县的易作梅一百两银子。但经过金陵的时候，他在书肆中看见一部精刻的《二十三史》，实在让他感到爱不释手，一问价钱，他身边所有的钱加在一起才买得起。曾子城心中暗自盘算：从金陵到湘乡全是水路，既然已经买好了船票，沿途也就没什么用钱之处。而随身所带的一些现在穿不着的冬衣，不如索兴当了，就可以把回家的盘费凑齐了。

于是曾子城毅然买下了那部心爱的《二十三史》。

到家以后，曾竹亭见他花了上百银子，却换回来几箱书；带去的衣箱都装满了书，独独不见了衣服。待他问明缘故以后，不仅没有对儿子加以责备，反而高兴地鼓励他说："你借钱买书是件很好的事情，我会帮你把欠款还清的。但希望你要细心研读，也就不算白费了。"曾子城牢牢记住了父亲的话，从此清晨起床，半夜休息，埋头攻读，几乎一年都没有出过家门。在他进入翰苑之后，在自订的十二条日课中，"读史"仍是其中的一条，并规定说："嗣后每日点十叶，间断不孝。"这"间断不孝"四字，就是因父亲六年前说的那句话而起的。

过了两年，即道光十八年，又是三年大比的日子。曾子城家因为偿还易作梅的借款而没有剩余的钱供子城赴京了，幸亏亲戚帮助，借得三千吊钱，才促成了曾子城的这次出行。曾子城到达京城，剩下的钱就只有三吊了。可喜的是这次参加会试，他在中试的贡士中排第三十八名。四月，正大光明殿复试一等，殿试三甲第四十二名，赐同进士出身。依据惯例，列三甲者是不能进入翰林院的。曾子城感到非常羞愧，第二天就打算回去，不想参加朝考。同去应试的郭嵩焘千方百计加以劝阻，善化人劳崇光御史又答应为他圆转，他才留下来参加了朝考。朝考入选后，他于五月初二日被引见，之后改为翰林院庶吉士。至此，曾子城走完了自己的科举之路，这一年他才二十八岁。

曾子城在这次中试之后，将自己的名字改为国藩。有人说，是由于他的某位老师嫌"子城"二字太过鄙俗，所以他才改的。但另有人说，道光十一年曾子城肄业于湘乡县涟滨书院时，深得山长刘元堂先生的赏识，并将他命名国藩，意思是子城乃是国家的屏障和藩篱。不管命名的时间如何，原意是什么，总之，这位远居山村，出身寒素的曾国藩，从此由田舍郎的身份一跃而进入了天子堂。能不能成为国之屏藩，就全靠他的福分了。

第二章　仕途顺畅

一、平步七迁

1. 初入官场

钦点翰林，改庶吉士后的曾国藩同年（道光十八年）八月与凌玉垣、郭嵩焘同行回到湖南。偏远山村里出了个翰林，这个头等新闻惊动了附近大大小小的村落。连日里，曾家的宾客络绎不绝，比曾国藩"早售"之日的场面热闹多了。亲戚朋友，以及亲戚的亲戚，朋友的朋友，全部都赶来贺喜，所有的贺词赞语无非就是子贵父荣，说曾国藩乃蟒蛇精灵之类的话。当全家都在沸沸扬扬的时候，年已六十五岁的祖父曾星冈却较为冷静，对儿子竹亭说："我家以农业为本，现在虽然富贵了，但过去是不能忘的。宽一当了翰林，事业还很长远，我们家里的一切食用都不要他关问，不要累着了他。"这实际上是叫曾国藩解除后顾之忧，将所有的心思都用在仕途上。

道光十九年正月，曾国藩拜祖坟，上祠堂和家庙进行祭祀。又于二月初七日起一一走访了县里的亲朋好友，更于三月二十九日起，遍走衡阳、耒阳、永兴各地亲友，拜谒地方官员绅耆，六月廿二日才回到了家中。甫一月，又于七月二十三日起，走访了宝庆、武冈、新化、蓝田这些地方的亲戚朋友，十月初四日才回来。之所以他会如此忙碌，一为酬谢亲友，二为炫耀衣锦还乡，三为联络官府，更为光宗耀祖。他清源查流，商量着如何对族谱进行修改，封建士人的浓厚气息显示殆尽。尤其是，他此时虽刚点翰林，还没有实职，仗势压人的本领却先学到了。在他这年的日记中，有这样几件事被记录了下来。四月初十日，因为衡阳松陂的曾家祠堂没有送贺仪给他，又要他扫墓，他认为于"情理不顺"，便气势汹汹的，那样子让祠内人都感到害怕极了。五月十七日，耒阳石湾曾某与店家任某因挂匾事出现了争执而殴斗，他写信给耒阳县令宋凤翔，但宋凤翔并未对此事深究。当晚，他又写信去责备宋县令，最后使得曾氏成功地挂了匾。更有甚者，朱良二的几个佃户由于退佃进佃的手续不清，"强悍不服"，他竟于二月十八日将佃户带上永丰分司给予"法禁"的处罚。

由于第二年（道光二十年）四月翰林院举行散馆考试，曾国藩于道光十九年十一月初二日开始向京城出发。正好这天寅时，纪泽——他的第二个儿子呱呱坠地。自从十五个月的大儿子桢第于当年二月初一日因痘症夭折，十岁的满妹也因此而夭折后，他妻子总是不停地哭，这天却破涕为笑了。自衡阳迁湘乡大界的曾氏始祖曾学孟，在迁湘乡前，曾住在衡山白果十多年时间，其妻屈氏在白果鸡公头一个姓周的人家屋后埋葬。由于久未挂扫，已经找不到在什么地方了，曾星冈这年才去白果找到了这个地方。也正在曾国藩进京的这一天，一百多名族人全部集合在他家之后，上坟山竖碑祭祀。曾国藩正是参加了这次大祭坟活动后，从白果出发，经过两个县城——湘乡、宁乡，到达长沙府，下河乘船北上。他的父亲和叔父骥云把他远送到长沙才回去。

他和同行者经过漫漫征途，于三月二十八日才来到北京，在宣武门外一个叫千佛庵的庵堂里住了下来。

四月十七日散馆的题目是《正大光明殿赋》，以"执两用中怀永图"为韵，诗的题目是《赋得"人情以为田"》，得耕字。第二天揭榜，曾国藩列二等第十九名。二十二日引见，他被任职为翰林院检讨。

此时，他并没有广泛的交游，在上没有达官贵人可做依恃，在下没有亲朋好友可供交心，因此不免怀有"宦海情怀蝉翼薄"的淡淡哀愁。他回想自己的前半生"无穷志愿付因循，弹指人间三十春"，而世事如"一局楸枰虞复幻，百年梁栋藉轮囷"，在这样一个等级森严、极论资历的社会中，他尚不知自己什么时候才能飞黄腾达，只能"苍茫独立时怀古"，"纸帐孤灯坐夜阑"了。在这种孤寂的境遇中，怀友思乡是最自然不过的事情了。"离人心绪茧丝团"，真正反映了他当时的心境。

这年，他作五古《寄弟》，回忆兄弟相处的日子，"乐多忧愁少"，而今一别已是六年，光阴荏苒，"梦里还乡国，沟涂苦了了"，不免忧思"肝肠绕"。他通古博今，深感"生世非一途，处身贵深窈"，又认为"众万奔恬愉，圣贤类悄悄"，自宽已是对自己最大的安慰。所以，他"一愿先知命，再愿耐擗擂"，只得认定了自己的命运，在悲伤中静心忍耐，等待他日如鸿雁奋飞，一发冲天。

第二年闰三月，湖南善化人凌玉垣（字子岷），因为在会试中失败，闷闷不乐地要回江南去，曾国藩作了一首七言古诗为他送行。其中说道：

> 丈夫生世会有适，安能侧身自踟蹰。
> 南箕北斗徒虚名，东走西顾知何益。
> 磬折已觉素心违，璞献况逢俗眼白！
> 要将万舞夸辉光，肯为两言求恩泽？

这些诗词表面上看来是宽慰行人，实则是曾国藩自宽自慰之辞。不违背自己的心意，不求虚名，不愿遭白眼，不自陷踟蹰，而对"夸辉光"的日子有着孜孜不倦的追求，曾国藩此时的心境正是如此。

同年十月，他担任了国史馆协修这一职务。可是，这只是一个挂名差事，根本就无事可做，他耐不住清苦与寂寞，产生了很多感触，为抒发自己的行藏出处之思，同时寄托兄弟手足之情，他写下了九首《杂诗》。

他由于对自己现状的不满，也就自然地多加留意周围环境的对比差别，从而对官僚生活的奢侈与空虚进行了一定程度的揭露。其诗云：

> 六街净如练，双阙凌神霄。
> 沉沉府中居，员井镂琼瑶。
> 罘罳周四角，窗雾漾鲛绡。
> 公子盛文藻，九陌鸣金镳。
> 群从袂成帷，掠风马蹄骄。
> 红烛舞绛雪，会宴皆金貂。
> 朝餐罗鲭鲤，晚衔沸笙箫。
> 今夕既相酢，明日还见招。
> 天高地则厚，何事不逍遥！

《寄怀刘孟容》这首诗写于二十二年十月，诗中写了帝都的辉煌，自己的穷困，二者的对比在诗中得到了赤裸裸的体现：

> 煌煌帝者都，峨峨集勋阀。

前庭充组圭，后阁暖清瑟。

大马疾如飞，高车如电掣。

陋巷时骑过，墙震窗纸裂。

而我支肘眠，朦胧兀顽劣。

视荫呼晚饭，终年曾不缺。

痴儿亦肯堂，四龄已饕餮。

所愧偷太仓，无异哀穷乞。

　　尽管曾国藩作这种对比是为了抒发个人情感，但却客观描写了现实，这正是他诗作的精华所在。

　　曾国藩自道光二十年进入翰苑，至二十二年年底，已经过了差不多三年时间。除夕将到之际，他回首流逝的岁月，一想到自己功不成名不就，学业也没有长进，京都的繁华与自己的清苦冷落更是对比鲜明，不禁"心摇摇如悬旌，又皇皇如有所失"。他自己想到"夙诺久不偿，甚疚于心；又以今年空度，一事无成，一过未改，不胜愤恨；又以九弟之归，心常耿耿；及他负疚于师友者，百念丛集"，接连好几个晚上都辗转反侧，难以成眠。于是他在十二月二十八日、二十九日，接连写了十首《岁暮杂感》。八年前，他也做过同样的事情。那时，他虽然会试落第，但是年少气盛，一点也没有落魄的迹象，依然"竟将云梦吞如芥，未信君山铲不平"，豪情壮志了然于胸。可是，经过八年的历练，他阅历渐深，再做同题诗的他却有了更多的深沉。甚至三个月前送凌玉垣荻舟归长沙时所唱的"王侯将相岂有种，时来不得商进止"那样的充满信心的诗句，"吁嗟世事安可知，干将补履不如锥"那样的经过深沉思考的语辞，似乎也很少有了，而是"尤悔百端，心忡忡无主"，还"添一番懊恼"，心中愧疚、失神丧气，甚至连下围棋也无法安心，面对棋子，"视而不见"。因而他的"冷意"也蕴含在了诗中，其中第九首是：

浩浩翻江海，争奔且未阑。

古来名利客，谁不到长安？

独立看参昂，横天如此寒！

肯能寻冷淡，夜夜照檐端。

这种对于冷落遭际的叹息，恰恰反映了他为夔为龙的强烈愿望。

2. 西行入川

道光二十三年三月初十日，曾国藩参加翰詹廷试，廷试的题目是《如石投水赋》，其韵为"陈善闭邪谓之敬"；《烹阿封即墨论》；《赋得"半窗残月有莺啼"》，得"莺"字。他在众人中名列二等第一，十四日引见，第二次被任职为翰林院侍讲。七月十五日正式补了侍讲这一空缺。

三月二十三日，曾国藩被引见后的第九天，他兴高采烈地向祖父母报告说："三月初六日奉上谕，于初十日大考翰詹，在圆明园正大光明殿考试。初闻之，孙心惊恐甚，盖不作赋久，字亦生疏。向来大考，大约六年一次。此次自己亥岁二月入考，到今才过四年，此举万没料中。故同人闻命下之时无不惶悚。"而结果却让曾国藩出乎意料，故他不无自豪地禀告祖父母说："湖南以大考升官者，从前惟陈文肃公一等第一，以编修升侍读，近来胡云阁先生二等第四，以学士升少詹，并孙三人而已。孙名次不如陈文肃之高，而升官与之同。此皇上破格之恩也。孙学问肤浅，见识庸鄙，受君父之厚恩，蒙祖宗之德荫，将来何以为报！惟当竭力尽忠而已。"他升了官，以前的冷落感一扫而空，怨天尤人的情绪也消失殆尽，立即大谈"竭力尽忠"。

曾国藩的好运接连不断，升侍讲后不久的六月二十二日，朝廷命他充任四川省分试正考官，而较他年长资高的御史赵楫却只得到副考官的职务。七月初九日，他们一行几人从京城出发了。"雨后朝旭，清气可飧。西山在望，万山如笋。"曾国藩的心里涌起一股清新之感，到达白河沟时，一时忆起明成祖与李景隆之战，慨然思作长歌以咏之，虽然长歌并未完成，却也留下了几句：

> 长兴老将废不用，赵括小儿轻用兵。

这里，上下句分别指的是耿炳文和李景隆。取炳文怀才不遇，致使李景隆用兵轻敌，这也是明成祖朱棣的过错吗？耿炳文竟于四百年后才得有一知己理解他。

这次入川任考官，对于曾国藩来说，这种"实事"是生平第一次，并且是他生平第一次游历陕西、四川，所以心情无论如何也平静不下来，虽然他行至保定就已染病，但西行计划并未取消。他们途经许多险关要隘，游览了不少名胜古迹，大发诗兴的曾国藩沿途写了二十多首诗。他初入四川境时，刚好是雨后初晴的天气，自己的身体也慢慢恢复了，心情分外舒适，赋诗道：

> 万里关山睡梦中，今朝始洗眼朦胧。
> 云头齐拥剑门上，峰势欲随江水东。
> 楚客初来询物俗，蜀人从古足英雄。
> 卧龙跃马今安在？极目天边意未穷。

曾国藩立志要像诸葛孔明那样，做出自己的一番事业，所以他一到四川，这位卧龙就成了他第一个凭吊的对象。

他曾在留侯张良庙流连忘返，对这位汉初的风流人物"英风渺千载"倍加景仰，将自己"亦欲从之游""达人志江海"的抱负抒发得淋漓尽致。他站在废邱关上，"项王西入关，叱咤何雄哉"的场面似乎就呈现在他的眼前：

> 鼻息撼山岳，号令如轰雷。
> 分茅割大地，驾驭英雄才。
> 六王既立后，三将还西来。
> 降臣剖符竹，洪度方洞开。

当年这位三十多岁的青年对此时的雄风盛气是多么情有独钟！

十月十一日，曾国藩三十三初度（生日），他们一行在宝鸡县驿里住下。驿馆后有平台，下面临渭水，南山就在对岸。这天晚上，在如画的月色中，曾国藩独立平台之上，"看南山积雪与渭水寒流，雪月沙水，并皆皓白"，禁不住发出了感叹："琼楼玉宇，何以过此！"然而，当回想起自身"去日行藏同踏雪"，一缕愁绪于胸中升起，牢骚亦是在所难免。这天，他作了两首七律，一首的尾联是："名山坛席都无分，欲傍青门学种瓜。"而另外一首的尾联则是："何时却返初衣好，归钓蒸溪缩项鱼（自注：蒸水去吾乡十里）。"可见，入世出世、进退用藏的矛盾斗争，这时在曾国藩的头脑中已经到了何等尖锐、何等反复无常的地步！

西行旅途中，曾国藩深刻体会到人情冷暖，并终生铭记于心。他在河北途中患暑热后，好几天吃不下一粒饭，颠簸晃荡的轿子更是让他难以忍受，但同行者除劳崇光多方照顾外，别的人都好像看不见似的，曾国藩竟病得"皮皱面有洼，耳聋气愈下，惨淡过潼关，沉昏渡清灞"。他一到西安，陕西巡抚、湖南湘阴人李星沅（号石梧）却给了他很多的照顾，百般慰藉，"遣仆炊香粳，呼僮伺馆舍。征医未辞频，馈物不论价"，还专门飞报蜀中大吏，吩咐他们以医师代巡捕，来迎接这批考官。曾国藩感触颇深，故在返回西安前，写了饱含真情的五言古诗《西征一首呈李石梧前辈》，"古谊暖于春""高情压嵩华"就是对这位乡前辈的当面鸣谢。咸丰元年，李星沅病死于镇压太平军的柳州前线，曾国藩写了副对联表示哀挽，对联如下：

> 八州作督，一笑还山，寸草心头春日永；
> 五岭出师，三冬别母，断藤峡外大星沉。

联语对李星沅的业绩大加颂扬，也对曾国藩的感激与虔敬之情进行了充分的描述。

这年十一月二十日曾国藩返都后，担任文渊阁校理。

3. 高升不断

道光二十四年四月十二日，曾国藩担任翰林院教习庶吉士职位。九月，分校庶常馆。十二月初七日，第三次被任命为翰林院侍读。

道光二十五年五月初二日，曾国藩第四次任职为詹事府右春坊右庶子。六月，转补左庶子。"詹事府的职务本是东宫辅导太子，因本朝设有上书房教阿哥，故詹事府诸官无所事事，不过如翰林院一样只会养才储望罢了。"九月二十四日，第五次的职位是翰林院侍讲学士。十二月十二日，补日讲起居注官。二十二日，担任文渊阁直阁事。

道光二十六年，湘籍京官上书皇帝言事，奏折是由曾国藩写的。他由此成为湘籍京官之首。

道光二十六年夏秋之交，曾国藩因为得"肺热"病而移居城南的报国寺休养。正巧当时汉阳人刘传莹（字椒云）也住在这里，两个人在一起讨论学问，经常一坐就是一天。刘传莹是汉学中人，对于德清胡渭、太原阎若璩两家的书都很熟悉，他对于字书、音韵及古文家之说，也都大概了解一些，并兼及舆地历算，而此时的曾国藩又正攻读《说文解字》（段玉裁注），因此二人大有相见恨晚之意，于是结成莫逆之交。但曾国藩没有劝导刘传莹将他的长处继续发挥出来，主一不二，却引导他改投他路，丢弃杂学，专学义理。刘传莹凭借其汉学的深厚基础，辑成《孟子要略》一书。此书本是朱熹所编，其大意无非是宣传修身养性，但已失传很久，《艺文志》里从来没有提到过。刘传莹从金仁山的《孟子集注考证》内把它搜出来，恢复了它本来的样子。后来曾国藩帮助他排版并付刻，并"疏明分卷之大指"，进一步弘扬了朱子之学。《孟子要略》一书的辑成，标志着刘传莹背弃汉学，转投宋学。本来体弱多病的刘传莹，对于朱熹所说的"凡视听所宜晰无不晰，凡言动所宜审无不审，凡心思所宜条理无不条而理之"的所谓"内志外体"的修身养性之法颇为沉溺，因此他变得更加消极低沉，便辞官归乡，于道光二十八年二月动身回到山乡，"规画家政"，"黾勉孝恭"，结果死于几个月之后。当初，刘传莹临行前，曾国藩还写文章为他送别，这篇《送刘君椒云南归序》如同一把理学软刀子插在了刘传莹的胸口上。

曾国藩住在报国寺时，曾写过五首诗。第一首记寓居报国寺的生活，"皋夔稷契非吾事，休囚饥饱付皇天"二句正是本诗的结意所在。第二首先将自己的学术见解陈述出来："斯、高、扬、马并奸怪，召陵祭酒尤绝伦。段生晚出吾最许，势与二徐争嶙峋。"最后的总结是："我今日饮婆娑尚不乐，嗟尔皓首鱼虫人。"第三首则是感慨于报国寺的今昔兴衰：

> 铜驼荆棘古所叹，今我何为独彷徨？
> 鼻涕垂颐不须管，况问人世沧与桑。

这种情感在他所作的《反长歌行》中也得到了异曲同工的体现：

> 柏梁铜爵安在哉？盗跖唐尧俱朽矣。
> 平原转眼成嵩邱，华屋隔宵生荆杞。
> 上蔡黄狗空叹嗟，洛阳铜驼百迁徙。
> 今晨令问倾王侯，明日枯骴饱蚍蚁。

世事沧桑，瞬息万变，这样的思想可以促人珍惜时日，奋发图强，相反它也可以令人心灰意懒，看破红尘。后者正是对曾国藩此时情感的很好说明，说什么"世间自有清静业，日往月来了无累"。曾国藩所说"清静业"虽无从考证其内容指的是什么，但这位历来以讲求忠君报国等义理而著称的曾国藩，此时说他有些"走火入邪"却也不为过。

尤有甚者，南宋亡国之臣谢枋得（字君直，号叠山）坚决不做元朝的官员，

每日卖卜为生，后被强行拉入京城，在就要给他授官的时候，他拒不接受，节食至死，其卖卜时的砚台则成了传世珍宝。曾国藩借咏砚的机会，竟唱出了这样大逆不道的诗句：

> 不如尧桀两忘去，日摩顽石支头眠。

这里，理学家的影子已经荡然无存。只剩下了那种黑白不分、愚贤一例、玩世不恭的心态。更巧的是曾国藩肯定了宋末的亡国之臣谢枋得。第四首写于报国寺的诗，更是对顾炎武这位明末的亡国之臣竭尽全力地加以歌颂。他写道：

> 俗儒阁阁蛙乱鸣，亭林老子初金声。
> 昌平山水委灰烬，可怜孤臣泪纵横。
> 东南西北辙迹遍，断柯缺斧终无成。
> 独有文书巨眼在，北斗丽天万古明。
> 声音上溯三皇始，地志欲掩四子名。

这首诗不仅高度赞扬了顾炎武的学术成就，更是对这位老泪纵横的"孤臣"表示出深切的同情之心。

"此间颇似醰池寺，但少晁张趯然来"这两句诗出自曾国藩在报国寺写的第五首诗，这首诗是为咏刘传莹所做，对刘传莹的惋惜之情溢于言表。

道光二十七年四月，曾国藩参加翰詹大考，大考的题目是《远佞赋》，韵为"请问下民常厥德"；《君子慎独论》；《赋得"澡身浴德"》。曾国藩取得了二等第四名的成绩。到这个时候，他才最后通过了仕途上层层的八股制艺考试，六月初二日，他被第六次任职为内阁学士，同时兼礼部侍郎的头衔。甚至曾国藩本人也对如此的平步青云感到惊诧不已。他于十七日写信给祖父说："孙由从四品骤升二品，超越四级，迁擢不次，惶惊实深。"虽然他表面上是这么说的，实际上他的内心却早已激情澎湃，同一天，在给叔父母的信中他说："常恐祖宗积累之福，自我一人享尽。"第二天，又用非常自负的口吻给在家的三个弟弟写信说，"湖南三十七岁至二品者，本朝尚无一人"；"近来中进士十年得阁学者，惟壬辰季仙九师、乙未张小浦及予三人"。因此，他对他的弟弟们百般叮嘱："祖母大人葬后，家中诸事顺遂，祖父之病已好，予之癣疾亦愈，且骤升至二品，则风水之好可知，万万不可改葬。若再改葬，则谓之不祥，且大不孝矣。"

道光二十九年正月二十二日，曾国藩第七次被升职为礼部右侍郎。他立即给住在湖南的陈源兖传书一封，信的内容是："正月之季，遂得滥厕春宫。清夜扪心，实堪惭恧。回思善化馆中，同车出入，万顺店内，徒步过从，疏野之性，肮脏之貌，不特仆不自意其速化至此，即知好三数人，亦未敢为此不近情之称许，可见命数有定。李林甫、秦桧自以为得人之谋，而不知其纵不奔营，亦自得为宰相，徒枉为小人丛诟骂也。"他不断升官进禄，处境得到迅速的变化，心境也随之而明朗，这封信正充分抒发了当时他的这种变化之快的为官心境。此后，身居礼部右侍郎高位的曾国藩，开始了其真正的官场生涯。

二、贵人相助

曾国藩在没有被实际授权为礼部右侍郎之前，虽然做了十年的京官，但是却没有什么真正的实权在握。实授礼部右侍郎才标志着他从政生涯的真正开始。此后四年之中，曾国藩曾经做遍了兵、工、刑、史各部侍郎。曾国藩的家世是很平凡的，他能如此迅速地攀升于官场，实在让人艳羡不已。而曾国藩的这一系列官场晋升，与那个叫穆彰阿的人的帮助是分不开的。

穆彰阿，字鹤舫，号子朴，云浆山人是他的别号，他是满洲镶蓝旗人。曾经担任过各部侍郎、工部尚书、兵部尚书、户部尚书，拜文华殿大学士，他还曾经担任过军机大臣领班。穆彰阿门党极多，其中就包括曾国藩。在道光年间，除了皇帝的权势，无疑是没有人能压得过穆彰阿的。对此，在《春冰室野乘》中，有一篇专门的《穆相权势之重》：

> 顺德罗椒生尚书惇衍，泾阳张文毅公帯，云南何根云制府桂清，
> 三人同年登第，入翰林，年皆未弱冠。且同出汤海秋农部房，海秋为
> 之狂喜，赋《三少年行》者也。时道光末造，穆鹤舫相国彰阿执政，
> 炙手可热，张、何两公皆附之，独椒生尚书绝不与通。散馆后，初考
> 试差，三人皆得。差命既下，尚书往谒潘文恭，文恭问见穆中堂否，

曰："未也。"文恭骇然曰："子未见穆相，先来见我，殆矣。"尚书少年气盛，不信其说，亦不竟往。次日，忽传旨罗惇衍年纪太轻，未可胜衡文之任，著毋庸前往，另派某去，人皆知穆所为也，其权力回天如此。国朝已放差而收回成命者，尚书一人而已。实则张、何之年，皆小于罗也。（考是年登科录罗十九，张十八，何十七。）

道光末，五口通商之约，穆一个实专主之。王文恪既薨，祈文端尚力争，然文端在军机为后进，且汉大臣，不能决事，故穆愈得志。然王、祈两公之忠，宣庙未尝不深知之。传闻和局既定，上退朝后，负手行便殿阶上，一日夜未尝暂息。侍者但闻太息声，漏下五鼓，上忽顿足长叹，旋入殿，以硃笔草草书一纸，封缄甚固。时宫门未启，命内侍持往抵廷，戒之曰："俟穆彰阿入直，即以授之。"并嘱其毋为祁隽藻所知，盖即谕议和诸大臣画押订约之廷寄也。自是上遂忽忽不乐，以至弃天下。

蒲城王文恪公鼎，道光末，以争和议，效史鱼尸谏，自缢死。其遗疏严劾穆相彰阿，穆大惧，令其门下士，以千金啖文恪公子伉，且以诡词胁之，遂取其遗疏去，而别易一稿以进。人皆知为泾职张文毅芾所为，而不知其谋实定于文毅同县人聂谔之手。聂字雨帆，以拔贡朝考一等，官户部主事，入直军机处，为穆相所深倚，既得文恪遗疏，穆相面许以大魁酬之，是时聂已捷京兆试矣。及礼部试届期，穆相授以关节，且遍嘱四总裁，十八同考官。时同考官有某侍御者，晋人也。风倔强，生平未尝趋谒穆相。得穆嘱，阳诺之。及入闱，聂卷适分某侍御房，侍御亟扃诸箧中，而固镭之。榜既定，独不得聂卷，主司房考，相顾错愕，群知为侍御所匿也，因议搜遗卷。至某侍御房，侍御故为侘傺状曰："吾某夕不谨，致一卷为火所烬，榜发后不得不自请议处矣，公等所求者，得非即此卷乎？"众知无可为，废然而返。聂此岁亦补缺，不复应礼部试。后聂官至太常少卿，穆败，聂亦谢病归。回匪之乱，首扰泾阳，泾阳为西北旅所辐辏，繁盛亚汉皋，贼故首趋之。众谋城守，议广积刍粟，聂以官贵为众绅领袖，谓贼或旦夕平，城决无久守理，而其家有积粟数千石，可规善价也。乃倡议贼方苦乏食，故所至钞掠，今积粟城中，是招之使来也。力争不令一粟得入城。后贼围城年余，城中食尽，守御具一无缺，独人皆饿仆，莫能乘城，城遂陷，所失以数千万计。泾阳不守，而西北之元气尽矣。嗟夫！金壬之为祸也烈哉！文恪诸子，既卖其父，后来文恪墓志，撰文者仍穆彰阿也，于力争和议事，竟不及一字，文恪其不瞑矣。

曾国藩正是考虑到穆彰阿这种无人能够企及的权势才拜在穆彰阿的门下。

在道光十八年的会试中，第三十八名贡士便是曾国藩。复试是在正大光明殿举行的，在考试中他列三甲第四十二名，被赐为同进士出身。一心想入翰林院的曾国藩非常不满意他所取得的成绩，因为据当时的规定来看，列三甲者不能进翰林院，如果进不了翰林院，就不会有稳固的基础发展未来的仕途之路，这一点曾国藩是很清楚的。就在这时，领班军机大臣穆彰阿对他非常赏识，就提拔了他。

无论是在道光十八年的会试中，还是在道光二十三年的翰詹大考中，穆彰阿都是以总考官的身份出现的。在翰詹考试中，穆彰阿就要求曾国藩把考卷的底稿交给他，曾国藩立即誊正后把底稿送到穆府中去。这次拜访使两人的师生关系得到了进一步的加深。因此，曾国藩这位农村出身的进士很快地就把穆彰阿做为他在京城的政治"靠山"。正因为他与穆彰阿有了这种亲密的关系，许多意想不到的好处也就源源不断地来到了他的身边："穆彰阿曾汲引曾文正公国藩，每于御前奏称曾某遇事留心，可大用。一日，文正忽奉翌日召见之谕。是夕，宿穆邸。及入内，内监引至一室，则非平时候起处。逾亭午矣，未获入对。俄内传谕：'明日再来可也。'文正退至穆宅。穆问奏对若何，文正述后命以对，并及候起处所。穆稍凝思，问曰：'汝见壁间所悬字幅否？'文正未及对。穆怅然曰：'机缘可惜。'因踌躇久之，则召于仆某，谕之曰：'汝亟以银四百两往贻某内监，嘱其将某处壁间字幅，炳烛代录，此金为酬也。'因顾谓文正，仍下榻于此，明晨入内可。泊得觐，则玉音垂询，皆壁间所悬历朝圣训也，以是奏对称旨。并谕穆曰：'汝言曾某遇事留心，诚然。'而文正自是骎骎向用矣。"

正是因为穆彰阿的百般关照，曾国藩才能有一帆风顺的仕途之路，在短短的五年中，他的官职就从以前的七品升到了二品。对此，曾国藩很得意地在家书中炫耀道："由从四品骤升二品，超级四级，迁擢不次，惶悚实深。""近来中进士十年得阁学者，惟壬辰季仙九师，乙未就小浦及予三人。"

三、言为心声

　　曾国藩于道光十五年入京参加会试前，在家中无非是读书习字，读"子曰诗云"，习帖括制艺之类，既没有宽广的眼界，又没有广博的学识。道光十五年会试报罢，暂时居住在京师，开始涉猎诗、古文，他尤其喜欢韩愈的文章。第二年会试又报罢，他买回一套《二十三史》，花了一年的时间仔细研读这套书。这才逐渐开拓了他的眼界和学识。道光十八年，曾国藩入翰苑后，大部分时间都很清闲，他便更加发奋学习，广泛阅览，且勤作笔记，并将笔记分为五类，分别是"茶余偶谈、过隙影、馈贫粮、诗文钞、诗文草"，亲自做手录和摘记；加上他在京都有不少良师益友，切磋扶持，这样日复一日的学习使他的学识大有长进。可以说，在京为官十二年，为曾国藩成为一代大儒奠定了坚实的基础。

　　十二年中，经、史、子、集被曾国藩一一遍览。道光二十二年，他"定刚日读经，柔日读史"，所订的十二项"课程"中还包括"读史"。《左传》《国语》《史记》《汉书》和《易知录》等书他都读得非常仔细。道光二十一年七月十五日，他访问唐鉴时，唐鉴对他说："诗、文、词、曲，皆可不必用功，诚能用力于义理之学，彼小技亦非所难。"这次访问可以说改变了曾国藩的一生。受唐鉴的启发，曾国藩开始追求理学。但唐鉴认为"诗、文、词、曲，皆可不必用功"，曾国藩并不同意他的说法，依然我行我素，在京都期间依旧是专著于诗文研究。关于文，他在后来的追述中说："余于四书五经之外，最好《史记》《汉书》《庄子》韩文四种，……又好《通鉴》及姚惜抱《古文辞类纂》及余所选《十八家诗钞》四种，共不过十余种。早岁笃志为学，恒思将此十余书贯串精通，略作札记，仿顾亭林、玉怀祖之法。"关于诗，他也有自己的见解："吾于五七古学杜、韩，五七律学杜，此二家无一字不细看。外此则古诗学苏、黄，律诗学义山，此三家亦无一字不看。五家之外，则用功浅矣。"根据以上的各项列举，我们可以看出，曾国藩读书，总是努力遵循守约之法，为求深入而专攻少数专著。当然，这些书目，我们只是大概列举一些，曾国藩所看过的书，远不止这些。我们可以从他的日记中得到证实。例如，道光二十年十一月，他看过《畿辅水利》《李峄峒文集》，就连小说《绿野仙踪》他也看过了。

在京都这段时间，曾国藩因为日课是读书，月课是作文吟诗，因此写了许多的诗文。现在看来，曾国藩集中的作品，几乎一半以上的诗作和一大批文章都写于这段时间。其中有不少文章是关于寿序、墓志铭及应酬、唱和之类的，有些根本不值得一提。如，道光二十三年九月所作《云桨山人诗序》，按体裁，这篇文章应该是讲山人的诗事和诗品的。但是因为云桨山人穆彰阿为曾国藩会试时的主试官，又对曾国藩多方提携，而且他的职位还是文华殿大学士，他的下属和门生遍布全国，已经结为"穆党"，权倾一时，故曾国藩作序，不是按常规来做，而是竭尽阿谀奉承之能事。曾国藩的阿谀办法，在一篇"绝炒"的翻案文章中就显露无遗。文章开篇引用的是韩愈的那句话"欢愉之辞难工，穷苦之言易好"，接着又把欧阳修的"诗必穷而后工"的话，作为靶子，对"盛世之诗不敌衰季，卿相不敌穷巷之士，是二者，殆皆未为笃论"大谈特谈，并以此做为全文立论的中心；然后顺水行舟，说在"重熙累洽"这样的清朝"盛世"中，"辅圣主二十余年，智深而量远，果决而闲定"的穆彰阿，更"入总百揆，出领三辅，门生故吏，吐哺延接，天宪出内，曹司百事，手批口答，日以百计，而乃从容挥斥，时从事于吟咏，若行所无事者"。总的说来就是一句话，无非是要将韩愈、柳宗元的论点驳倒，对穆彰阿这位"盛世之巨公""气盈而声亦上腾""可以薄无际而感鬼神"的人大加颂扬，所以他的诗"有诗史之遗意"，几乎好得无人能比了。穆彰阿出身进士，别人自会评论他的诗是好是坏，我们不可以妄下结论。但是曾国藩这种撇开诗的本身而作序的方法，却失去了诗序的本旨所在；曾国藩对于拍马屁的技巧可真是精通极了。

另外值得一提的是在这段时间里，曾国藩写了两篇关于唐鉴的文字。一篇为《送唐先生南归序》，另一篇则是《唐镜海先生七十生日同人寄怀诗序》。曾国藩正是受唐鉴的启蒙，开始潜心研习心性之学，道光二十六年二月，唐鉴致仕归湘，曾国藩撰文送别，这也属于人之常情。文章作"诗说"，以"师道立而善人多"立论，劝人"严于事长之礼"；它表明曾国藩非常注重尊师重教。然而，在他第二年写的诗序中，上承《大戴礼记》"己先则援之，彼先则推之，是故人非人不济，马非马不走，土非土不高，水非水不流"的话，谓"古之君子，其载德而荷道者，必有人焉帅而掖之，而后后者有所阶而进，必有人焉辅而翼之，而后前者有所托而传。水非水而不续，人非人而不承"，这些话的含义就不是那么明确了。诚然，一个人进德修业，师长的提掖是必不可少的；一个人道传名闻，后学的辅翼也不可或缺。然而，提掖与辅翼，这些条件归根结底都是

外部的，自己的努力才是事情发展的内因，只有这样，做到道德纯粹、才真学实才是有可能的；若一味强调"水非水而不续"，结果只能是互相吹捧，结党成阀。有句俗话说得好："人捧人，无价之宝。"三十七岁的曾国藩，看来对于这种人际关系学还是非常精通的。按"水非水而不续"的原则，曾国藩后来重视对人才的奖励和提拔，终于成就了他的一世美名；又从"水非水而不续"推衍下去，因而曾国藩后来由于奖赏和保举过于频繁，使他在这方面难免有不少缺点。

曾国藩既然在京都和唐鉴、倭仁等讲求义理之学，这方面的观点在他的文章中也必然会有所反映，道光二十三年闰七月的《养身要言》、二十四年正月所写的《五箴》、二十五年五月著成的《求阙斋记》、同年十二月完成的《书学案小识后》、二十八年所写的《送刘君椒云南归序》以及咸丰元年十月的《朱慎甫遗书序》等都充分反映了这一点。唐鉴写《国朝学案小识》一书的时候，将清代名儒大贤分为三等：第一等传道者四人，第二等翼道者十有九人，第三等守道者四十四人，并把他们的事迹、思想与授受源流一一加以详细列举，扬教卫道则是其主要目的。曾国藩既然拜唐鉴为师，又为此书校字刻发，因而他在后记中对汉学大加贬斥，而对"居敬而不偏于静，格物而不病于琐，力行而不迫于隘"这样的观点大肆宣扬，对二百年来的历代人物褒贬不一，也是很自然的事。这篇文章充分说明了曾国藩对于性理之学是何等虔诚。

这段时期，曾国藩也有几篇文章表达的是他的文学观点，道光二十三年正月的《读李义山诗集》、二十四年十二月的《书归震川文集后》、二十五年九月的《送周荇农南归序》这几篇文章正是阐述了这样的观点。《送周荇农南归序》对自汉以来的文家进行了评述，其中对清初文坛的评述是："康熙、雍正之间，魏禧、汪琬、姜宸英、方苞之属，号为古文专家，而方氏最为无颣。"大概这就成为他后来推崇桐城文学的开端。

在诗这方面，曾国藩在京都期间写了不少。他常常检查自己写诗是否是因为想出人头地、求取功名。如道光二十二年十月初八日，他检讨自己"作诗之时，只要压倒他人，要取名誉，此岂复有为己之志？"十二月，又对自己检讨道"汩溺于诗句之小技"，"多半是要人说好。为人好名，可耻！而好名之意，又自谓比他人高一层。此名心之症结于隐微者深也"。十月二十五日经过深刻反省之后说："好作诗，名心也。"十月初十日又写道："今早，名心大动，忽思构一巨篇以震炫举世之耳目，盗贼心术，可丑！"十一月十六日所作的文章是这样写的："走何子敬处，欲与之谈诗。凡有所作，辄自适意，由于读书少，见理浅，故器小易盈如是，可耻之至！"可是在同一年的十月二十六日那天，他很得意地在家书中说："子贞深喜吾诗，故吾自十月来已作诗十八首。"十一月十七日的家书中他的得意之情更是暴露无遗："近日京城诗家颇少，故余亦欲多做几首。"在弟弟们面前，他的求名思想得到了最充分表现。

综观曾国藩在京都所作的一百二十余首诗，除《里胥》以外，就没有具有人民性的作品了。此外，他有些诗也提到了现实社会的残酷与人民生活的疾苦。道光二十六年，曾国藩有位友人要归田回到潇湘，他作了四首送行诗，其中的第三首是这样写的：

> 金堤旧溃高家堰，复道今年盛昔年。
> 自古尘沙同浩劫，斯民涂炭岂前缘！
> 沉江欲祷王尊璧，击楫谁挥祖逖鞭？
> 大厦正须梁栋拄，先生何事赋归田？

诗作者忧国忧民，诗中充满了激愤之情，在曾国藩所有的诗中，无疑它是精华篇章。道光二十八年他写的《书严太守大关赈枲诗后》，文章的一开始就直截了当地进行了揭露：

> 去年河北哀鸿嗸，千里剥地垅无毛。
> 霔牲瘗圭百不应，妻儿鬻食夫遁逃。

这首诗向我们展示了河北万民逃荒的画面。同治七年，诗人向我们描绘了另一幅江南千里赤地图，从这两幅图中，我们可以发现现实主义成分在曾国藩的诗作中还是存在的：

> 即今南纪风尘靖，乱后遗黎多告灾。
> 荒村有骨饲狐貉，沃土无人辟蒿莱。
> 筋力登危生理窄，斗粟谁肯易婴孩？
> 三里诛求五里税，关市或逢虎与豺。

这些诗句不同于曾国藩笔下的奢华帝都，其差异有如天壤。可惜，这类弥足珍贵的诗句，只是如凤毛麟角一般在曾集中做点缀罢了。

曾国藩的一些同情穷困不遇的士子的文章也体现了他对现实的反映。王家储是他的大妹国蕙的夫婿，字待聘，在家里排行第五，道光二十四年六月曾到京城，想谋求一官半职，在曾国藩处留住三个多月，但并无出路。曾国藩对他表示了深切的关怀。这年三月，曾国藩给几个弟弟写信说："兰姊、蕙妹家运皆舛。……蕙妹再过数年，则不可自存活矣。"王家储到京时，不小心得了感冒，并且全身上下的衣裤鞋袜，竟没一处是好的，自然使曾国藩更为同情他。但曾国藩认为，要想考供事，"必须十余年乃可得一典史"，而且"宦海风波，安危莫卜，卑官小吏，尤多危机，每见佐杂末秩下场鲜有好者"，因此苦心劝妹夫回家去，"勤俭守旧，不必出外做官"。王家储欣然应允，乃于八月二十八日乘便船回南。曾国藩把他送到城外，二人依依惜别，泪湿沾襟。曾国藩于九月初写好《送妹夫王五归》五首诗，诗中对沧桑变化、世态炎凉充满了愤懑之情：

> 高嵋山下草芊绵，去国蹉跎今六年。
> 村老半闻悲薤露，人间容易即桑田。
> 炎云凉雨有翻覆，舞榭歌台况变迁。
> 莫讶荣枯无定态，君今犹守旧青毡。

高嵋山是一座大山，坐落在曾国藩的家乡。王家储本为富室，是后来才渐渐变得贫穷的，故诗中才会有"荣枯"一说。王家储的处境，更使得曾国藩推而论及人生的际遇祸福：

> 荆楚梗楠夹道栽，于人无忤世无猜。
> 岂知斤斧联翩至，复道牛羊烂漫来！
> 金碧觚棱依日月，峥嵘大栋逼风雷。
> 回头却羡曲辕栎，岁岁偷闲作弃材。

已成"大栋"的人或许在暗自庆幸，可是"逼风雷"的日子人们都希望它越少越好，因此还不如做一个"曲辕栎"，还可偷闲自适，曾国藩的一个"羡"字可谓妙极！

少年时曾国藩有一位同学，三次乡试均报罢，后又受到官司缠身，进而受到官吏的奇辱，贫困忧郁，最后终于郁郁而终。曾国藩于二十四年间作《哭少年同学某》，给那位少年同学送去了他深切的哀悼。诗是这样写的：

> 少日低飞各羽翰，几年茵溷不同看。
> 竟缘无食填沟壑，终古衔羞在肺肝。
> 蚁战莫偿三北耻，蚕僵更吐一丝难。
> 寡妻弱子知何倚？雪虐风号可耐寒？

学而"优"则仕，不"优"则填沟壑，科举制度在封建时代就是这样对人才、对性灵进行残酷的扼杀！曾国藩虽然并没有意识到这一点，但他却对科举制度的恶果无意识地进行了揭发。

曾国藩在京都期间，年轻气盛，他用锐利的眼光观察社会，敢于对丑恶事物进行揭发，敢于发表褒贬不一的评论。这一点在他的诗作中也有所表现，这也是他的诗作在思想上的特色所在。以上所引的作品大多数都是这样。如"庸夫厌鼎食，谊士谋糟糠。奔走遍天下，归去仍空囊"；"我昔曾读知耻集，憾不追逐参翔翱。当时小人窃国柄，孤鸣枭噪何贪饕！霍家奴子青油幰，夜半狭巷公嬉遨。一朝烧车震都市，骢马御史真人豪"；"肉食多亨途，通儒遭百闵。时塞心匪乖，身穷道未窘"；"爱从吾党鱼忘水，厌逐人间虱处裈。却笑文章成底用？千篇不值一盘飧"；等等，虽然诗歌的题材永远离不开文人士子，却都是曾国藩正直敢言品性的真实反映。

他此间的诗很少有诗情画意的内容，大多数都韵味平淡、叙事说理。但也有少数几首稍微胜出一些，如上引"荆楚梗楠夹道栽"一首，全用比拟手法，具有深长的意味，实属曾集中上乘之作。曾国藩刚强的性格在诗作艺术上的反映则是诗文中较多阳刚之美。如道光二十四年奔走于秦岭的万山丛中的他，就写出了"云头齐拥剑门上，峰势欲随江水东"；"疲马可怜孤月照，晨鸡一破万山苍"；"晓雾忽飞千嶂雨，西风已作十分秋"这样的诗句，画面寥廓，具有沉雄的气势。他的思亲怀乡之作，大部分也都是低吟漫咏，深沉隽永，"微官冷似支床石，去国情如失乳儿。见惯浮云浑欲语，漫成诗句未须奇"；"舟人掀舵声同泣，客子扶床面已灰"；"三百六旬同逝水，四千余里说家山"；"乡思怕听残漏转，逸情欲逐乱云飞"；等等，都具有真切的感情，感染力很强。他此时的一

些作品多用豪言壮语以言志，雄奇之气溢于笔端，但是因为少了些含蓄韵味而稍微显得有些粗放。如：

> 去年此际赋长征，豪气思屠大海鲸。
> 湖上三更邀月饮，天边万岭挟舟行。
> 竟将云梦吞如芥，未信君山铲不平！
> 偏是东皇来去易，又吹草绿满蓬瀛。

他也有一些小作，颇具清新沁人之气，如《小池》这首诗中的前四句：

> 屋后一枯池，夜雨生波澜。
> 勿言一勺水，会有蛟龙蟠。

诗人用既明快又蕴藉的托物言志的手法写此诗。又如：

> 蟋蟀吟西轩，商声方兹始。
> 小人快一鸣，得时一如此。
> 大泽藏蛰龙，严冬卧不起。
> 明岁泽九州，功成返渊底。

另一首也写得很好：

> 蜗庐抱奇景，高视羲皇前。
> 苍蝇觑尺璧，江汉谁洗斶？

此诗综合运用比拟和对比的手法，逼真地将三十多岁的曾国藩本人的书生意气与自命不凡表达得淋漓尽致。

第三章　骂名留世

一、奉旨团练

咸丰二年六月二十四日（1852年8月9日），曾国藩匆匆离开京城南下，想借助典试江西的机会回家省亲。十二年的官场生活中，步步高升、春风得意的他，也多了一份历练与深沉。此时的他，"急于科举而淡于仕宦"，怀着渴望见用于世而又企求归隐山林的矛盾心情，登上了旅程。他在京城时难得悠闲，此时沿途观光赏景，好不惬意。将近一个月，即七月二十五日，一行人才抵达安徽太湖县境的小池驿。忽然，家人来报，他母亲江氏已然撒手人寰。哀痛之至的他立即脱下官服，披麻带孝，经黄梅县渡江至九江，然后逆流西行。

这时，太平军在金田村起义以后，已经绕过提督向荣设置重兵的桂林，将全州攻克，乘胜进入湖南，沿路行军无往不胜，8月攻占嘉禾、桂阳、郴州，9月11日已经驻扎在长沙城外，对长沙城进行连续不停的猛攻。曾国藩路过武昌时，因湖北巡抚常大淳前来吊丧，才把湖南省城的战况告诉了他。于是，他"抛弃行李，仅携一仆，匍匐间行，经岳州，取道湘阴、宁乡，于八月二十三日抵家"，从此他的乡村生活便开始了。

仅仅过了三个多月，正当曾国藩暂时把母亲安置在居室后山，"拟另觅葬地，稍尽孝思"之时，十二月十三日（1853年1月21日），咸丰帝的寄谕由巡抚张亮基转来："前任丁忧侍郎曾国藩籍隶湘乡，闻其在籍，其于湖南地方人情自必熟悉，着该抚传旨，令其帮同办理本省团练乡民、搜查土匪诸事务，伊必尽力，不负委任。"接到谕旨后，曾国藩立即"草疏恳请终制，并具呈巡抚张亮基代奏，力陈不能出山之义"，"但缮就未发"。十五日，曾国藩又接到张亮基来信，被告知武昌于十二月四日已被太平军攻占，他感到非常震撼和惊诧。"以湖北失守，关系甚大，又恐长沙人心惶惶，理宜出而保护桑梓。"刚好是在同一天，吊唁曾母的郭嵩焘赶到了湘乡。此事被湘乡县令告知曾国藩，二人关系不同寻常，曾国藩立即邀请郭嵩焘。当郭嵩焘赶到曾家时，夜已经深了。两人秉烛畅叙，谈及国事，曾国藩说明自己要守制，出来主持团练是万万不行的。郭嵩焘则力劝曾国藩说："公素具澄清之抱，今不乘时自效，如君王何？且墨绖从戎，古制也。"曾国藩的野心郭嵩焘是知道的，他一心想着整治封建秩序，而今适逢乱世，英雄辈出，为什么不全力施展抱负，以此为皇帝尽忠呢？为说服曾国藩，郭嵩焘又拿出"古已有之"的例子，真挚的情意溢于言表。标榜"忠孝"的曾国藩也为他所打动，但曾国藩为了表示尽孝的"决心"，依然不同意郭嵩焘的意见。郭嵩焘又找到曾国藩的父亲，和他大谈"保卫家乡"的大道理，曾父认为讲得对，便教训了曾国藩一通，他这才应允。但过了很多天也不见他起程。郭嵩焘又同他的弟弟郭崑焘一同前往曾家劝说，但曾国藩却提出若要他答应此事，郭氏兄弟必须入幕参赞，郭嵩焘只好应允了他的条件。此后四年，郭嵩焘在曾国藩幕府中度过了大部分时间，在湘军初创，曾国藩"大业"初起时，他实在是非常重要的人物。十二月二十一日，曾国藩抵长沙，筹练湘军的工作从此就开始了。曾国藩再也不是以前那位闲散无政事的京官，而逐渐揭开了他一生中最重要的几页。郭嵩焘后来在说这件事的时候，说曾国藩成就"中兴"之业，他的功劳最大，因为是他劝曾国藩出山的，当时曾国藩接到上谕后，马上陈疏皇上力辞此事。当曾国藩正要把奏折派专使送到省城，行将出发的时候，他赶到了曾家，正是因为他的极力劝说，曾国藩才"即时收回所具疏，定计赴省"。

团练，也就是团集训练的意思。封建统治者对乡民进行团练，形成地方性的地主武装，这种风俗是从唐德宗年间开始的。唐初的府兵制则是它的胎源，府兵在有战争的时候奉命出征，没有战争的时候就回府务农。玄宗用募兵制代替府兵制之后，兵农分离，但各藩镇仍然延用团练的办法。陆贽代德宗写的《诛李希烈后原淮西将士诏》中就对这一现象进行了描述："被希烈差点兵马及团练子弟，并即放散。"清代前期，团练的情况也存在，但是大多是时聚时散。嘉庆年间，苗民在贵州、湖南两地发生暴动，凤凰厅同知傅鼐"乃日招流亡，附郭栖之，团其丁壮，而碉其要害，积十余碉则堡之"，后来平定苗疆时，团练的兵力和碉堡的战术发挥了很大的作用。后来，白莲教教徒起义，白莲教运动波及四川、湖北、河南、陕西、甘肃等省，持续了将近十年的时间。德楞泰和明亮上奏皇帝，请求用乡勇和碉堡如法炮制，嘉庆帝发布诏书命各地都用此方法，最后才镇压了白莲教起义。

以前已经有了这方面的经验，所以当太平军兴起时，咸丰帝在积极布防的同时，还发布上谕要求各省团练乡民，企图使包括八旗兵和绿营兵在内的正规军与团练乡勇密切配合，一起镇压太平军的起义，于是在全国掀起了第一个办团练的浪潮。由于丁忧或请假在籍的官吏对地方的情况较为熟悉，清廷就委派他们与地方督抚配合行动。前刑部尚书陈孚恩是被任命的第一个团练大臣，时间在咸丰二年八月，曾国藩就是第二个团练大臣，时间在这年十一月，接着这年十二月到咸丰三年二月，在仅仅几个月的时间里，累计任命了四十九名团练大臣。咸丰十年（1860 年），太平军消灭了江南大营，清廷进一步意识到必须依靠地主武装才能取得胜利，在全国各地第二次办团练的浪潮又兴起了，清廷又先后任命了四十三个团练大臣。这九十二人中，官职由高到低，自前尚书至已革总兵不等，分布在十六个省份。由此可见清廷非常重视办团练事宜。

曾国藩对"团练"的见解非常独特。他认为，"团练"的意思有两层："团者，即保甲之法也，清查户口，不许容留匪人，一言尽之矣；练则必制器械，造旗帜，请教师，拣丁壮，或数日一会，或一月一会，又或厚筑碉堡，聚立山寨，皆大有兴举。"他认为两者的关系是在"方今百姓穷困，无生可谋，治之者当如养久病之婴儿，攻补温凉，皆难骤进，风寒饮食，动辄为咎"的情况下，应"重在团，不重在练"。同时他也认为："各乡但行保甲之法，团而不练，惟城厢则操练一二百人，以资剿办土匪之用。"这个意思用更为精练的话表达，是"乡村宜团而不宜练，城厢宜练而不宜多"。这是什么原因呢？他说：当前"专意以团结人心、搜查土匪为事，较为易施而省费"。只有"待岁月稍久，民心信从，然后层层引入，庶费不多而事易集耳"。

曾国藩到长沙后的第四天（十二月二十五日），他给内兄欧阳秉铨写了一封信，说自己"先以稽查城内土匪奸细为要务，其次则勤于操练"。正月又给彭申甫和彭洋中分别写信，在信中都提及："今日急务，以练兵清匪为急。练兵，则犹七年之病，蓄三年之艾；清匪，则借一方之良，锄一方之莠。"他的指导思想是"重在团，不重在练"，在另一些地方则干脆说："当今之务，莫急于剿办土匪一节"，"弟在省办事，以查办土匪为第一要务"，"吾乡疮痍之后，惟艾除土匪为第一要务"。所以，曾国藩受命担任帮办团练大臣的初期，所做的事务主要是剿办"土匪"，"团练"的"练"字则没有受到太多的重视。在当时太平军已

全数东下的情况下，曾国藩的这个思想，显然是考虑到湖南地主阶级的利益，从维护它的目的出发的。

他认为，之所以湖南会有如此众多的"土匪"，"盖缘近年有司亦深知会匪之不可遏，特不欲其祸自我而发，相与掩饰弥缝，以苟且一日之安，积数十年应办不办之案，而任其延宕，积数十年应杀不杀之人，而任其横行，遂以酿成目今之巨寇"，因此乡里百姓都认为法律不值得信赖，官府也没什么可以让他们害怕的了。曾国藩在关于剿办"土匪"方面的事宜上，他认为以下四个字是非常重要的："严刑峻法"。

曾国藩上任后所做的第一件事就是严厉打击土匪，原因是随着日益扩大的太平军势力，湖南境内各会党趁此机会纷纷涌出，平日受尽官吏欺压的百姓为反抗官府也都趁机组织了起来。是时太平军虽已离开长沙，但挥师湖南是随时都有可能的事情，到时候湖南境内的各股反抗力量与太平军部队相结合，清政府在湖南的统治就宣告结束了。而且，即使太平军还没有进攻到湖南，各地民间组织的武装暴动也扰乱了整个湖南官场，让官员们惶惶不可终日。作为地方团练大臣的曾国藩，在还没有实力与太平军较量前，便一面对兵勇进行招募、训练，一面集中兵力镇压各地起义。

就是在这种形势下，曾国藩担任了湖南省团练大臣，而后，他又在省城长沙设立了审案局，招募勇丁，揭开了镇压太平天国运动的序幕。

二、"曾剃头"的由来

1. 制定严刑峻法

曾国藩刚刚上任没多长时间，就把严惩土匪做为他这个团练大臣的"团练"方针。在咸丰三年正月，他就向湖南各州县发出号令，要求对土匪、逃勇格杀勿论：

与湖南各州县公正绅耆书

启者：

自逆匪窜扰湖南以来，我百姓既受粤寇杀戮之惨，又加以土匪之抢劫，潮勇之淫掠，丁壮死于锋镝，老弱转于沟壑，种种毒苦，不堪言状。而其最可痛恨者，尤有二端。

逆匪所到之处，掳我良民，日则看守不许外出，夜则围宿不许偷逃。约之为兄弟，诱之以拜上。从之则生，背之则死。掳入贼中，不过两月，头发稍深，则驱之临阵。每战以我民之被掳者列于前行，而彼以牌刀手压其后，反顾亦杀，退奔亦杀。我民之被掳者，进则为官兵所擒，退则为牌刀手所杀，不得已，闭目冒进，冲锋力战。数战之后，终归于死。生为被胁之民，死为含冤之鬼。但见其从逆，谁怜其苦衷？此其可痛恨者一也。

潮勇在楚，奸淫抢掠，诚所不免，然现已遣回广东。其在湖南滋扰之时不甚久，经过之地不甚多，岂比粤寇之穷凶极恶？粤寇所淫之妇，何止万数；所焚之屋，何止十万；所屠之民，何止百万。近因恶潮勇之故，遂有一种莠言，称颂粤寇，反谓其不奸淫，反谓其不焚掠，反谓其不屠戮。愚民无知，一唱百和，议论颠倒，黑白不分，此其可痛恨者二也。

现在逆匪已陷湖北，凶焰益炽。湖南与之唇齿相依，烽火相望，若非人人敌忾，家家自卫，何以保我百姓安生而乐业哉？国藩奉天子命，办理本省团练事务。是用致书各州、县公正绅耆，务求努力同心，佐我不逮。团练之道非他，以官卫民，不若使民自卫；以一人自卫，不若与众人共相卫，如是而已。其有地势利便，资财丰足者，则或数十家并为一村，或数百人结为一寨，高墙深沟，屹然自保。如其地势不便，资财不足，则不必并村，不必结寨，但数十家联为一气，数百人合为一心，患难相顾，闻声相救，亦自足捍御外侮。农夫、牧童皆为健卒，耰锄、竹木皆为兵器，需费无多，用力无几，特患我民不肯实心奉行耳。国家承平日久，刑法尚宽，值兹有事之秋，土匪乘间窃发，在在有之，亦望公正绅耆，严立团规，力持风化。其有素行不法，惯为猾贼造言惑众者，告之团长、族长，公同处罚，轻则治以家刑，重则置之死地。其有逃兵、逃勇，经过乡里劫掠扰乱者，格杀勿论。其有匪徒痞棍，聚众排饭，持械抄抢者，格杀勿论。若有剧盗成群，啸聚山谷，小股则密告州县，迅速掩捕；大股则专人来省，或告抚院辕门，或告本外公馆。朝来告，则兵朝发；夕来告，则兵夕发，立时

剿办，不逾晷刻。除丑类以安善良，清内匪以御外患，想亦众绅耆所乐为效力者也。

国藩奉命以来，日夜悚惕。自度才能浅薄，不足谋事，惟有"不要钱、不怕死"六字，时时自矢，以质鬼神，以对君父，即藉以号召吾乡之豪杰。湖南之大，岂乏忠义贯金石，肝胆照日星之人？相与倡明大义，辅正除邪，不特保桑梓于万全，亦可荡平贼氛，我国家重有赖焉者也。时艰孔亟，翘企维殷。书不十一，诸难心鉴。

同时，在他给好友胡林翼的信中，也认为当时最重要的事是廓清土匪："今日之急，廓清土匪，可收实效。三四十年来，一种风气：凡凶顽丑类，概优容而待以不死。自谓宽厚载福，而不知万事堕坏于冥昧之中。浸溃以酿今日之流寇，岂复可暗弱宽纵，又令鼠子锋起？闻台端划除强暴，不遗余力，鄙怀欲取为伐柯之则，倘肯授我方略，时示成法，实为厚幸。书不十一，敬鸣谢悃，藉请台安，诸惟心鉴。"

咸丰帝在咸丰二年十二月三十日曾下旨，让张亮基、潘铎与在籍侍郎曾国藩共同处理湖南招募兵勇的事。在咸丰三年正月初三，咸丰帝又下旨，说他日夜思考除莠安良之事，认为即使在匪徒多的地方，也是良民居多，作为封疆大臣，只有把恶心铲除，才能使人民不受伤害，从而地方得以安宁。浏阳、攸县等地的匪徒，也只有各署督抚认真查办，并与在籍侍郎曾国藩一道，参照地方形势，统筹办理才能最终剿灭。所有这些都说明咸丰帝为剿匪一事忧虑万分。

因此，在咸丰三年二月十二日，曾国藩给咸丰帝写了一张奏折，即《严办土匪以靖地方折》，在这篇奏折中，他系统地表述了对太平军要严刑峻法的观点。

由于在奏折中出现了许多描述匪徒几近残忍的话语，让人看了触目惊心，所以咸丰帝在接到曾国藩的奏折后，看到曾国藩同他一样极为仇视造反者，便十分同意曾国藩的看法。便批阅道："办理土匪，必须从严，务期根株净尽。"

咸丰二年，曾国藩刚到省城时，抚臣张亮基从湖南以外的省份调来一千多名士兵，又在湖南本地招募了一千多名勇士，共同来防御起义军。不久便收复了武昌，长沙的形势也得以缓解。曾国藩与张亮基、潘锋共同商议计策。将留在云南、河南的士兵撤回，在招募的士兵中，挑选勇敢善战的留下，总共留了三千多名勇兵，已足以用来防守。为进行团练，捐钱敛费定必要的，但实行起来又特别困难。如果并村结寨，筑墙建碉，多制器械，广延教师，招募壮士，以进行常规训练，需要花费很多钱，因而民众很不乐意；但如不并村落，不立碉堡，不制旗帜，不募勇士，虽然住的分散，但很容易聚集，干活的农具就可以用来作武器，这样花费少，民众特别喜欢。于是曾国藩便采用了第二种方式，不但省钱省力，也让百姓深受鼓舞。

湖南匪徒较多是众所周知的事。自从洪秀全带领的太平军进入湖南，天地会的人大多加入了太平军，还没有铲除干净，又出现了串子会、红黑会、半边钱会、一股香会，名目繁多。曾国藩见这几年土匪横行，肆虐成灾，认为必须以严刑峻法来惩治他们，才能消灭他们的势力。所以曾国藩准备冒着声名败落的危险，冲破一切险阻，联络各地的乡团，严惩匪徒。

曾国藩在省城办理街团，凡遇到游匪，或者形迹可疑的人，便立即抓获调查，对那些抢掠结盟的，便用巡令旗，对他们进行正法。并且在寓馆设立了审案局，派了两名委妥员，负责拿获匪徒，进行严加审讯。对平常的痞匪，如奸胥、蠹役、讼师、光棍，也是加倍严惩。曾国藩认为只有这样才能让心地善良的老百姓平平安安地种田度日。

另外，曾国藩在《与各州县书》中，对以往地方官对太平军的镇压不力进行公开指责，"明明知之，而不敢严办"，而他们"搜其巢穴，有拒捕之患；畏其伙党，有报复之惧；上宪勘转，有文书之烦；解犯往来，有需索之费"则是最主要的原因。在给友人的信中，他进行了更为锋利的指责："三四十年来一种风气，凡凶顽丑类，概优容而待以不死，自谓宽厚载福，而不知万事堕坏于冥昧之中，浸溃以酿今日之流寇，岂复可暗弱宽纵，又令鼠子锋起？"不能"宽厚载福"，不能"暗弱宽纵"，由此已经可以看出曾国藩呼之欲出的屠刀。他一再向友朋和僚属表示他的决心："自别于畏死者之徒"，成就一番大的事业，"师武健严酷之为，以力振疲苶儒忍之风"，"即吾身得武健严酷之名，或有损于阴骘慈祥之说，亦不敢辞已"。

他给湖南各州、县绅耆写信，告知他们要把团练办好，对于"素行不法，惯为猾贼，造谣惑众者告之团长、族长，公同处罚，轻则置以家刑，重则置之死地！其有逃兵、逃勇，经过乡里劫掠扰乱者，格杀勿论！其有匪徒痞棍，聚众排饭，持械抄抢者，格杀勿论！……"这样连篇累牍的指令甚至还出现在曾国藩的私人信件中，如，"闻下游逃兵逃勇纷纷南来，省中当严兵以待，不使其入城乃善，其尤桀悍者，当斩一二人以威众"；如，对于"粤匪、土匪"，"若非

痛加诛戮，与草剃而禽狝之，则悍民不知王法为何物"；再比如"闻有并非楚勇、并非湘勇随之以去者，……尤须认真访查，斩数人以惩其余"；或是"严缚匪党，动与磔死"；等等。他把审案局设立在长沙鱼塘口自己的寓馆内，委派候补知州刘建德、照磨严良浚负责案件的审理，"匪类解到，重则立决，轻则毙之杖下，又轻则鞭之千百"。他还偷偷地称赞自己道："巨案则自行汇奏，小者则惟吾专之，期于立办无所挂碍牵掣于其间，案至即时讯供，即时正法，亦无所期待迁延。"在给僚属的信中，他对自己的所做所为供认不讳："国藩以前月下旬于寓中设审案局，十日内已戮五人。"

2. 大肆屠杀

在朝廷的支持下，曾国藩开始对各地的起义进行大肆镇压。他在同月给江忠源的信中是这样写的："湖南本会匪卵育之区，去岁从洪逆去者，虽已分其强半，而余孽尚在伏莽。即素未入会之徒，习见乎粤匪、土匪之横行莫御为所欲为；亦且嚣然不靖，思一逞其恣睢。若非痛加诛戮，与薙而禽狝之，则悍民不知王法为何物，而良民更无聊生之日。今岁土匪窃发之事，殆将月月不免，而东南山多之地，行且县县相继。明知其为乞儿乌合，不直一剪，而无奈官惴民怯，相顾惊奔，偶一有事，不能不藉兵勇之力。

"国藩在此，日内粗有条理。札各处绅士缚著名之痞匪，差为响应，至则斩刈，不复敢言阴骘。书生好杀，时势使然耳。"

对此他感到非常自豪，在二月十七日给朱孙贻的信中，他甚至说："自去岁以来，抢劫之案，各县多有，惟吾邑无之。……现在设法购拿各劫案首要诸犯，至则立予磔死，不复拘守常例。持之稍久，巨案或可少息。"

同月，他在给徐玉山、魁联等人的信中，对于严厉打击反抗者这一做法进行了反复的申述。如在给徐玉山的信里他就是这样说的："吾乡疮痍之后，惟芟除土匪为第一要务。二三十年来，应办不办之案，应杀不杀之人，充塞于郡县山谷之间，民见夫命案盗案之首犯皆得逍遥法外，固已藐视王章而弁髦官长矣。又见夫粤匪之横行，土匪之屡发，乃益嚣然不靖，痞棍四出，劫抢风起，各霸一方，凌藉小民而鱼肉之。鄙意以为宜大加惩创，择其残害于乡里者，重则处以斩枭，轻亦立毙杖下。戮其尤凶横者，而其党始稍戢；诛其尤害民者，而良民始稍息。但求屠弱之百姓少得安恬，即吾身得武健严酷之名，或有损于阴骘慈祥之说，亦不敢辞已。将此意详告各州县牧令，又以书函致各处绅耆矣。更祈老公祖严饬所属，申明鄙意，但求无案不破，无犯不惩，一切大小处公，皆可宽免。"

在给魁联的信中，他也把自己称作自始至终都很残忍的人："国藩以前月下旬，于寓中设审案局，十日内已戮五人。世风既薄，人人各挟不靖之志，平居造作谣言，幸四方有事而欲为乱，稍待之以宽仁，愈嚣然自肆，白昼劫掠都市，视官长蔑如也。不治以严刑峻法，则鼠子纷起，将来无复措手之处。是以壹意残忍，冀回颓风于万一。书生岂解好杀，要以时势所迫，非是则无以锄强暴而安我孱弱之民。盖与阁下为政夙心，颇相符契也。"

在设立审案局于长沙的同时，曾国藩的势力范围也扩展到湖南各地。最初的太平军主要是由两部分人组成的联盟军，一部分是洪秀全的拜上帝会徒众，另一部分是洪大全的天地会会众。太平军在路过湖南的时候，他们吸引了很大一批湖南天地会的人随他们一起北上，但湖南会党依然有着很强大的势力。尤其是受太平军的影响，革命群众的斗志分外高昂，群众斗争的烽火，燃遍了祖国各地，处于东南的衡阳、永州、郴州、桂阳、常宁以及西南之宝庆、靖州各属，这种革命火焰更是如火如荼。可惜，当时太平军已经全部离开湖南东下了，没有联络这些同盟军，才使得曾国藩有机会把他们逐个击破：

咸丰二年冬天，浏阳的周国虞、曾世珍、邓万发等率领的忠义堂暴动被江忠源给镇压了下去；

咸丰三年正月，攸县洪利父子率领的暴动被张荣祖等镇压了下去，这支军队是骆秉章、曾国藩派出的；

二月，曾国藩派刘长佑、李辅朝、王鑫等将常宁白沙堡的农民暴动镇压了下去；

派张荣祖到宜章、桂东、临武，因为那里有来自阳山、大庚的农民暴动军，他们也被镇压了下去；

会党曹戣、李跃率领一万余人在衡山草市、吴集暴动，曾国藩派刘长佑、王鑫把这支起义军镇压了下去；

三月，戴正洸率领的永兴、安仁等地的农民暴动被曾国藩所派的夏廷樾、张荣祖等镇压了下去；

到了咸丰三年三月，经过严厉的镇压，湖南各地的反抗活动比以前收敛了许多，因此，在《现办湖南各属土匪情形折》中，曾国藩向咸丰帝汇报了他的大肆杀戮起义军的情况：

奏为现办各属土匪情形，恭折具奏，仰祈圣鉴事。

窃照浏阳、攸县土匪滋事，经前抚臣张亮基将委员剿办并地方安静情形奏闻在案。臣查湖南盗匪充斥，从前蛰伏不动，迨粤匪滋扰之后，层见迭出。一经兵勇掩捕，则又彼拿此窜，东决西流，全在随时随地相机惩办，庶不致养痈遗患。臣莅任后，迭经饬属严拿究办。

二月初六日，据衡山县禀报，初二日探有匪徒多人，执持器械枪炮，在距城三十里之霞流站地方滋扰。臣当即饬县会营迅速剿捕，并会商前礼部侍郎臣曾国藩，札饬委员管带楚勇之训导刘长佑、管带湘勇之生员王鑫，共带勇八百，前往协剿。旋据衡山县暨刘长佑等禀报，该匪初四日正欲搂船过河，刘长佑派湘勇扎对岸堵其来路。初五日会营带领楚勇从上游过河，该匪退至吴集，欲往雷山添结匪党，当与王鑫等合队前进，初六日午刻行抵吴集。该匪约有一千余人，胆敢分两路执旗吹角，施放枪炮，向前抗拒。刘长佑等督勇迎击，连放枪炮，毙匪多名。该匪复聚杨山岭上，施放弩箭、火罐，我勇分三股：一由山尾抄出贼后，一由大路赶向贼前，一由山脚上岭，短兵相接，毙匪更多，均走向山后渡河。我勇抄出，该匪势慑，复淹毙不少，后队折回吴集。我勇从大路赶杀，该匪抵不住，馀各逃散。计此次斩获首级四十七颗，生擒土匪六十名，夺获长矛、火药、弩箭、黄旗、黄马褂等物多件。现在搜捕余匪。次日复据把总李光宽、六品军功伍乾典等，拿获首犯一名李跃解县等情。臣仍飞饬严拿余匪，务尽根株，并委员驰往提犯讯办。

至浏阳案内，尚有首犯周国虞、曾世珍、邓万发在逃，当饬营县委员设法严拿。旋据协同乡团将曾世珍拿获，并获余匪多名。在夥犯刘幅道、冯日溶、屈八癞子等供内讯出周国虞已逃往江西、邓万发已逃往湖北，亦经臣咨饬严密查拿务获。现在地方一律安静。

其攸县土匪，续据委员张荣祖等禀报，于县境漕泊地方，有兴利九父子，纠合外匪多人，在彼滋扰。该委员于正月初八日会同营县，督率兵勇，驰抵该处。先拨兵勇一枝埋伏三斗岭，一面向前围捕，立将洪利九等七名拿获。余匪纷逃，均为埋伏兵勇蹑追杀毙。当将各匪巢穴烧毁，使无窝藏之地。提讯洪利九等，实系去岁正法之刘祖思、黄杰高等同党，前从西匪承受伪职、伪牌，聚众滋事。因何家垅、桐子坪两次被剿，纠集多人，意图报复，实属罪大恶极，当即正法。现仍捕搜余匪，无任滋蔓。臣惟有督饬所属文武各官与公正绅士，详细筹商，分别缓急轻重，严密筹办，以期仰副圣主固圉安民之至意。

正是因为采取了前所未有的酷杀政策，曾国藩才得以大名远扬，但他得到的并不是对他十分有利的名声，因此，在咸丰三年三四月间，曾国藩又到处给别人写信，为自己的酷杀行为进行辩解和开脱，以求他人理解。如三月十七日给张荣祖的信中他这样写道："弟在省会，亦乏善状，惟以练兵除匪二者为要。得不法之徒，立予磔死，以是获猛厉之名，实则所诛无几。人相率为优容，遂诧此为酷健。"同一天，在给左宗棠的信中他也是这么说的："藩在此间，日事讼狱，不法痞匪，辄予磔死。以是得猛厉之名，实亦诛戮无几，少见多怪，俗人自生诧耳。"四月十六日，在给陈源兖的信中，他同样又故伎重演："因力与整顿，日以查拿匪人为事。公馆设审案局，讯得不法重情，立予磔死，或加枭示，邦人士遂谓为尽心，颇立声威，宵小敛戢。实则三月以来，仅戮五十人，于古之猛烈者，曾不足比数。世相承以因循，遂谓此为武健严酷耳。"

如果说曾国藩在咸丰三年四月前的"猛厉"之名仅仅是因为他"仅杀"五十人的话，那么，在此后的日子里，他的名声大振则有赖于他杀人步伐的进一步加快。

曾国藩在长沙审案局视事期间，他在咸丰三年六、七两个月里杀人最多，《汇奏剿办窜入桂东等县江西土匪折》《拿匪正法并现在帮办防堵折》《安化蓝田土匪勾引粤匪谋逆已搜捕惩办片》《两广窜入湖南县境匪徒次第剿除折》都是他在这一时期的奏折，这些都是以上结论的最有力的证明：

汇奏剿办窜入桂东等县江西土匪折

窃江西上犹等县，土匪窜扰桂东等县，经臣饬委署盐法道夏廷樾，督同广西知州张荣组等前往剿办，恭折具奏在案。兹据张荣组等先后禀报，该匪等闻有大兵将至，随由桂东县分股窜回江西上犹县属之鹅形等处。随据郴州委员良田巡检金德辉、益将巡检陈楷，各追获匪犯十余名，复会督在城文武搜获二十余名。张荣组及署桂阳营参将玉山，于五月初十日查探鹅形山紧连桂东，四面皆山，林深地险，为匪徒出没之所。该匪在彼聚集二三千人，先于初八日分出千余，窜往上犹县属之营前司，戕害该处县丞、把总，余在鹅形屯扎。张荣组等于日将昏黑时乘其无备，督率兵勇冒险驰入鹅形山岭，该匪等仓猝失措，登时惊溃，走避不及者开枪抗拒。张荣组见其旁有茅屋，因风纵火，焚毁贼巢六十余间，烧毙二三百人，生擒刘洪新等九人，余俱翻山窜赴营前司及龙泉县属之左安一带。因已深入邻省三十余里，当将兵勇分扎隘口，一面知会江西合剿去后，嗣该匪潜由上犹窥伺我营，经巡哨把总拔补千总之张万书、外委邹鸣英等，带勇剿捕，歼毙多名，生擒匪首沙老七、伙匪钟良珍二名，余匪窜入营前。讯据沙老七供认：与刘通义即刘洪义、胡志尧、张英、沙老九结会谋逆，聚众抗拒，戕害官绅等语。因该犯等身受重伤，当将该二犯就地正法。现在桂东县境内，居民渐就安堵等情。

两广窜入湖南县境匪徒次第剿除折

奏为两广匪徒窜入湖南县境，现已次第剿除，恭折奏祈圣鉴事。

窃查广西兴安、恭城等县匪徒滋事，湖南永州等府所属州县多与接壤，路路可通，易致窜入。经臣调派兵勇，札饬署衡、永、郴、桂道徐嘉瑞，驰赴永州一带，会督在事文武暨各处士绅团练壮勇，一体防剿，附片具奏在案。

嗣据永明县知县吴纯禀报，六月初五日，粤匪二千余人由恭城窜至县境，经白象汛把总朱雄、外委李如松会同该县周棠司巡检叶德济，传同士绅，督率兵勇团丁五六千人，分作三路，赶至粗石江地方。该逆等率众抗拒，当即并力合剿，两日两夜，杀毙匪徒三百余人，生擒龙亚满等三十名，尾返至八十二山，又复歼毙多名。初八日搜捕二十一名，余党四散。

又据江华县营禀报，有广西贺县匪徒五百余人，窜入县境，经护永州镇标左营游击中军守备陈进榜，会督在事文武士绅，督率兵勇团壮，合力堵剿，于六月二十二三等日，擒杀数十名，复经岭东营守备周云耀暨把总王建勋等，节次在木宅村等处擒杀贼匪多名。八品军功战兵宋廷善追贼阵亡，身受十七伤。并据周云耀禀报，首犯钟乃康已据粤省桂岭团拿获。

又据临武县营禀报，六月十六日，有匪徒数百人，在该县水东地方掳抢，当即督率兵勇，伤毙多名，生擒二十余名，夺获旗帜刀矛等件各等情。此永明等七厅县剿办粤西土匪之情由也。

又据署兴宁县知县傅祥华禀报，七月二十六日，探有广东乐昌县匪徒，窜入县属南乡上五甲地方，四处抢掠，现已会营驰往堵御。旋据署郴州知州邹道堃等禀报，该匪已由水路直扑县城，势甚危急。适臣预委留防郴、桂一带之候选县丞王鑫，由桂东县督带绅勇二百余人，轻骑倍道，连夜疾驰，赶往救援。该员自负戈矛，跣足前倡，于二十九日卯刻抵县。因此股匪徒深知战法，最为凶狠。当即先设疑兵，出其不意，分路攻剿。该匪施放枪炮，抵死抗拒。该员激励士卒，奋不顾身，鏖战两时有余，杀毙一百余人，斩首八十九颗，生擒大头目刘老二及伙党五十四名，夺获军器无数。其总目王成保、大头目沙老九等均已阵毙。我勇阵亡二名，受伤四十余人。复经该县营及桂阳县把总李正钧等，并各路守卡兵勇，陆续歼擒多名，仅存零匪十余名翻山逃逸。兴宁县境一律肃清。此又剿办广东乐昌县土匪之情形也。

曾国藩疯狂的"剿匪"行动终于平定了湖南境内的起义运动，而他自己也因此被别人称为"曾剃头"，杀人就和剃头一样简单，既形容他杀人之轻易，又表明了他所杀的人何其之多。因此《清史纪事本末·湘军陆师之编制》里面有一句话说道："一时谤议四起，至有曾剃头之称。"

"曾剃头"这样一个名字并不好听，对此，曾国藩是早已预料到的，因为他早就对咸丰帝说过，即使他自己因为执行皇命而被人称为残忍严酷之人，他仍要坚守自己的职责，所以，对于"曾剃头"这一绰号，他又怎么敢加以拒绝呢？而且，此绰号陪他走过了一生的路。

然而，曾国藩依然感到不断有人阻拦他的事业，使得他不能甩开手脚大干一场。他在给江忠源的信中说："现在设局审案，外间粗盗虚声，实则茧丝自缚，如不得放步大踏，一写平生欲白之怀。"

曾国藩、骆秉章的血腥镇压，是对湖南全境的地方性群众斗争的严重打击，这股革命力量于咸、同期间进入低潮，因此孤立了湖南境内的太平军；同时，被太平军和会党冲乱了的封建秩序也逐渐得以恢复正常，因此湖南在后来成为了湘军兵源与粮饷供应的重要大后方。

曾国藩在书信中一而再、再而三地重复说："书生好杀，时势使然耳"，"书生岂解好杀？要以时势所迫"。是怎样的时势迫使他这样做呢？总体来说，便是

咸丰年间蓬勃兴起的以太平军为代表的、遍及全国的农民革命运动；革命很可能会使清王朝的封建统治分崩离析。极有政治眼光的曾国藩，对这一点的认识也非常清楚。他说："团练之道非他，以官卫民，不若使民自卫，以一人自卫，不若与众人共相卫，如是而已。"当然，这里的卫民指的并不是对一般的老百姓加以保护，而是指对地主乡绅进行保护。所以，他又说："不治以严刑峻法，则鼠子纷起，将来无复措手之处。"他非常明确地表明了自己的目的："严缚匪党，动与磔死，差令乡里善良得以伸彼之气，而应吾之令耳。"他认为，当政的官吏，大部分都不是因循守旧，就是心慈手软，实在是让人感到很担心。所以，他也不再遵从所谓的"圣门好言仁，仁即恕也"这样的人生信条，而重新成为法家的推崇者，"冀挽颓风于万一"。他在后来所作的《劝诫浅语》中，对诸州县进行劝诫说："管子、荀子、文中子之书，皆以严刑为是，以赦宥为非。子产治郑，诸葛治蜀，王猛治秦，皆用严刑，以致乂安"，若"不用刑法，名为宽和，实糊涂耳，懒惰耳，纵奸恶以害善良耳"。曾国藩办团练的手段和目的，即通过严刑峻法治理百姓，从而达到封建统治的长治久安。

第四章 坎坷湘军

一、岳州城首战败北

1. 组建湘军

曾国藩出山，湖南巡抚张亮基奉旨劝谕有很大的功劳，但他到长沙没多长时间，张亮基便调往武昌署湖广总督，布政使潘铎暂时接替了他的职位；同时，原云南布政使徐有壬被调职担任湖南布政使，原衡永郴桂道陶思培则被升职担任湖南按察使。他们与曾国藩的关系都不怎么好，尤其是曾国藩的"越权侵官"，使他们对曾国藩进行讥讽、掣肘，甚至打击。不久因潘铎病归而接任湖南巡抚的骆秉章，对于其手下人与曾国藩之间的龃龉也不闻不问，明争暗斗令曾国藩的处境非常孤苦。曾国藩后来在八月十三日给朝廷上了《移驻衡州折》，第二天就匆匆离开长沙回到了故乡。在乡间沉思了几天的曾国藩于八月二十七日愤走衡阳。在奏折中，他声称"衡、永、郴、桂尤为匪徒聚集之薮，拟驻扎衡州，就近搜捕，曾于二月十二日奏明在案"，他现在之所以要转移到衡州，正是为了保证原有的"查办土匪"计划顺利进行。要在衡州将农民暴动进一步地镇压下去，曾国藩在当时确是这样想的，但他却没有把自己移驻衡州的近期内的原因和内心活动告诉咸丰皇帝。

如果把湘军作为一个总体或者集团来对待，那么，湖南新宁应该是湘军的发祥地；如果把范围缩小到由曾国藩创建，并由他指挥的那一部分湘军，那么，湖南衡阳则是它的发祥地。

从曾国藩咸丰三年八月二十七日到达衡阳的那一天开始，到他于咸丰四年正月二十八日从衡阳出征的时候结束，他在这里待了整整五个月的时间。

曾国藩愤走衡阳之后，因为少了许多不必要的应酬与牵制，烦恼也少了许

· 41 ·

多，在那里一心一意地训练他的湘军。咸丰三年十月，太平军西征军围攻武昌，在这千钧一发的时刻，正在衡阳练兵的曾国藩接到了清廷渝令，"赶紧督带兵勇炮船，驶赴下游会剿"。曾国藩则以"保卫全楚之计，必须多备炮船，乃能堵剿兼施"，而舟师还没有守备为理由，借此机会申请"截留粤饷四万余两，作为筹备炮船之费"。这里指的"船"是木板船，由他在衡阳、湘潭所设的两个船厂自造；而"炮"，则是六百尊洋炮，那是两广总督叶名琛奉命为他先后买到的。经过半年的努力，当时的湘军已经具有了初步的规模，水陆两师加起来有一万人之多，其中水师十营，共有五千余人，前、后、左、右、中有五正营，此外又有五副营；陆师也是五千余人。水师中包括一艘拖罟、一艘快蟹、五十艘长龙、一百五十艘三板艇、一百二十艘钓钩船、一百余艘辎重船，船上一共有五百七十多门炮配备。

曾国藩之所以要创建水师，是因为太平军的水师给了他很大的启发，当时，进入湖南后的太平军，沿湘江入长江，直接到达南京，太平军在沿途吸收了许多带船的船夫，于是，太平军的旗号遍布长江上下，清军水师望风披靡。曾国藩于咸丰三年向朝廷所递的奏折《请筹备战船折》就是专门为此而作：

> ……
>
> 该匪以舟楫为巢穴，以掳掠为生涯，千舸百艘，游奕往来，长江千里，任其横行，我兵无敢过而问者。前在江西，近在湖北，凡傍水区域，城池莫不残毁，口岸莫不蹂躏，大小船只莫不掳掠，皆由舟师未备，无可如何。兵勇但保省城，亦不暇兼顾水次，该匪饱掠而去，总未大受惩创。今若为专保省会之计，不过数千兵勇，即可坚守无虞。若为保卫全楚之计，必须多备炮船，乃能堵剿兼施。夏间奉到寄谕，饬令两湖督抚筹备舟师，经署督臣张亮基造船运炮，设法兴办，尚未完备。忽于九月十三日田家镇失守，一切战船炮位，尽为贼有，水勇溃散，收合为难。现在两湖地方，无一舟可为战舰，无一卒习于水师。今若带勇但赴鄂省，则鄂省已无贼矣；若驰赴下游，则贼以水去，我以陆追，曾不能与之相遇，又何能痛加攻剿哉？再四思维，总以办船为第一先务。
>
> ……

咸丰帝给曾国藩奏折的批语是："所虑俱是。汝能斟酌缓急，甚属可嘉。"

这样，曾国藩便开始创建他的水师。但刚刚开始创立的时候，曾国藩并不知筹措水师需要做哪些工作，于是，就四处咨询，按照广东水师的样式，设置拖罟、快蟹、长龙等，开始了他的编创工作。后来，长沙有个叫黄冕的人给曾国藩提议道："长江上下千里，港汊极多，敌船容易藏匿。因此，最好每营都添十艘小战船（即三板），这样就便于在港汊中搜寻敌船。"曾国藩对此非常赞同，于是就开始对水师的编制进行了如下的调整：每营配制快蟹一艘、长龙十艘、三板十艘。人员配制如下：快蟹配二十八名桨工、八名橹工；长龙配十六名桨工，四名橹公；三板配十名桨工。正是这样的水师配制，才能够使曾国藩日后在对太平军作战中取得胜利。

湘军的创建，为曾国藩日后的"一鸣惊人"打下了坚实的基础，而在练兵期间他却跟自己的部下王鑫撕破了脸皮。其实早在咸丰三年曾国藩担任团练大臣职务的时候，应曾国藩所邀，罗泽南、王鑫师徒二人一同投奔曾国藩，曾国藩对师徒二人也非常器重。湘军建立后，罗泽南与王鑫担任湘军初创的三个营的左营和中营营长。当时王鑫任左营营长后一方面因为他治兵有方，另一方面对于兵机他也是深谙此道，所以，他在军中很有声望，连当时的湖广总督吴文镕、湖南巡抚骆秉章也都非常赏识他。而且，在湘勇初建的几个月中，王鑫就因为自己剿匪有功而获得了许多人的赞赏，从曾国藩二月十九日的信中我们就可以看出这一点：

璞山仁弟左右：

久未致书，时时于致印渠书中，令送左右同阅，想具悉一切矣。

吴集一胜，军威已立。仆前此即虑其纷纷四窜。十四日移营至草市大洲一带后，未得印渠嗣音。十八接安仁禀，言有土匪突发，焚县署二堂，监犯尽行逸出，似是劫狱焚署之案。而又云文武无恙，居民无恙，不知果何说也？刻下想楚勇、湘勇已由攸县进剿至安仁，若犹未也，即祈飞速往救。昨与印渠书中有"相机进取，便宜行事，此间不为遥制"。今匪势溃散，无股可名，无巢可剿，惟须多觅眼线，随处搜捕。军中变局，朝不同夕。足下与印渠但须细审机会，不必更向此间讨进止也。其附近州县，如茶陵、攸、醴、常、耒酃等处，必且纷纷来告。风鹤相警，此间都不另添兵，惟恃足下与印渠为长城耳。

出征已弥月，风雨劳苦，仆日夜悬念。兹专使送三月分行饷银一千七百三十八两五钱，祈照收。前寄银五百至楚勇营，嘱分二百与湘勇营用，若此次楚营少银用，湘营亦可借数百与之用也。书不十一，惟心照。印渠仁弟同此不另。

然而王鑫却甘心离而远之，这到底是什么原因造成的呢？当然事出有因：曾国藩于咸丰三年八月愤走衡阳练兵，在这之后不久，太平军就占领了江西九江，湖北的情况立时变得非常严峻。湖广总督张亮基在田家镇遭到了失败。年轻气盛的王鑫见此形势，便面见曾国藩，声称如果让他招募三千勇夫，便可到湖北增援，并打败太平军。曾国藩对王鑫的这种志气颇为赞赏，在他给骆秉章的信中，称既然王鑫有此志气，何不成全他！骆秉章表示同曾国藩意见一致，曾国藩又与十月初八日给王鑫去信，但信中半夸扬半贬压的口吻，给人一种很不舒服的感觉：

前者足下欲募勇二千，往报湘人七月之仇；国藩欲添勇数千，往助岷樵一臂之力，两书往还，不谋而合。厥后足下来衡，面商大概规模，约定饷需不必支之藩库，器械不必取之省局，足下自许，可劝捐饷银一万，可私办军装数项，盖以为此吾辈私兴之义举，非省垣应办之官事也。嗣足下二十二书来，言二十四走省请饷一万，仆已讶其与初议相剌谬矣。适会田家镇之败，鄂省大震，长沙戒严，中丞命足下带勇防守省城，仓卒兴举，一切皆取之于官，此则局势与前议大变，止可谓之官勇，不得复谓之义师也。既为官勇，则值此官项支绌之秋，不得不通盘筹划。目下兵勇万余，倾库中所藏，仅付两月之需。而足下寄来禀稿，乃云须再发银二万，各勇须预支月半口粮，将来招是万人等语。是则足下未能统筹全局，不知措饷之艰难也。又云帐房三百架，硝磺等项，委员解县。招勇本以援省，而多此一番周折，是亦足下阅历太浅，不善省财、省力之咎也。仆素敬足下驭士有方，三次立功；近日忠勇奋发，尤见慷慨击楫之风，心中爱重，恨不即游扬其善，宣暴于众，冀为国家收澄清之用。见足下所行未善，不得不详明规劝。又察足下志气满溢，语气夸大，恐持之不固，发之不慎，将来或至偾事，天下反以激烈男子为戒，尤不敢不忠告痛陈。伏冀足下细察详玩，以改适于慎重深稳之途，斯则爱足下者所祷祀求之者也。

到了十月份，因湖北军情发生变化，武昌军情也就不再那么紧张了，曾国藩便在十九月给王鑫写了一封信，说他在短期内不用去湖北了，而在信的开头，王鑫又挨了他一顿狠狠的训斥：

璞山仁弟左右：

十八夜接到手书，改过光于日星，真气塞于户牖，忻慰无极！

前者足下过衡，意气盈溢，视天下事若无足为。仆窃忧其乏惕厉战兢之象，以其握别匆匆，将待再来衡城时，乃相与密语规箴，以求砥于石人敬慎自克之道。自足下去后，而毁言日至，或责贤而求全，或积疑而成谤，仆亦未甚深虑。逮吴竹庄书来，而投梭之起，乃大不怿，于是有初八奉规一函。仆函既发以后，又接家严手谕，道及足下忠勇勃发，宜大蕴蓄，不宜暴露，然后知足下又不理于梓里之口。向非大智慧转圜神速，痛自惩艾，几何不流于矜善伐能之途。古人谓齐桓葵邱之会，微有振矜，而叛者九国。亢盈悔吝之际，不可以不慎也。比闻足下率勇三千，赴援鄂渚，仆既幸吾党男子，有击楫闻鸡之风，又惧旁无夹辅之人，譬如孤竹干霄，不畏严霜之摧，而畏烈风之摇，终虞足下无以荷此重任。

顷朱石樵书来，渠自鄂省十一二即可起行，大约日内可到长沙。观其书词，则逆贼全数下窜，武昌业已解严。仆昨奉谕旨，令带勇即日援鄂，今不特仆不必去，即足下亦可免此一行。仆另有书致中丞，商湘勇停止援鄂之举，不知意见合否？祈足下面禀中丞，细决行止。至足下之初志，欲兴义旅，径赴下游杀贼，则须计出万全，不可仓皇一行。盖舟师必须兼备，操练必须两月，裹粮必储半年，三者缺一，皆有坐困之道，而无成功之理。

朱石翁杀贼之志，甚锐且坚，此次归来，必且大有兴举。若中丞能从仆言，停止援鄂之行，则望足下与朱石兄同来衡城，就仆熟计，讲求水战之道，精析练勇之法。仆虽不才，亦当随诸君子仗剑东下，讨此凶逆；如足下鄂中之行，势不能止，犹望示我一书。

苦雨多愁，所怀千端，诸惟心照，不尽。

第二天，曾国藩又给王鑫写了一封信，提出如果他不需要再去湖北的话，那么以前招的那么多兵勇可以说没有丝毫用处，因此命他把那些兵都裁撤掉：

霞仙、璞山仁弟足下：

昨夕各奉一函，谅已入览。中言援鄂之行，可以中止。若果停止，则数千湘勇，省城不能尽行豢养，势必散遣归去，以为宜酌留壮健之勇，由省城发给十一月口粮，然后带至衡城，徐谋劝捐养勇。昨日之意若此。

今日细查出入账目，然后知其难也。现在敝处共豢勇一千六百，其七百人不由省库支领口粮，皆在此间捐办。又有造排制器等项用费，每日须四千余。而外间捐项寥寥无几，即湘潭、宁乡、益阳三处，亦因下游警报，大变前说，捐户裹足，无一至者。世事之难，可胜浩叹！

璞山前在衡时，言可捐银万两，制器多件，亦毫无阅历之故。朱石樵书来，言当亲往广东措捐巨款，亦不识时势之故。现在璞山援鄂之行如果停止，则新招之勇，总宜多为淘汰，早为散遣，乃能妥善。否则养之愈多，蓄之愈久，耗费愈大，徒滋口实。若带来衡州，则近日景况已难支持，况添勇数百哉？特此奉告，以便两君早自为计。若罗山兄归来，亦期与之熟商筹妥。至要至要！即俟复示，不具。

当时，奉命招了三千四百员兵勇的王鑫，现在又突然接到了裁撤兵勇的命令，他的心里自然很不愉快。但是，他并没有反抗曾国藩指令的意思，只是在给骆秉章的《恳给裁撤各勇路费票》中提出，既然要这些兵勇回家，那就不能不给他们发路费。同时，他也向骆秉章保证对于淘汰兵勇的工作丝毫不会松懈。同时他也准备裁去两千六百多人，只留下七百多人。

然而，正当王鑫按照曾国藩的命令准备裁军之时，十一月初六日曾国藩又给王鑫写了一封信，信里面的语气非常生硬：

璞山仁弟足下：

近日在敝处攻足下之短者甚多，其来尊处言仆之轻信谗谤、弃君如遗者，亦必不少。要之两心炯炯，各有深信之处，为非毁所不能入，金石所不能穿者，别自有在。今欲多言，则反以晦真至之情，古人所谓窗棂愈多，则愈蔽明者也。特书与足下约，计必从鄙意而不可改者五条，不必从仆，听足下自为屈伸主张者三条，仆自密办，而不遽以书告足下者二条，并具于左。

一、必从鄙意，而不可改者五：

各勇宜操练两个月，体弱者，艺低者，油滑者，陆续严汰，明春始行远出。

每营必须择一营官，必划然分出营数，此时即将全数交付与他，不必由足下一手经理。任人则逸，独任则劳。此后必成流贼，股数甚多，吾须分股与之相逐。若平日由足下一人统带，临阵始分股逐贼，则差之毫厘，谬以千里矣。帮办者，每营须四五人，必须博求贤俊，不尽取之湘乡。万一营官有病，则帮办即可统领，断不可草率。足下现物色得帮办者几人？祈开单见示。

器械必赶紧制办，局中窳脆之件，概不可用。伯韩所造抬枪甚好，不知鸟枪已成若干？石樵言账房宜用夹的，是否属实，祈复示。如必须改的，此时尚可赶办。邹岳屏所捐锚杆亦不好，竟须另觅硬木圆身，未经锯破者。如有一械未精，不可轻出。

战船能多更妙，纵使不能，亦当雇民船百馀号，与陆路之兵同宿同行，夹江而下。凡米、煤、油、盐、布匹、干肉、钱项、铁铅、竹木之类，百物皆备，匠工皆全。

凡兵勇扎营，即以船为市。所发之饷，即换吾船之钱。所换之钱，即买吾船之货。如此展转灌输，银钱总不外散，而兵勇无米盐断缺之患，无数倍昂贵之患。

一、不必从仆，听足下自为屈伸主张者三：

鄙意定为十营，合长夫计之，得五千人。非不知其太少，实恐口粮无出也。已由公牍札饬足下仅留四营，如足下能设法劝捐，多留一营亦可。

鄙意欲足下来衡州合操，若惮于往返，即在省别操亦可。竹庄可带一营，可嘱其管带来衡。石樵归时，必来衡商议大局。足下倘不同来，必须开一单，与石樵粗定规模，再由敝处核定。

阵法原无一定，然以一队言之，则以鸳鸯、三才二阵为要。以一营言之，则一正两奇，一接应，一设伏，四者断不可缺一。此外听足下自为变化。将多人以御剧寇，断不可无阵法也。

二、自为密办而不遽以书奉告者二：

有人愿带五百人随同远征，已许之矣。船户已请多人去邀集，未知果有成否？足下亦有相契之船否？祈示。

以上各条，皆切要之语，务求迅速回示。盼切，盼切！即候勋安。

曾国藩给王鑫的这封信，极大地挫伤了王鑫的自尊心，于是王鑫决定对曾国藩的指令不予理睬。曾国藩对此感到非常恼怒，十一月初九日他给骆秉章写信倾诉自己目前的烦恼，而王鑫则是引起他烦恼的一个主要人物，因为王鑫不肯听从他的指令：

王璞山本是侍所器倚之人，今年于各处表襮其贤，盖亦口疲于赞扬，手倦于书写。其寄我一函，曾抄示师友至十余处。近时人有向余讥弹璞山者，亦与之剖雪争辨，而璞山不谅我心，颇生猜嫌，侍所与之札，伤言撤勇事者，概不回答。既无公牍，又无私书，曾未同涉风波之险，已有不受节制之意。同舟而树敌国，肝胆而变楚越。将来侍若外出，恐不能不另行招募，重费钱财，事机之歧，巧相错近。此其烦恼者三也。

在对曾国藩来信拒之的同时，王鑫也给朱孙诒去信，信中提到曾国藩的态度非常傲慢，认为曾国藩实在是没有雅量"趋士"。知道了情况的曾国藩，便于十二月十三日给王鑫去了一封信，信是用非常霸道的语气写的：

璞山仁弟左右：

石樵、筠仙两君至，具述一切。顷又见足下与石君书，称引趋士之说。仆本非王，君亦非士，然第欲一趋，亦复何难，即百趋亦所愿耳。日内与石樵、筠仙议诸事，独饷项无可筹措，他事亦多未就绪，望足下约孟容即日来此，共商一切。即有不合，亦可反复寻绎，以归于一是也。丈夫相许，盖亦有天事存乎其间，俟见面时，吾与君一言而决耳。手此，即问近安，诸惟心鉴。

正是因为王鑫受到了曾国藩这样接二连三的冷嘲热讽，考虑到曾国藩根本没有气量容才纳士，便做出了远离曾国藩的决定。恰好这时骆秉章趁机对王鑫进行拉拢，他在给王鑫的信中说，要求将王鑫所招募的兵勇裁撤，完全是曾国藩的意思，其实这些兵马正好可以用来防御长沙，所以希望你率领众兵勇到长沙来："连接曾部堂来函，已经奏明暂缓赶鄂，请将湘勇严汰精选，酌留二营，其余概行裁撤归农，以节糜费。贼踪往来无定，南省仍应严防。所有该员前项湘勇三千四百名，仍应暂留省城，照常管带。"此时的王鑫一不做二不休，改投骆秉章门下，因此导致他与曾国藩的关系彻底破裂。

从以上叙述我们可以看出，曾国藩是用自高自大、唯我独尊的姿态来对待他的部下的，王鑫正是因为受不了他的专横节制，才自愿离之而去。

2. 岳州之役

曾国藩全身心地投入到湘军水陆两师的训练之中，却不曾想到，在这个时候，全国的形势发生了一系列的变化，1853 年 3 月 19 日，洪秀全领导的太平军一举攻克南京，将将军祥厚斩杀，同时也斩杀了两江总督陆建瀛等，拥众百万，几十万清军见此阵势，不战而败。太平军定都南京一个多月后，分别派出军队，一部分用于北伐，另一部分则进行西征。西征军共五万人，兵分两路，于咸丰三年十二月十六日将庐州攻克，安徽巡抚江忠源因不愿落入太平军之手而投水自尽；咸丰四年正月十五日，西征军在黄州大败清军，湖广总督、曾国藩的座师吴文镕在这场战役中死去。接着，西征军又一举将武昌攻克，并于咸丰四年正月再次进入湖南，接连攻占岳州、宁乡、湘阳等地。太平军直接威胁着省会长沙的安全。

为了控制太平军势力的发展，咸丰帝诏命曾国藩立即调动他的湘军，前往武昌，从而缓解了军事上的紧张局势："此时惟曾国藩统带炮船兵勇迅速顺流而下，直抵武昌，可以扼贼之吭。此举关系南北大局，甚为紧要，该侍郎应能深悉紧急情形，兼程赴援也。"

此时，曾国藩所训练的水陆两师的总人数共一万人，其中水师十营，前、后、左、右、中为五正营，五正营之外又分五副营，各营的带领营官分别是褚汝航、夏銮、胡嘉垣、胡作霖、成名标、诸殿元、杨载福、彭玉麟、邹汉章、龙献琛，水师共五千人；陆勇亦五千余人，编列字号，将五百个人编为一营，

"其非湘乡人各领乡军者随所统为小营"，共十三营，各营的带领营官分别是塔齐布、周凤山、朱孙诒、储玫躬、林源恩、邹世琦、邹寿璋、杨名声、曾国葆。褚汝航是水路的各营总统，陆师则统统接受塔齐布的率领。"合以陆路之长夫、随丁，水路之雇船、水手，粮台之员弁、丁役，统计全军约一万七千人。"他们所准备的粮台，带米一万二千石，煤一万八千斤，盐四万斤，油三万斤，甚至连军队中所需的器物，打造这些器物所需的工匠，他们也一并带了去。曾国藩的水师在这里特别值得一提。当初太平军进入湖南后，沿湘江而下长江，直接到达金陵，沿途船夫纷纷携带着船只加入了太平军，大江上下，遮天蔽日的风帆到处都有太平军的旗号，清军水兵还没开始战斗，便溃不成军。湖北巡抚常大淳颇有见地地于咸丰二年冬上奏道："寇水陆攻武昌，船炮充斥。闻湖南大军有广西炮船，江南水师有广艇炮船及中小号炮船，请调集大江上下游，乃可制遏贼势，断其粮运。"在这个时候，曾国藩和他真是"心有戚戚焉"，于咸丰三年十月二十四日，曾国藩专门写了一篇奏折《请筹备战船折》道："该匪以舟楫为巢穴，以掳掠为生涯，千舸百艘，游奕往来，长江千里，任其横行，我兵无敢过而问者。前在江西，近在湖北，凡傍水区域，城池莫不残毁，口岸莫不蹂躏，大小船只莫不掳掠，皆由舟师未备，无可如何。兵勇但保省城，亦不暇兼顾水次，该匪饱掠而去，总未大受惩创。若今为保省会之计，不过数千兵勇，即可坚守无虞；若为保全楚之计，必须多备炮船，乃能堵剿兼施。……现在两湖地方，无一舟可为战舰，无一卒习于水师。今若带勇但赴鄂省，则鄂省已无贼矣；若驰赴下游，贼以水去，我以陆追，曾不能与之相遇，又何能痛加攻剿哉？再四思维，总以办船为第一先务。"在这里曾国藩精辟地分析了敌我双方的实战状况，并由此而得出结论，即必须对水师加倍重视；不仅如此，曾国藩在创建湘军之初，就从战争的全局考虑，认为"先肃清水面"是首先要做的，然后才可以把安庆、芜湖、金陵三重镇逐一攻克。

所以，曾国藩之所以能够认真地对待水师建设，一方面是因为现实的军事力量对比，另一方面则是从长远的战略方针出发来考虑的。他在衡阳"鸠工购材，试行造办，成造样船数只"，但是因为"工匠太生，规模太小，不足以压长江之浪，不足以胜巨炮之震"，此次行动以失败而告终。后来湖南巡抚将水师守备成名标送来，同时也送来了广东绘制的拖罟、快蟹船式，才又仔细琢磨，依据快蟹船式重新造船，又把商船改造成为长唇的宽舷，"又推五日竞渡船意，为短挠长桨如蛇足，以人力胜风水"。不久，又将造长龙战船的任务委派给同知褚汝航在湘潭制造。这样，曾国藩的水师便具有了初步的规模。他从衡阳发兵出征时，所配备的船只已经有"拖罟一号、快蟹一号、长龙五十号、三板艇一百五十号，皆仿照广东战舰之式，又改造钓钩船一百二十号，雇载辎重船一百余号"，大概有五百七十门炮配备在船上，已经具有了初步的规模。但和有数万只船的太平军水师比起来，其规模实在是微不足道。然而，太平军的船队均由民船、商船编成，对于运输有益，但是在战斗方面却不利，虽然经过简单的改装，却没有很强的战斗力，而湘军的战船却是专门为战争所造的，便于战斗。与此同时，湘军战船上配备了上千尊洋炮，这些洋炮都是从香港购买来的，而太平军战船多用土炮，根本不能同日而语。湘军水师对于操舟、作战、施用炮械等技能，在衡阳的时候已经经过了一些训练；且在衡阳、湘潭两处设有船厂，对旧船进行修理，同时为补充船队也制造新船，湘军水师的组织也都非常的严密，因为太平军水师不对自身建设多加重视，所以根本无法同曾国藩的水师相比。两军经过长期的较量，特别是发生在咸丰四年四月的湘潭之役，同年八月汉阳河之役及同年十月田家镇之役，太平军水师三次都失败了，付出了惨重的代价，而湘军水师则因此在长江争霸，这支水师也就成了曾国藩最亲信、最可依赖的力量。这些我们会在以后加以说明。

且说曾国藩从咸丰四年正月二十八日起，带领水陆两师出发，浩浩荡荡，进驻长沙。该地的绿营根本不能同其威猛的军容相比。这些都不是无源之水、无本之木，而是曾国藩自咸丰三年八月愤走衡阳之后五个月中卧薪尝胆、艰苦奋斗、坚韧自励的结果。

咸丰四年二月，曾国藩率领约两万人马的水陆两师，从衡阳启程，开始着手准备东征的事情。途经长沙，当年的官场对手们看到此时的曾国藩如此风光，因此个个都来巴结逢迎，握手言欢，说了不少祝旗开得胜之类的恭维话。曾国藩在长沙城只停驻了两天，又再次出发向岳州去了。

当时石达开的堂弟石祥祯守卫岳州城，领有三万人马。曾国藩率领军队行进，当走到离岳州城还有三十里远的时候，探马来报，说岳州城里太平军已经消失了踪影。曾国藩心里十分高兴，以为太平军一定是对湘军的声势感到害怕，所以就望风而逃。这样，曾国藩不费吹灰之力，就占领了岳州城。初战告捷后，曾国藩立即就将功劳报给了咸丰帝，名为《贼船被剿下窜现已收复岳州折》，其中有些话是这样写的："该匪等望见官兵，纷纷逃窜，追获大小船数十只，马六匹及油米等物，生擒长发贼一名。随于二十五日赶入岳城，未及一时，

诅有鹿角等处贼船数百只，骤至城下，正欲扒城，经该员等与乌拉里所带弁兵登岸守御，一面派勇出城攻剿，该逆等遂各上船逃走。……当此逆氛已挫，士气已振之时，当可指日荡平，上纾宸廑。"

曾国藩的这份奏折表明，他当时无疑已经头脑发昏了，认为胜利得来的如此之易，领兵打仗，不过如此。在他的这种思想的影响下，全体湘军中滋生了一种骄傲情绪，因而产生了麻痹心理，由此而招致了紧接下来的失败。

曾国藩占领岳州后，王鑫、李续宾带领有一千名湘军的两个营向武昌进发。一路上风平浪静，众士兵连一个太平军也没有看到，湘勇们因此便放松了警惕。这天夜里，他们宿营在羊楼司，根本没有派遣夜间巡逻兵。谁知到了半夜，罗大纲亲自率领五千名太平军士兵，从周围的山里冲出，呐喊着向羊楼司冲杀。湘勇们从梦中惊醒，还没有做抵抗就丢掉了几百条性命。王鑫、李续宾于忙乱之中只好仓皇南逃。

祸不单行，三月初七日，岳州一带狂风大作，掀起了洞庭湖汹涌的波涛，泊在水面上的湘勇水师根本无法对付得了如此的大风大浪，因此溺死了许多人。同时也严重损坏了许多船只，一共有战船、辎重船漂沉二十四艘，撞伤数十艘。于是不免军心动摇。接着，就在太平军于临湘羊楼司大败王鑫部后，三月初十日（4月7日），太平军就把岳州攻占了。曾国藩在太平军的浩大声势面前，不敢进行长时间的战斗，只好带着随从自岳州城中仓皇出逃。幸好水师船只前来接应，跑到船上的曾国藩才逃过了此劫。在无可奈何的情况下，曾国藩只好命令部队暂时退回长沙，恢复军心，以再做打算。

面对败绩，曾国藩已经感到没有颜面面对皇上，因为上次的奏折中自己夸下了海口。在长时间的充分考虑之后，曾国藩向咸丰帝上了两份奏折，第一份奏折就是《岳州复失水勇退回长沙防剿折》，在这份折子中，说明了岳州城失陷的原因是经过英勇抵抗的湘军寡不敌众：

> 王鑫由蒲圻前进，适闻初三四日蒲圻新到贼众甚多，势将南犯，遂拟就近迎剿初八日行抵羊楼司地方，前营遇贼失利。王鑫督中营继至，率勇奋击，毙贼百余，并夺获旗帜号衣及贼匪名册各件，贼已败退。正造饭间，忽贼蜂拥而前，分路抄袭，王鑫率湘勇分股抵抗，鏖战数时之久，渐以不支，遂纷纷溃退，折回岳州。贼众蹑踪紧追，初十日辰刻全股直扑岳州。曾国藩正在水勇营中，即饬委员知府衔郴州

知州朱孙贻，补用府经县丞周金城率南勇六百，先出迎敌，颇有斩获。管带湘勇委员监生邹寿璋、生员曾国葆及守备杨名声等，带勇继进。邹寿璋一营搏战尤力，自辰至酉，互有杀伤。贼众更番抗拒，湘勇忍饥竟日，疲乏难堪，收队暂入岳城。〈岳城〉甫经残破，商民逃尽，米粮油烛俱无。贼分三面急攻，势极危险。曾国藩急调水勇炮船，驶赴岳阳楼下，开炮轰击，毙贼百余，贼势稍却，各勇始得缒城而出。此初十日接仗失利之实在情形也。

曾国藩以陆勇失利，水勇难期复振，探闻贼匪水陆并进，省城防兵无多，情形吃重，遂率水勇炮船乘风暂回长沙，共图守御。一面召集溃勇，以图再振。

......

这份奏折的主笔人是当时的湖南巡抚骆秉章，曾国藩后衔会奏的。当然，身在长沙的骆秉章，对于当时接战的实际情形并不了解，是曾国藩给他提供了具体情况。从这份奏折中，我们可以发现，曾国藩已经彻底掩盖了兵败的狼狈情形，而只是具体描绘了湘勇奋勇杀贼的情形，这样，退出岳州城是因为粮草和枪弹不够，已无法再守城；败回长沙，是因为要保卫长沙的安全。反正咸丰帝自己并没有到过前线，再英明的圣主也只好听任曾国藩的摆布了。

但是，不管在语言上如何动脑筋、耍心计，事实却是不可否认的：当王鑫率兵退入岳州城的时候，三万太平军团团包围岳州城，正在这样的危急时刻，近在岳州城外湘军水师营中的曾国藩因为与王鑫的个人恩怨，竟然并不想对王鑫伸出援助之手。据易孟醇的《曾国藩传》载：

咸丰四年三月初十日，王鑫所率领的湘军在岳州遭到了太平军的围困，而曾国藩的部队就近在岳州城下，曾国藩竟对此漠然视之，任其在"商民逃尽，米粮油烛俱无"的情况下，忍饥挨饿了好几天，将士都非常疲乏。曾国藩的手下虽然都眼睁睁地看着这种情况，却都不敢为王鑫说话。只有他的幕友陈士杰劝道："岳州薪米俱绝，明日必溃，宜遣救璞山。"曾国藩感到很生气，但并没有回答。陈士杰自己认为他是为公才提出这个建议的，不应遭受曾国藩的颜色，便感到很气愤，只得回去睡觉。但心念一转，他便马上想到："为千人请命，奈何

计小礼数？"又去向曾国藩提出了增派援兵的请求。曾国藩才派杨载福
水师"驶赴岳阳楼下，开炮轰击"，作为对王鑫部队的声援，王部九百
余人才能够借此机会"缒城走出"，部下营官钟近衡、钟近濂、刘恪臣
等却都在这场战斗中死亡了。事后，王鑫在给朋友的信里说："岳州之
役，丧我良友义士，毕生大憾。虽歼天下之贼未足消愤而抵罪！"话虽
如此说，我们也可以想象到王鑫对曾国藩是何等怨恨。正是由于曾国
藩有着这样狭窄的气量，他与王鑫的恩怨才表现得如此露骨。曾国藩
因王鑫曾在岳州城下对自己见死不救，对此事有着极深的怨恨。第二
份奏折名为《岳州战败自请治罪折》。对于曾国藩的两份奏折，咸丰帝
显得十分宽宏大量，虽然他严厉指斥了曾国藩，同时又给他将功赎罪
的机会："曾国藩奏水陆各军接仗情形，并自请治罪一折，此次岳州水
军虽获小胜，惟因陆路失利，以致贼匪复行上窜。曾国藩统领水陆诸
军，调度无方，实难辞咎，着交部严加议处。仍着督带师船迅速进剿，
克复岳州，即行赴援武昌，毋得再有迟误。""曾国藩所统各勇为数过
多，既须剿办粤匪，又须搜捕土匪，即如所奏，有拔赴平江、通城者，
有拔赴临湘、蒲圻者，又有不能依限前进者，散布各处，照料既不能
周，剿捕自难得力。一有败衄，人无固志，似此何能力图进取？此时
肃清江面专恃此军。曾国藩初次接仗即有挫失，且战船被风沉损多只，
何事机不顺若是？现在湖北待援孔亟，曾国藩以在籍绅士专顾湖南，
不为通筹大局之计，平日所以自许者何在？"

　　接到上谕以后，曾国藩自己反倒觉得非常惭愧。因此，他驻兵长
沙城外，没有脸面再和城内的官绅打交道。这时唯有一种想法充斥他
的大脑：如何抓住时机，将所有的太平军全部消灭，一来洗雪心中的
愤懑，二来也可以让自己不再在皇帝和湖南官绅面前丢颜面。

二、靖港战败　投水自尽

1. 一意孤行

石祥祯率领的太平军将士在岳州战役中的胜利，大大鼓舞了太平军的士气，

同时对湖南境内的各股反清势力也是很大的鼓舞。在这大好形势下，太平军做出了向长沙进军的决定。为了给夺取长沙奠定一个坚实的基础，太平军决定先将离长沙九十里的湘潭和离长沙五十里的靖港这两个地方攻克下来。在太平军的凌厉攻势下，清廷绿营军纷纷遁窜。湖南的清军在走投无路的情况下，只得投奔曾国藩的湘军。而在岳州之战中惨败的湘军，死伤七八百人，又被曾国藩淘汰掉了一千余人，因此，只剩下七八千人可以供曾国藩调动。所以当时太平军的作战方略是：首先将曾国藩的湘军歼灭，再攻取长沙城。

曾国藩听说了太平军水陆并进，将要逼进省城的消息后，大惊。这时太平军的陆军已散落地分布到岳州、湘阴各地，他们的战船也密集在临资口、樟树港、乔口、靖港等处。连续多日北风凛烈，大雨不断，水军不能去剿灭太平军。曾国藩把各陆水军布置在靖港港外，建好坚固的炮台，以等待时机攻打。

3月24日，大风刚刚有所平息，曾国藩便命令各营水师驶入靖港，如此反复，共击中了船中以及岸上的太平军共二百多人，击沉了三只船，另外还有一只火药船。太平军知道省城水陆两边都防守甚严，不敢公然闯入，便想由陆路绕过宁乡，直接向湘潭进攻。曾国藩先派湘军营官伍宏鉴、魏崇德、郭鸿鬻率领湘军近千人建立营房，以防止太平军的进攻，并嘱咐这些营官，因为太平军的气势极为嚣张，所以一定要防守谨慎，但不要主动出击，待到塔齐布率兵到达时，再筹划进攻追剿的事。

3月25日，太平军分三股力向魏崇德所在的营进犯，湘军在营内向太平军施放枪炮，击毙了几十名太平军。接着太平军分十几路，形成四面围逼之势。湘军奋力拼杀，终于杀了百余名太平军，但太平军愈来愈多，愈来愈勇，湘军死亡之数百人，败退下来。

3月26日，塔古布率领一千三百万名士兵前去增援，太平军闻讯后连忙撤退，直奔湘潭而去。塔齐布、周凤山听说了这一消息，也绕道直奔湘潭。但就在3月27日，塔齐布还未到达湘潭时，太平军发动了攻打湘潭的战役。

作为湖南省的一个重要城市，湘潭物产丰富，城内粮草充足，但却只有五百人在守城。因此，只要太平军一攻湘潭，湖南巡抚骆秉章就必定会从曾国藩那里搬救兵，这样，就可以在湘潭城下一举将湘军全部歼灭了。咸丰四年3月27日下午，率领着七千人马的太平军将领林绍璋赶到湘潭城下。当时守卫湘潭的长沙协石营守备崔宗光在此之前根本没有得到半点消息，当他得知兵临城下后，仓皇之中率领五百守兵匆匆赶上城头。但这些根本没有任何斗志的守兵，

一见拥有如此浩大声势的太平军将士，全部都不战而降。于是，没有多久，太平军便攻克了湘潭城。

湘潭之失，可把骆秉章给急坏了，他赶忙亲自找曾国藩，希望他能够把湘潭夺回来。但是，当时曾国藩因为求功心切，却和骆秉章的想法有些不同。他的想法是：朝廷给他下达的命令是要他到武昌去，岳州之败，他忍辱退回长沙，已经感到非常没有面子，此次如倾巢对付湘潭的太平军，如果胜利了倒还可以，但是如果失败了，还有何脸面再活在世上？况且太平军分兵攻打湘潭，就必然会在岳州一带造成军势上的弱势，若能趁虚越过岳州，前往武昌，在皇上面前岂不是可以挣回面子？而且，若先攻湘潭，不免会让人感到曾国藩这一招是退避之举。但是曾国藩手下的幕友陈士杰、王闿运等人却大多和曾国藩持有不同意见，他们认为湘潭是大商埠，军需所资，先把湘潭夺下是理所应当的；若是先北上攻克武昌，失败了再退到省城去，便是置自己于死地。陈士杰持此主张最力。他告诉王闿运："今独可悉兵援湘潭，即不利，犹得保衡、永，图再举；若不顾根本，但图进取，一败俱死矣。"王闿运向曾国藩转达了这一意见，曾国藩才恍然大悟。陈士杰不但自己对曾国藩力加劝说，而且约请杨载福、彭玉麟一同向曾国藩上书攻湘潭的好处所在。恰恰这时，十营水师的营官都来见曾国藩，他们一致力谏曾国藩攻取湘潭。在这种情况下，曾国藩才做出了一举攻克湘潭的决定，于是派补用副将塔齐布、蓝翎守备周凤山率领一千三百多人进军湘潭，又派候补知府褚汝航等五营水师前往。同时决定第二天自己亲自领两千多人增援。

正当曾国藩一心一意将心思放在攻克湘潭上时，当天晚上，突然接到了长沙县乡团士绅的报告："靖港寇屯中数百人，不虞我，可驱而走也。团丁特欲借旗鼓以威贼，已作浮桥济师。机不可失！"曾国藩对这一消息感到有些心动，认为："潭城贼被官军水陆痛剿，专盼靖港之贼救援，亟应乘机攻剿，俾贼逆首尾不能相顾"，于是临时把计划变更了，在第二天卯刻率领大小四十多只战船，陆勇八百名向靖港进发。靖港位于湘江、资水交汇的地方，对岸有铜官山，六朝时曾经在这里设置了铜官，所以才有"铜官渚"的称号。曾国藩随水师督战，坐船到达距铜官渚二十里的白沙洲。但曾国藩手下的将领李元度却极力劝阻曾国藩不要再这样做，他认为，现在湘军的精锐部队已经被调往湘潭去了，攻打靖港，那应该是湘潭之战胜利后的事情，现在最好的办法就是坐等军情发展，然后再做另外的打算。然而，已走火入魔的曾国藩却对李元度的劝告置之不理，认为靖港太平军只有几百人，跟拥有近五千士兵的湘军无法相比，以五千人去对付几百人，根本就是以石击卵，胜利必定是属于他的。因此，他不再为此事与手下幕僚商议，他此举决心非常之大，甚至将一份遗疏和一份两千多字的遗嘱交给李元度，托李元度如若他死了就把遗疏交给湖南巡抚，让他上陈给皇帝，同时把遗嘱转交给他的弟弟们。

4月28日中午，曾国藩率领湘军水陆两师及五千多名当地的团丁浩浩荡荡赶到了靖港，然而，在进入靖港之后，却在街上连太平军的影子都没发现。正在纳闷之际，他们就遭到了一阵密集的炮火，部队立即就乱了阵脚。这时，埋伏在铜官山的两万太平军才从山上直奔下来，湘军吓得闻风丧胆。与湘军同来的团丁还没有和太平军兵刃相接，便马上溃不成军了，带动湘军陆师也向后奔逃。因为中了敌人圈套而气恼万分的曾国藩见部队不战自溃，他感到无比的气愤，便离船登岸，来到浮桥桥头，插了一面旗帜在那里，手执宝剑，高喊："有退过此旗者斩！"但是，湘勇们为了求生，根本就顾不得自己的统帅说了些什么，他们仍纷纷后退，并为了抢夺过浮桥逃命而争先恐后。因为争抢过于剧烈，结果浮桥桥板毁坏，桥上人因此跌落水中。而看到陆帅溃不成军，水师便不等号令，纷纷升起船帆，四散逃去，一边还胡乱地朝岸上开炮。曾国藩在同月给自己弟弟的家信中是这样描述此事的："所可恨者，吾于初二日带水师五营、陆勇八百至靖江攻剿贼巢，申刻开仗，仅半顿饭久，陆勇奔溃，水勇亦纷纷奔窜。二千余人，竟至全数溃散，弃船炮而不顾，深可痛恨！惟钓钩子未出队者，略存子药炮位，而各水手亦纷纷尽散。红船之水手仅存三人，余船竟无一水手，实为第一可怪之事。"

此次靖港之战曾国藩的失利完全是因为其不小心掉入了太平军设置的圈套。太平军算知曾国藩自岳州败后，一心只想求得战争的胜利，所以故意在靖港设下埋伏。靖港位于沩水流入湘江的入口，水流很急，船只有靠很大力气才能逆流而上。河的对岸是铜官山，山上茂盛的树林对设埋伏非常有利。因此太平军乘岳州之胜后一举拿下了靖港，当曾国藩准备进攻靖港时，他们在表面上只看到了几百太平军，而两万人马的太平军大部队则正隐藏在铜官山中，等着好好打一个大胜仗呢。

曾国藩见战事已经无法再继续进行下去，便混在侍卫中匆匆上了拖罟。盲目地随着溃船退回到来时的地方。不料，天公不作美，西南风突然刮了起来，本来水流就十分湍急的江面，这会儿要想逆流行舟更是不可能。曾国藩眼见兵败如山倒的惨状，耳边又听到有人到处在喊"活捉曾剃头"，心中想着此次败绩真是有生以来的奇耻大辱，觉得活着也没有什么意思了，便步出船舱，两眼一闭，就向湘江跳去。身边侍卫根本就来不及对他进行阻拦。

正当曾国藩行将一命呜呼之际，一个人从船尾座舱中跳了下来，一把抓住了曾国藩，并将他拖上船去。此人名叫章寿麟，字价人，虽然做的是曾国藩的幕僚，但却有着出众的武艺。原来，李元度等人见曾国藩执意攻打靖港，又将遗疏和遗嘱都交给他，料定曾国藩在靖港获胜则已，如果不胜则只有死路一条。但曾国藩一死事小，他一手操练的湘勇及手下的幕僚又要去投奔谁呢？于是便悄悄地嘱咐章寿麟注意曾国藩的一举一动。

曾国藩被救上船后，心里感到非常恼火，便指着章寿麟骂道："你来干什么？"为欺骗曾国藩，章寿麟只好说："我是来报信的，刚刚接到战报，说湘潭那边的战争已取得胜利。"曾国藩明明知道他说的不是真的，但此时的他既然有台阶可下，也便不再说什么了。

此时，太平军在湘军炮火的阻拦下，已无法对曾国藩的逃军进行追击，曾国藩就借此时机，狼狈万分地逃回了长沙市郊南湖港。

2. 心灰意丧

曾国藩于靖港战败投水自杀，幸而被救，仓皇逃回水陆洲。然而，就在逃回水陆洲的这天傍晚，巡抚衙门西花厅里，正在举行一场盛大宴会，宴会是为了给陶恩培饯行。前几天，陶恩培接到上谕，被提升担任山西布政使，限期进京陛见，要到山西接任职务。陶恩培心里的得意之情自是溢于言表。一来升官，二来长沙是兵凶战危之地，离开自是好事了。出席宴会的官场要员，以及在城里有头有脸的人物，都殷勤地向陶恩培致意。只见觥筹交错，奉承之话不绝于耳。到处都向人们展示着荣耀、富贵、享受与升平。正当骆秉章又要带头敬酒的时候，一个戈什哈匆匆进来，告诉了他们靖港之役的战况。骆秉章不免感到震惊。陶恩培却分外快活起来。他是蒙恩荣升，而曾国藩却是兵败受辱。孰优孰劣、孰是孰非，完全地呈现在世人面前。骆秉章的酒杯在半空中停了下来，陶恩培主动把杯子碰过去，微带醉意地说：

"中丞，难道这很意外吗？说实话，这早已是我意料中事。曾国藩这种目空一切的人，怎么可能不彻底失败呢！"

骆秉章苦笑着将杯中之物喝尽，心想，你陶恩培从今以后就不在长沙这种鬼地方了，你可以说风凉话，谁又来管我呢？看来长沙被围已经是不可避免的事情了。想起去年那些日日夜夜都担惊受怕的日子，骆秉章心里不免产生了害怕的感觉。鲍起豹喝得醉熏熏的，满脸通红，他将拿在手里的鸡腿放下，嚷着："怎么样？诸位，曾国藩这个人早就被我看透了。一个书生，没有一点本事，却总是目空一切，瞧不起别人。上百万两银子抛到水里不说，现在把太平军也引到了长沙，这还让我如何实施自己的用兵计划？"

说罢鲍起豹突然站了起来，对身边的亲兵大声吼道："传我的命令，将城门关闭，加强警戒，准备香烛花果，明天一早我就得到城隍庙里把菩萨请来。"

听着鲍起豹下达的军令，西花厅里骤然笼罩上了一层紧张气氛。才过了几个月的平安日子，现在却又要打起来了，大家再也没有心思喝酒吃菜，叽叽喳喳地开始讨论战情。干瘦的老官僚徐有壬非常气愤，他说："练勇团丁，剿点零星土匪尚可，跟长毛交战怎么会胜呢？我去年有意将他们和绿营区别开来，免得让绿营兄弟脸上过不去。若不加区别，一体对待，大家说说，朝廷还有何颜面？他曾国藩还不满，还要负气出走，还要在衡州大肆招兵买马，想要把绿营军给取代了，真是不自量力！也是朝廷一不小心被他给骗了，结果弄成这样，真是把我们湖南文武官的脸都丢尽了。"

唯独左宗棠坐在那里什么话也不说。他既为鲍、陶、徐等人的中伤而感到闷闷不乐，也对曾国藩如此不争气感到恼火。忽然，鲍起豹又冲大家嚷道："骆中丞，我们联名弹劾曾国藩吧！此人在湖南待了一年多，好事未办一桩，坏事却做了那么多。这种劣吏不弹劾，今后还有谁对朝廷尽忠呢？"

陶恩培、徐有壬马上对他的意见表示赞同。骆秉章稳重，他认为鲍起豹的行为太过鲁莽："曾国藩兵败之事，自然会有朝廷来管。至于弹劾一事，我们现在不必急于此事，待朝命下来后再说吧！"

左宗棠坐在一旁感到非常生气，心里骂道："这班小人可真会落井下石！"

看看时候不早了，陶恩培想如果今夜不走的话，万一长毛围住了长沙，他就无法脱身了；如果城被攻破，自己再不小心身亡，那就冤枉透顶了。他站起身，对骆秉章和满座宾客拱了拱手，说："恩培在湖南数年，感谢各位的关照，今日离湘，我实在是不忍心，且现在就要开始战争了，真恨不得朝廷收回成命，恩培真希望能在长沙和全城父老一起与长毛决一生死。但是事已至此，今夜就得启航。恩培对各位的深情厚意感激不尽，就在此与骆中丞、徐方伯、鲍军门和各位告别了。"

说罢，陶恩培竟掉下了几滴眼泪。不知是因为感动于陶恩培的深情和忠心，还是因为害怕即将到来的战争，有几个高级官员都偷偷地洒下了几滴眼泪。骆秉章说："分手也不能在这里，我们都一起把陶方伯送到江边的船上去吧。"

当灯笼火把、各色执事前后簇拥着几十顶绿呢蓝呢大轿走到江边时，曾国藩正呆呆地在船舱里坐着，望着汩汩北流的江水出神，心里却在盘算着另外一件事：湘潭并没有胜利的消息传来，看来湘潭之战大概也失败了。长毛确实会打仗，难怪他们会在两三个月时间里，从长沙一路到江宁都畅通无阻。突然，他看到迎面浩浩荡荡走来一列轿队，心里觉得奇怪：如此浩浩荡荡的队伍深夜来到江边，看来是湘潭之战大获全胜，骆秉章带着文武官员一起都来向他表示祝贺的。自从岳州败北逃到水陆洲已经过了两个月的时间，除了左宗棠来过几次外，他还没有接受过一位现任官员的拜访。徐有壬、陶恩培等人好几次到江边送客，都到了他的船边，也不肯多走几步来拜访他，想不到今夜大出动。但他又不大相信，对康福说："你到岸上看看去，可能是骆中丞他们来了。消息确实了，就上船来告诉我。"

康福走后，曾国藩赶紧把帽子戴上，把靴子穿好，收拾停当。一会儿，康福进舱了，带着一脑的怒气说："骆中丞倒是来了，但却不是为了来看我们。"

"他们为什么要到江边呢？"曾国藩不理解，既然不是向他来贺喜，深夜全副人马到江边，却又为何呢？

"据说因为陶恩培荣升山西布政使，今夜刚在巡抚衙门里举行的宴会结束了，骆中丞、徐方伯等人亲自来把他送到船上。"

原来是死神而非救星，这位"重病之人"再也提不起精神来，颓然倒在船舱里，把康福吓得忙把他背到床上。曾国藩想到自己辛苦到如此程度，亲自出征，尽忠国事，等待他的却是失败、冷落，陶恩培嫉贤妒能，安富尊荣，尸位素餐，却官运亨通，甚至还得到了提拔。不平、愤怨、失望、痛苦，一时全部涌上胸膛。他失望地睁开自己的眼睛，对康福说："帮我叫贞干来！"

曾国藩口中的贞干即曾国葆，曾国葆的贞字营在这次战斗中死伤最重，听到大哥叫他，便无精打采地走进曾国藩所在的船舱，走到床边问："大哥，你现在感觉好一些了吗？"

"你带上几个手下一起去城里买一副棺材来。"

国葆听到此言大感吃惊，带着哭腔说："大哥，你千万不能再想不开了，你要想开点！"

曾国藩鼓起眼睛吼道："你还啰唆些什么，叫你去你就去！"

与大哥相隔十七岁的国葆对兄长的敬重从来都甚于对父亲。他尽管打心眼里不愿意，也不敢跟大哥说个"不"字，只得说声"好，我就去"，就从船舱里退了出去。出舱后，他马上将此事告知康福、彭毓橘，吩咐他们务必寸步不离守着曾国藩。

曾国藩坐在舱中，透过船上的窗户，望着仅三百步之遥的江边，那里灯火通明，满面春风、一脸得意的陶恩培与各位送行的文武官员、名流乡绅一一拱手道别；下人们，一担接一担地把各衙门和私人送的礼物抬到陶恩培的坐舱中去。陶恩培的大小老婆，一个个披红着绿、花枝招展地被人搀扶着走上跳板，一扭一摆地向船舱里面走去。半个时辰后，陶恩培才慢慢地走到了甲板上，众人皆道"珍重"，于是官船缓缓启动；然后，一顶接一顶的绿呢蓝呢大轿气派十足地被抬着走进了城里。此时的曾国藩已万念俱灰，甚至已经下定了死的决心。但既然他是奉了皇帝的命令才这么做的，就不能不把兵败之事向皇上和盘托出。以下就是他所写的遗折：

> 为臣力已竭，谨以身殉，恭具遗折，仰祈圣鉴事。臣于初二日，自带水师陆勇各五营，前经靖港剿贼巢，不料开战半时之久，便全军溃散。臣愧愤之至。不特不能肃清下游江面，而且在本省屡次丧师失律，获罪甚重，无以对我君父。谨北向九叩首，恭折阙廷，即于今日殉难。论臣贻误之事，则一死不足蔽辜；究臣未伸之志，则万古不肯瞑目。谨具折，伏乞圣慈垂鉴。谨奏。

写完后，又把奏折仔细检查了一遍，改动两个字；稍做思考之后，就又在奏折后面附了一片，片中对塔齐布的盖世英勇大加称赞，说他深受士兵们的爱戴，请皇上把重任委派给他，并将罗泽南、彭玉麟、杨载福等人一一推荐给皇上。

遗折遗片写好后，曾国藩心里反而平静了许多。他想起还有几件后事应该向弟弟交待，于是又在另一张纸上写道：

> 季弟：吾死后，赶紧送灵柩回家，愈速愈妙，以慰父亲之望，不可在外开吊。受赙内银钱所余项，除棺殓途费外，到家后不留一钱，概交粮台。国藩绝笔。

写完遗言，曾国藩感到心里轻松了许多。现在他在思考，他究竟应该选择哪一种死法：投水，还是上吊？

就在这时，左宗棠也坐着蓝呢大轿跟在藩司徐有壬的绿呢大轿之后，他本不想跟大家一起把陶恩培送到江边，只是因为想看看靖港败退下来的湘勇是否改变了原有的阵营，因此才跟随骆秉章出城。他看到水陆洲一带破烂的帆船、桅杆以及稀疏的灯火，心中甚是不忍，决定明早再单独前来安慰曾国藩一番。猛然间，他见前面有几个人抬着一口黑漆棺材向江边走去，在旁边却是曾国葆在指挥这一行人！他心里一惊，难道曾国藩已经一命呜呼？不然，为什么亲自监督抬棺材的人竟是曾国葆呢？他吩咐停轿，待后面的轿队过去之后，他便命令轿夫飞速奔向曾国藩的大船。

曾国藩见进来的人是左宗棠，跟他打了声招呼。左宗棠见并不是自己想象的那样，于是才放心了，开门见山地质问："你在白沙洲投水自杀，这件事是真的吗？"

曾国藩并没有否认此事。

左宗棠又问："我方才见贞干指挥人抬了一副棺材冲江边方向走来，这副棺材是为谁预备的？"

曾国藩斜着眼睛回答："当然是留给鄙人自己用的。"

突然左宗棠心头升起一股无名业火，大叫："好哇！你可真是一个不忠不孝不仁不义的曾涤生，为什么你不要做大丈夫，却做出愚夫村妇才做的事。你若真的死了，我也绝对不会放过你，我会劝说伯父大人不让你埋在曾氏的祖坟里。"

曾国藩万万没想到，左宗棠不但不劝慰他反而给他一顿痛骂，训得他无地自容，反问道："你为什么说我不忠不孝不仁不义？"左宗棠一屁股在曾国藩的床边坐下，声色俱厉地说："二十八岁你就进入了翰苑，三十七岁授礼部侍郎衔，官居二品，诰封三代，你所享受到的皇帝的恩情，如天地之深厚，河海之深长。太平天国犯上作乱，朝廷有难，你接受皇上的命令，开始训练团练，指望你保境安民、平乱兴邦，你却刚刚出师，就因为一点点的挫折而有自杀的想法，置皇上殷殷期望于不顾，视国家安危为身外之事，你的忠又在什么地方呢？"

听过左宗棠的一番言论，曾国藩身冒冷汗，惨无血色的面孔开始有了些红晕，却依旧微闭着两眼，躺在床上什么话也不说。左宗棠继续说："令祖星冈公多次说过，男儿的奇耻大辱便是懦弱无刚。你将祖训书之于绅，发愤自励，同时也以此勉励自己的弟弟们。京中桑梓，谁不知道你曾涤生自强不息奋斗了这么多年，是曾氏克家兴业的孝子贤孙。现在受了一点点的挫折就不想活了。这不就是懦弱无刚吗？上有为你伤心的老父，下有因你而失望的子弟。你死之后，有何颜面见九泉之下的令祖星冈公？令尊大人在你出山前夕，庭训让你将孝转化为忠，实望你为国家作出一番轰轰烈烈的事业，使芳名千古流传，使曾氏门第世代有光。要是你今天自杀了，使父、祖心愿化为泡影，那么你又怎么称得上是孝子呢？”

左宗棠的一番话表面上是谴责，实际上却是对曾国藩的信任，使得浑身僵冷的曾国藩渐有活气。他曾经自比为今世诸葛亮，是因为对自己能够建功立业、流芳千古有充分的信心啊！他从心里感激左宗棠的好心，但嘴上的话却依然有气无力：“国藩自尽，实因兵败，我也是不得已呀！”

左宗棠瞪了一眼曾国藩，对他的辩白根本不予理睬，依然侃侃而谈：“从四处赶来投在你麾下的一万水陆湘勇，他们都是你的子弟，他们对你的依赖之心有如子女对父母，幼弟对兄长一样，眼巴巴地盼着你带他们攻城略地、克敌制胜，希望自己也能有升官发财、光宗耀祖的机会。现在，你看看孤苦无依的他们，要是你对他们全然不顾，使湘勇成为无头之众，你的水陆两师的士兵只能落魄回乡，过无穷无尽的苦日子。这一年多来的辛苦都白费了，功名富贵也将全都成了竹篮打水一场空。作为湘勇的统帅、子弟的父兄，又怎么可以说你有仁义之心呢？众多朋友，在你的邀请之下，放弃自己的事情来做你的助手，郭筠仙募二十万巨款资助你。他们的目的是什么呢？图的是你平天下巨慝，建盖世勋名，跟着你的人也才能沾着光，青史上留个名字，也不枉变个男儿在人世间走了一遭。你如今想一个人一了百了，却不想因此会扰乱了多少朋友的心。你的义又何在？这不忠不孝不仁不义八个字，要是你今天撒手西去了，便如同铜打铁铸，你曾涤生的大名就永远离不开这个污点了……”

左宗棠还没有说完话，曾国藩霍地从床上爬起，紧握他的双手说：“古人云‘涣乎若一听圣人辩士之言，涩然汗出，霍然病已’，我今天就是这个样子啊。国藩一时糊涂，幸亏吾兄对我如此责骂，否则险些做下贻笑万世的蠢事。眼下兵败，士气不振，还请吾兄给我指条出路。”左宗棠微露笑容说：“宗棠深怕仁兄因为一时的气愤而做下傻事，所以不惜忠言逆耳。涤生兄，我想你一定是因为看见今夜江边送陶恩培荣升而心情变得更郁闷。其实，这些不算什么，像陶

恩培那样的行尸走肉，根本就不被我左宗棠放在眼里。漫说他今日只升个布政使，即使他日后当了宰相，也无非是一个会做官的庸吏罢了。太史公说得好："古者富贵而名磨灭不可胜记，唯倜傥非常之人称焉。"如果没有干出一番惊天动地、轰轰烈烈的丰功伟绩，让英名永载史册，再高的官位又有什么值得羡慕的呢？至于世俗的趋炎附势，我们只需冷眼旁观，更不必放在心上。孙子云'善胜不败，善败不亡。'胜败乃兵家常事。失败不可怕，一蹶不振才是最让人害怕的，人应该学会不屈不挠。昔汉高祖与项羽争天下，高祖还不是数次惨败，最后垓下一战，自刎的人却是项羽。诸葛亮刚开始辅佐刘备的时候，弃新野，走樊城，败当阳，奔夏口，几乎没有地方可以容身，最后才造成了三足鼎立的局势。这些都是仁兄熟知的史事，依我看来，今日靖港之败，谁又能说不是为日后的大胜作准备呢？此刻湘勇虽然溃不成军，异日或许能够灭洪杨、克江宁呢！"

慷慨激昂的议论，意气风发的神态，使曾国藩感到勇气似乎增加了百倍。他握着左宗棠刚劲有力的双手，许久都没有说出一句话。

左宗棠摸摸口袋，突然有件事浮上心头，说："昨日朱县令来长沙，说他前些日子见到了伯父大人。伯父大人临时提笔写了两行字，让朱县令带来给你。我今日幸好把它拿了过来，你拿去看吧！"

左宗棠把一张折叠得整整齐齐的纸条从衣袋里掏了出来。曾国藩看时，果然那字迹是父亲的："儿此出以杀贼报国，非直为桑梓也。兵事时有利钝，出湖南境而战死，是皆死所，若死于湖南，吾不尔哭！"父亲的教诲，更令曾国藩感到无比心酸：今日若真的死了，还有什么颜面去见列祖列宗！他颤抖着重新把父亲的手谕折好，放进贴身衣袋里，心情才感到轻松了一些。

左宗棠所说之辞虽然大大触动了曾国藩的心思，但曾国藩却依然死志未改，因为一是所处的太过惨酷的境地，作为一个奉理学为圭臬的士子，就算是他的脸皮再厚，也觉得没有颜面再在这个世上活下去；二是靖港惨败，朝廷肯定会严加追究，说不定朝廷定的罪会让他生不如死。因此，曾国藩左思右想之下，还是一心一意地想死。于是，咸丰四年四月初二日，在长沙妙高峰行馆的曾国藩拟写了给咸丰帝的遗折遗片：

未发之遗折

为臣力已竭，谨以〔按：此二字涂去，旁改二小字不清〕身殉，恭具遗折，仰祈圣鉴事。

臣自岳州战败后，即将战船于十四日调往长沙。十五、十六贼匪水陆大队全数上犯。水路贼舟湾泊离省［城］数十里之靖江［港］、乔口、樟木［树］港一带。陆路之贼于二十五辰刻陷宁乡。臣派往宁乡防堵之勇千八百人在东门外鏖战，自辰至未，杀贼甚多。而贼匪愈聚愈众，多至二万余人，将臣之勇环围数重，死伤极多，余众溃围而出。

二十七日，贼匪即破湘潭。分股至涟江之易俗河及湘水之上游掳船数百号。臣派副将塔齐布、都司李辅朝、千总周凤山等由陆路往剿；又派候选知府褚汝航、候补知县夏銮、千总杨载福、文生彭玉麟、邹世琦等营由水路往剿。自二十八日至初二日，塔齐布五获胜仗，前者杀死长发贼四千余人，踏破贼营数座，烧毁木城一座，实为第一战功。水师褚汝航等烧毁贼船至五百余号之多，亦为近年所仅见。此二案均由抚臣另行详细奏报。

臣于初二日自带舟师五营千余人、陆勇八百人，前往靖江［港］攻剿贼巢。不料陆路之勇与贼战半时之久，即行奔溃；而水师之勇见陆路既溃，亦纷纷上岸奔窜。大小战船有自行焚烧者，有被贼抢去者，有尚扎省河者；水勇竟至溃散一半；船炮亦失去三分之一。臣愧愤之至，不特不能肃清下游江面，而且在本省屡次丧师失律，获罪甚重，无以对我君父。谨北向九叩首，恭折阙廷，即于△△日殉难。

臣读书有年，窃慕古人忠愤激烈之流。惟才智浅薄，过不自量，知小谋大，力小任重。前年奉命帮办团防，不能在籍守制、恭疏辞谢。臣以墨绖出外莅事，是臣之不孝也。去年奏命援鄂援皖，不自度其才之不堪，不能恭疏辞谢，辄以讨贼自任，以至一出偾事，是臣之不明也。臣受先皇帝知遇之恩，通籍十年，洊跻卿贰。圣主即位，臣因事陈言，常蒙褒纳；间有戆激之语，亦荷优容；寸心感激，思竭涓埃以报万一。何图志有余而力不足，忠愤填胸，而丝毫不能展布。上负圣主重任之意，下负两湖士民水火倒悬之望。臣之父，今年六十有五。自臣奉命剿贼，日日以家书勉臣尽心王事，无以身家为念。凡贮备干粮，制造军械，臣父亦亲自经理，今臣曾未出境，自取覆败，尤大负臣父荩忠之责。此数者，皆臣愧恨之端。

论臣贻误之事，则一死不足蔽辜；究臣未伸之志，则万古不肯瞑

目。所有微臣力竭殉难，谨具遗折哀禀于圣主之前，伏乞圣慈垂鉴。谨奏。

未发之遗片

再，臣自去岁以来，日夜以讨贼为心。曾书檄文一道，刊刻张贴。今事无一成，贻笑天下；而臣之心，虽死不甘。谨将檄文抄呈御览，一以明臣区区之志，一以冀激发士民之心。

臣死之后，皇上必于两广湖南择一讨贼之人。陆路之将，则臣去年所保之塔齐布，实为忠勇绝伦，深得士卒心，愿我皇上畀以重任。水路之将，难得统领大员，现在湘潭获胜之褚汝航、夏銮、杨载福等，均可自将一军。

臣于二月初间，咨行广西抚臣劳崇光，续召粤勇一千。三月中旬，又在衡州续造大船二十号，约于四、五月可齐。广东水师陈辉龙，亦于近日可到。而臣忽以靖江（港）之败，失去船炮，臣是以愧恨不能自容。伏冀皇上速简贤员，总统水军，而以塔齐布总统陆军。但使灭贼有期，则臣虽死，犹足以少赎罪愆。不胜瞻恋之至。谨附片具奏。

然而，吉人天相，也是曾国藩不该就此而命丧黄泉，正当他准备好一切谢天下的工作，想要自裁时，塔齐布所领的收复湘潭的军队居然让人意想不到地十战十捷，将林绍璋的太平军给打败了，从而一举收复湘潭，太平军死伤几千人，湘军所取得的第一个胜利一下子就把曾国藩从死亡线上拉了回来，并很快将他从失败的阴影中拯救了出来。

曾国藩在四月十二日呈给后帝一奏折《会奏湘潭靖水陆胜负情形折》，我们看到曾国藩描绘的湘潭大捷中，把自己的错误归结为三个："先时未能奏请大员帮同管带，又未尝多调文武员弁分布各营"，致使湘勇"纪纲不密，维系不固，以致溃散，其谬一也"；"但知轻进之利，不预为退败之地，其谬二也"；"驱未经战阵之勇，骤当百战凶悍之贼，一营稍挫，全军气夺，非勇真不可用，乃臣不善调习而试用之故，其谬三也"。又把所有的这些错误归结为："臣之求效愈急，而其办理亦愈乖谬。""孤愤有余，智略不足。"在奏折中，他声言"忍耻偷生，一面俯首等罪，一面急图补救"。但是，他在请罪折中隐瞒了一个天大的事实，说什么"靖港之战，臣因湘潭水陆大捷，意欲同时并举，破贼老巢，使贼首尾不能相顾"。其实，曾国藩攻克靖港的真正原因，是"忧湘潭久踞，思牵之";而且靖港之战失败的那天是在四月初二（4月28日），当天，他"还至城下，而湘潭大捷报至"。故当他做下攻靖港的决定时，和湘潭之捷并不是在同一时间。他之所以在奏折中这样说，无非是对自己的过错进行掩盖。对于曾国藩的请罪，咸丰帝仍然是宽洪大量的，他并没有怀疑此奏内容的虚实程度究竟如何，而是故伎重演，他又开始恩威并用地在上谕中称："屯聚靖港逆船，经曾国藩亲督舟师进剿，虽小有斩获，旋以风利水急，战船被焚，以致兵勇多有溃败。据曾国藩自请从重治罪，实属咎有应得。姑念湘潭全胜，水勇甚为出力，着加恩免其治罪，即行革职，仍赶紧督勇剿贼，带罪自效。湖南提督鲍起豹，自贼窜湖南以来，并未带兵出省，迭次奏报军务，仅止列衔会奏。提督有统辖全省官兵之责，似此株守无能，实属大负委任。鲍起豹着即革职，所有湖南提督印务，即着塔齐布暂行署理。""曾国藩统领舟师，屡有挫失，此折所陈湿缪各情，朕亦不复过加谴责。现在所存水陆各勇仅集有四千余人，若率以东下，诚恐兵力太单。该革员现复添修战船，换募水勇，据称一两月间当有起色。果能确有把握，亦尚不难转败为功。目下楚北贼踪由应山窜回德安，随州之贼亦回武汉，是鄂省望援甚急，该抚等务当督饬水陆各军迅将此股败窜之匪歼灭净尽，兼可赴援武昌以顾大局。"

但是，无论从哪个角度来说，靖港之败，都给曾国藩以后的军事生涯留下了十分深刻的教训，他以后能够带领湘军取得金陵之战的最后胜利，这也是一个很重要的基础，"大难不死，必有后福"这句话正好反映了曾国藩此时的状况。

三、转败为胜

1. 攻克城陵矶

经过了靖港之战的失败和湘潭之战的胜利，曾国藩吸取了不少经验，同时也得到了许多教训，对湘军进行了重新的整顿，用有生气的兵员代替素质较差的兵卒，同时赏功罚罪，使湘军又焕发出原有的生机。恰巧在这个时候，曾国藩接到咸丰帝的谕旨："曾国藩添募水陆兵勇及新造、重修战船，既据奏称已可集事，则肃清江面之举，仍借此一军，以资得力。塔齐布胆识俱壮，堪膺剿贼

之任。着骆秉章即饬统领弁兵迅速出境。曾国藩与该署提督共办一事，尤应谋定后战，务期确有把握，万不可徒事孟浪，再致挫失也。"于是，曾国藩便遵照咸丰帝的命令，带兵出征。

经过整顿后的湘军战斗力果然增强了许多。加上曾国藩在打了两次败仗之后也摸索出一些用兵之道，所以此次出征可以说是非常的顺心遂意。自咸丰四年五月曾国藩带兵从长沙出征以后，至七月一日，接连攻克了常德、澧州，并再次攻占了岳州城，曾国藩因此感到一些欣慰，这次胜利让咸丰帝也极为高兴，他在上谕中称："此次克复岳州，大获胜仗，湖南逆踪业就肃清，江路已通，重湖无阻。即着塔齐布、曾国藩会督水陆兵勇，乘此声威，迅速东下。力捣武汉贼巢，以冀荡平群丑。"曾国藩见水师接连获胜，便带领手下战将陈辉龙到了岳州。这时太平军虽然屡次遭到失败，但仍盘踞在城陵矶下游一带，又在汉口布置了数千只战船，连成数十里。

城陵矶在岳州和武昌两地之间，处于川湘交界之地，自古以来都是兵家必争之地。当时太平军的秋官又正丞相担任城陵矶的守卫，而攻打城陵矶的清军水师，归曾国藩直接训练和掌握的有一部分，另有山东登州镇总兵陈辉龙也统领着一营的清军水师，广西保升道员褚汝航统领的另外有一营清军水师，广西保升同知夏銮统领的清军水师一营，广西升用道员李孟群统领的一营，加起来共有四千多名水师，其中李孟群营有广西水勇一千名，陈辉龙营有四百多名的广东水兵，剩下的以湖南人居多。但这些人大多归曾国藩管制。这批水师虽然船多械足，但在经过了几次战斗之后，军队之中骄傲的情绪逐渐滋生。曾国藩因为大部队还没完全到达岳州，所以故意放慢进攻的步伐，以等待时机。塔齐布也提出了类似的看法。但陈辉龙因为自四月下旬到达这一带后，便因船炮不齐、粮饷不足坐等了两三个月，待到启程后，又因为风大而耽搁住了，他特别着急，想快点儿把太平军斩尽杀绝。褚汝航、夏銮也都怂恿曾国藩出兵，并且要求一同前往。曾国藩觉得陈辉龙已经在水师营中干了四十多年，经验极其丰富，一定是瞅准了进攻的最佳时机。并且褚汝航他们也是多次建立战功的名将，每次都善于把握时机。

七月十六日辰刻，陈辉龙、褚汝航、夏銮分别带领各自的清军水师向城陵矶进发。这时李孟群还未到达岳州，但他部之前队广庆水兵，也跟随着陈辉龙的部队。左营彭玉麟、右营杨载福也准备好进行援助。这时还风平浪静，等到了城陵矶时，恰好与太平军遭遇。陈辉龙等一起向太平军发起进攻，枪炮齐发，轰毙了数十名匪徒，烧毁了太平军的数只战船。这时风势已大，广东提标水师右营游击沙镇邦，对水师最忌讳的事情全然不顾，乘风追击。陈辉龙见风势愈大，即插旗收队；又害怕游击沙镇邦的炮船有危险，便又督催拖罟赶往救护。没想到船太大，竟在漩涡激流中搁浅。两广兵勇也被风吹得七零八落，互相拥挤。太平军的战船就在这时候突然杀出来，将它们重重包围。广东弁兵的战船以及广西何越斑的船只，都前去救护，又因风力太盛，互相拥挤在了一起，无法使用枪炮。当太平军的船只逼近时，兵勇陷入重围，进退不得，被杀害了许多，余下的都跳水得以逃生。陈辉龙、沙镇邦都已经阵亡。褚汝航见陈辉龙情况危急，出于情义，便赶去相救。无奈太平军的势力越来越强大，清军渐渐有些支撑不住。褚汝航赤手空拳杀了几名太平军，夏銮也与太平军进行正面交锋，均被重创，落水殉难。广东署千总何若洋、广西带勇侯选府经唐亚，一同遇害。这时提督陆营虽带领部队到达了城陵矶，但无法渡过港口，所以无法前去救援。清军水师大败，死伤无数，并且损失了几员大将。

此次水师失利，咸丰帝严厉斥责了曾国藩，据称，咸丰帝看完奏折以后，感到非常愤怒，他指责"曾国藩系在水路督战，于陈辉龙出队时，不能详慎调度，可见水上一军，毫无节制。即治以贻误之罪，亦复何辞？""惟曾国藩前经革职，此时亦不必交部严议。仍责令督饬水师将弁奋力攻剿，断不可因一挫之后，遂观望不前。"

不过，虽然话是这么说的，此次水师在城陵矶打了败仗，指挥不力的曾国藩应负很大一部分责任，但他的指挥不力并不是没有原因，首先是没有足够丰富的水师作战的经验，其次是对手下的将领过于依赖，认为他们毕竟也统带了几十年的水师，从心理上认为他们在具体作战方面一定胜于自己，所以在驾驭时不免放任了他们。不过，曾国藩由此也得到了不少的好处，首先就是这些清军水师统领战殁后，他便依靠水师一统天下；其次就是他认识到在任何时候所依靠的人只有自己。并且陆军最终攻克了城陵矶，所以咸丰帝也没有过于责备。

2. 平定湖北

清军在攻下城陵矶后，在咸丰四年七月中下旬，湘军水师沿江扫清了太平军的残部，攻占了蒲圻；接着乘机攻占了沿江的重要港口，在距武昌六十里的金口安营扎寨。塔齐布、罗泽南率领的陆军，在八月下旬，攻下了武昌远郊的纸坊。曾国藩准备进攻武汉。长江、汉水把武汉分割成了三部分，其中数武昌的位置最为重要，攻打武汉，实为攻打武昌。

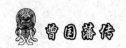

共有两万名太平军驻守在武昌，拥有几千只船舰，并且还在武昌城外修筑了坚固的防御工程。但是这些船舰都是由民船改装而成，并不适合作战。而且武器装备简陋，用的都是土炮，也缺乏有经验的将领。再加上太平军已两次遭到惨败，信心极其不足。

而湘军的情况则与之恰好相反，总兵力在两万左右，武器装备也甚为精良，而水师虽在城陵矶惨败，但陆军却获大胜，并最终攻下了城陵矶。曾国藩此时也是信心十足，增加了水师的兵力，使船舰更加坚不可摧。

根据双方的特点，结合武汉三镇的形势，曾国藩制定了水师作战的详细计划。他采用了集中优势兵力各个击破的军事战略。他派水师清理江面，把太平军与武汉三镇的通路给切断了，再与陆军联合，用炮火向太平军的营垒发起进攻；陆军的绝大多数力量来攻击武昌，魁玉带领的湖北兵围攻汉阳。八月二十一日，水陆两军同时向太平军发起进攻。水师共分两路，他们发挥火力优势，将太平军的五百多艘船舰给击毁烧尽；塔齐布率领的陆军将洪山攻下，使位于武昌南面重要高地和"陆路汇总之处"得到控制，罗泽南率领的军队也在同一天将花园营垒攻下。这时，守城的太平军混乱极了，许多人纷纷弃城逃跑。第二天，清军水师又击毁了数百只船舰，攻下了武昌和汉阳城外太平军的所有大小营垒。黄再兴大为吃惊，不敢恋战，第三天凌晨便弃城出逃。汉阳守军也在同一天弃城东走。第四天，水师又乘着大胜的机会，对未撤离的汉水太平军船队进行围攻，数千只船舰，有的被烧毁，有的被击沉，无一能够幸免于难。

短短的四天中，湘军中只有二百多人伤亡，却一举将武汉这一华中重镇攻下，使太平军损失了二千多艘船舰，数千名士兵。代价如此小，却战绩辉煌，实在出乎意料。如此大胜，使整个满汉统治者甚受鼓舞。这次胜利，从武汉三镇掳掠了大量财物，许多湘军将领和士兵得以加官晋级，更以为太平军已是日薄西山，没有几天活儿头了，他们便把从军作战当作风险小而又可以名利双收的捷径，所以以极大的热情投入到新的战役中，图谋有更大的收获。

曾国藩也信心倍增，他辞谢了署理湖巡抚的任命，全心全意带领军队东下，并制订了从三路进军的计划，他准备先破田家镇，再进攻九江。三路军马先后在九月上、中旬发动进攻。在长江北岸魁玉、杨昌泗带领的绿营军为主力，但这一军队素质较低，太平军把他们堵在了蕲州一带，动弹不得。塔齐布、罗泽南率领的两军是南路湘军的主力，分别向兴国和大治两地进犯，既使东进没有了障碍，又使武昌南面的防御工事得到巩固。接着两军向半壁山和富池口分头进逼。中路的水师偶而与太平军的舰队战上几个回合，势力不分上下。

田家镇、半壁山是太平军的防守重镇，湘军东下九江也必须途经这里。太平兵在田家镇设有重兵防守，并在那里修筑了坚固的土城；同时在半壁山派重兵防守；江面上有两道连接两处的铁链，小船和木排布置在江心，木排上设有木城，里面有重兵防守。太平军在这里集结了大批兵力，大约有四万人，并派燕王秦日纲前来亲自率领。虽然太平军兵力强盛，部署严密，但后方力量却十分薄弱，秦日纲不敢主动攻击，只是一味地消极防御，处境十分尴尬。

综合双方势力以及形势发展情况，曾国藩做出了先以主力部队进攻兵力较少的半壁山的决定。在上次防御中，太平军利用地形的险峻以及防御工事的坚固来对付清军，但这次他们变通了策略，转而采取在营垒之外进行野战的方法。十月一日，当罗泽南率领的军队行到半壁山前二三里处时，太平军便前去主动迎击，驻扎在田家镇的大营也派军队渡江前去援助。经过一天大战，太平军死伤无数。而罗泽南率领的湘军却注意审时度势，虽太平军多次来营前求战，罗泽南却命令全军休整，第四天才与太平军开战。虽秦日纲亲自率领军队，但并不能挽回败局，反而死伤更多，以致于丢掉了半壁山大营。罗泽南与已攻占昌池口的塔齐布军联合起来，收复了南岸；接着湘军水师又在十三日向太平军大举进攻，使太平军的江边防守被击破，焚毁了数千艘船只。

半壁山被破、江心铁链也被清军给摧毁了，使驻扎在田家镇的太平军一下子就失去了战斗的勇气，加上蕲州的太平军也听到消息而撤退了军队，于是，太平军只好将田家镇主动放弃，沿江下撤。此次田家镇战争中，极其残忍的湘军屠杀令人惨不忍睹，从半壁山到富池口，中间沙州数里，在此之前初四、初五日的战斗中死去的太平军尸首还没有处理，再加上现在烧死淹死的太平军的尸首也都在水滨泥沙之中，到处都是尸体的残骸，还有的漂流在江中。至于江面上，"申酉之际，追至三十余里之武穴地方，乃纵火大烧，烟焰蔽天"，同时在龙坪三十里范围内，虽然已是三更时分，但烧着的四千多艘船却让方圆百里宛如白昼，这些烧掉的船都是历年太平军

所抢的民船，这些船也都被烧尽了。

攻克城陵矶、平定湖北以后，曾国藩在以后的日子里感到无限风光，自此以后，屡攻屡克，屡战屡胜的他大有一鼓作气将金陵拿下的攻势。

四、九江战败，再次自杀

湘军于田家镇之役后，对撤退的太平军继续进行追击，十月二十八日（12月17日）从太平军手中夺下了广济，十一月初二日（12月21日）攻陷黄梅。但塔齐布已经带领清军渡江北上，江南的情况逐渐变得不如以前。且绿营依然大多驻扎得比较远，仅仅是远远地以声援应付了事，没有认真地联合到一起进行战斗，连咸丰帝也于十一月十五日（1855年1月3日）质问道："倘南北两岸专恃一塔齐布奔驰追剿，则湖北、江西两省官兵，岂不皆成虚设耶？"因此做出了如下的命令："江西派出督剿之臬司恽光宸、前任总兵赵如胜，距省稍远，亦可由曾国藩等就近调度，俾有票承。"虽然如此，却没有把情况稍稍变好一些，依然是湘军孤立无援，孤军作战。为了从太平军手里夺回安庆，并攻击太平军的京都金陵，湘军不得不在北路陆师已经进入湖南境内，而水师仍在上游停留，因而不能联合陆师的情况下，回兵急忙向九江进发。但是湘军在长江不能兼顾南北两岸，即使想渡江，也必须绕到上游去，来回有百余里路程，需要三四日的时间；且这些人都经过长途征战，没有生力军补充，像这样转战千里实在令军队很疲劳。因此曾国藩对于"北岸一带，即责该督［指杨霈］实力堵剿，俾塔齐布、罗泽南可以全师渡江，为图攻九江之计"的十一月二十一日的上谕并没有执行。而是派陆师由黄梅向南，派水师由蕲州向东，一齐向九江的方向进发。

田家镇之役，使得九江、安庆之上的太平军顿时便失去了可做保护的屏障，太平军水师有很大的损耗，西征的计划也因此而受到挫折。而在湘军方面，自从湘军创立以来陆师在初四那场战斗中杀的太平军最多，水师也在十三日那天的战斗中烧船最多；加上，北路桂明之绿营虽被朝廷明令规定是归曾国藩所管的，但行动迟缓，节节逗留，几乎没立什么军功，屡次遭到皇上的谴责，故湘军营哨弁勇此时更多骄慢之气，个个都是不可一世。正因为如此，也就注定了它会有接连不断的挫折。

1. 九江危机

九江是长江上的重镇，在保护南京方面的作用非同小可，因此，洪秀全非常重视保卫九江的工作。当时林启容是九江的守将，领有一万人马，严密把守九江。为了确保在战斗中不把九江丢掉，洪秀全又命令翼王石达开带领四万人马奔赴九江增援。而当时的湘军是在九江上游驻扎。离九江十里远的竹林店，一共驻扎有两万人马的水陆两师。但一是因为前一时期屡屡在战争中取胜，二是湘军水师装备精良，所以虽然湘军的兵力并不如太平军，曾国藩也并不怯阵。

但是，由于林启容守御得法，湘军在很长时间内没有攻下九江，并且伤亡严重。因此，曾国藩急于摆脱目前的困境。当时的水师统领彭玉麟给曾国藩献上一计，提出以小股部队继续攻战九江，大股部队则从九江绕过去，以湖口和梅家洲为攻击目标，为湘军东进打通道路。

湖口是长江中的一个码头，鄱阳湖在它的南边，长江在北边，梅家洲是一个江心沙洲，它正对湖口，梅家洲与湖口之间的江面是一般船只通行的地方。

曾国藩认为彭玉麟的建议比较符合时宜。然而，令曾国藩遗憾的是，石达开对湘军此举也并不是没有料到。当时有一万名太平军驻守在梅家洲，而湖口周围有大批太平军水师埋伏在那里。咸丰四年十二月十二日，湘军水师与太平军水师在湖口江面开始了一场搏斗，太平军水师在遭受一些损失后，掉转船头驶向鄱阳湖。当时湘军水师的二百艘舢板便全数出动，在太平军水师的后面进到了湖中。正在此时，只听一阵炮声，在鄱阳湖口的太平军船队便将鄱阳湖进入长江的出口给封锁住了，同时许多炮弹也一齐轰向湘军水师的船队。至此，湘军水师才知上了太平军的当，但是既然已经被断绝了回路，便索性将船划向鄱阳湖的湖心。自此，湘军水师便被截为内湖和外江两股，而这给湘军水师造成了致命伤。因为由长龙、快蟹与舢板两部分组合起来才是湘军的原貌，当这两部分合在一起时，笨重的长龙、快蟹的作用和躯体一样，它起着基地的作用，而快捷灵活的舢板则好比触须，它的作用在于攻击和护卫，而如今，舢板失去了躯体，长龙、快蟹失去了护翼，这意味着一场灭顶之灾即将降临到他们头上。

果然，曾国藩很快就遇到了灾难。就在因为田家镇取得胜利而奉到上谕"着赏穿黄马褂"的当天晚上，即咸丰四年十二月二十五日晚，湘军在长江水面上吃了一计大败仗。三更，太平军在九江林启容与小池口罗大纲的带领之下，各抬数十只小船入江，趁着昏暗的夜色，冲入湘军船帮，进行火攻。阵脚大乱的湘军纷纷悬上船帆向上游驶去，自九江以上到隆坪、武穴、田家镇，直至薪州，处处皆有战船，甚至还有人弃船而逃，水手都从船上逃走了。曾国藩坐上舢板督阵，号令不可开船，可是根本没有人听他的命令。仓猝之中有数百条来不及逃亡的战船被烧毁，曾国藩的坐船也被俘虏，所有的文案全部丢失了，皇帝奖赏他的黄马褂、白玉四喜扳指、白玉巴图鲁翎管、玉靶小刀、火镰等件，这些东西全都落入了太平军之手。曾国藩见自己手中的赌注消失殆尽，感到非常痛心，于是，他又重演了靖港之战失败后的一幕，只见曾国藩冲出船舱，便向江中跳去。需要说明的是：长江虽然水深流急，但是这并不能难倒那些会游泳的人，可是曾国藩从来不会游泳，所以，他这一跳就是走向死亡了。

然而，上天却又为他创造了一次奇迹：正当曾国藩于绝望中跳入长江时，恰逢水师统领彭玉麟驾驶舢板路过这里，于是就救他上船。

在被送到罗泽南统率的陆军营内之后，一心想寻死的他还想仿效春秋时晋国的先轸，骑上马追赶敌人，以死赴敌，在罗泽南、刘蓉等人的努力劝告下才没这么做。事隔四年，至咸丰八年十二月，他还感到心有余悸，感叹人世间事往往是吉凶同在，喜忧掺半，真是让人难以理解！

2. 上奏精明

关于九江之败的具体情形，曾国藩在给皇帝的两封奏折中做了具体的阐述，它们是：《内河水师三获胜仗折》及《水师三胜两挫外江老营被袭文案全失自请严处折》。从这两份奏折的内容看，一是曾国藩已经不再像靖港之战以后的他那样畏惧失败；二是在奏折中很巧妙地交替描写胜败的场景，让咸丰帝无法对此次战役的实际情况和失败的严重程度有很好的把握。让我们来看一下这两份奏折是如何进行描写的：

内河水师三获胜仗折

奏为内河水师三获胜仗，恭折驰奏，仰慰圣怀事。

窃水师于十二日焚烧湖口卡内贼船，乘胜冲入内河，业经另折具奏。萧捷三、段莹器等及各营长龙、三板百二十余号，挂帆上驶，行至大姑塘，尚无贼艭，即行宿泊。十三日，上至平风地方，见贼战船、民船共二百余号，突起击之。该逆自恃在湖口卡内百里，不虞我军之猝至也，大炮、群枪抵死抗拒。我军先烧其民船，贼阵既乱，乃焚其战舟。凡焚船二百余号，夺获三十五号，夺炮七十余位。各三板自先日出队，小艇不便宿食，至是始得一餐。

十四日，该逆以前夕所抢我军之船，冒为官兵，自湖口驶上袭我内河之师，辅以小划百余号。时萧捷三、段莹器等已闻十二夜老营被烧之信矣。因约各哨，寂静以待。逆船扑近，众炮齐发，群子喷飞。该逆立刻败下，纷纷凫水，击沉、烧去小划、三板共五十余号。追至湖口，见该逆搭浮桥二道，旧卡一道，关锁牢固，势难冲出，收队回泊大姑塘以上。各营官以十三所抢民船，恐其累重，为贼所乘，至是尽数焚之。外既与九江大营隔绝，内又与江省远离，银两、子药，俱无所出，不得已就取于南康。

十九日入至吴城镇，探悉逆匪由彭泽湖口而来者，约有数千人。窃据都昌县城，筑城挖壕，掳有大小船只四百余号，停泊县河，装载辎重。二十六日，水军各营官在灌子口熟商，以都昌既有逆船窃踞，倘我军一出，仍复滋扰，转不能一律肃清；不如趁此时烧尽。因派定三板、划船四十余只，营官萧捷三、孙昌国、段莹器、贺虎臣、邓冀升亲督之，于二十七日五更即开行，并派熟悉河道之翟秉茂前往指引。是晨，烟雾迷漫，严戒各船不准放一炮，出其不意，突而袭之。巳刻，抵都昌县，见逆船排于河面，大小数百号，黄旗飘拂，该逆尚未惊觉。各营蜂拥而前，枪炮齐放，火球、火箭并发，时值东南风，顷刻之间，火光贯日，将逆匪辎重船只数百号烧毁清净。贼匪击死者、扑水死者不计其数，生擒五十一名，即时正法，余匪奔入县城。因无陆兵，不敢上岸穷追，师还路过鸡公湖，有小划船三百余号，各营官带勇下水，概行烧尽，免为贼有。此搜剿都昌河内，大获全胜之实在情形也。

伏查水师自冲入内河，日夜辛勤，三获全胜，搜洗鄱湖支河，劳勤可嘉。然冒险冲入，与外江水师相隔，疏失实甚。目下外江苦乏小船，即拟赶添民划。内河水师，饬令决战冲出，两面会剿，务期力破湖口一关。所有内河水师屡胜缘由，谨会同江西抚臣陈启迈恭折由驿驰奏，伏乞皇上圣鉴，训示施行。谨奏。

水师三胜两挫外江老营被袭文案全失自请严处折

奏为水师三次获胜，两次败挫，恭折驰奏，仰祈圣鉴事。

窃水师功破贼排，陆军在梅家洲获胜，业经驰奏在案。初十日，胡林翼、罗泽南等锐意欲攻破梅家洲贼垒，负布袋囊土，人持火包，一拥而前，冲突于贼炮攒簇之间。前者虽伤，后者犹进，逼近贼墙，超跃而入。已入数十人矣，抛掷火包，误伤同入之侣，以数人负送而出。在外者误认为败退，适南头一垒贼队冲出，西路官军相率退奔，入垒者恐外队挫失，亦即退出；奔溃至三四里之遥，始行卓旗驻立，回军与战。该逆亦反奔，我军追之更急，杀贼三十馀人，该逆遁入坚垒，固匿不出。水师自初六攻破贼排后，该逆连夜将大船凿沉江心，实以砂石，仅西岸留一隘口，拦以篾缆。初十日陆军攻垒之时，约水师同攻此卡，彭玉麟、孙昌国、萧捷三等督三板各船，斩缆冲入，焚其战船三十余号，民船三百余号，毙贼约百名。我军受其隘口三面之炮，伤亡亦数十人。十二日，陆军复攻贼垒，功逼终日，以炮多垒坚，卒不能破。水师复冲入卡内，燔贼战舟三十余号，民船约五十号。自是，贼所夺江西战舟焚烧略尽，仅馀夹洲内十余船。自湖口至姑塘四十里，贼艘肃清矣。此初十、十二日陆军攻垒、水师战胜之实在情形也。

营官萧捷三、段莹器、孙昌国等，欲速清鄱湖以内，遂乘胜追至姑塘以上，从之者各营长龙、三板百二十余号，皆轻便之舟，勇锐之士，扬帆内驶，日暮不归。讵料该逆窥我军小船冲入内河，即出小划二十余号突出卡外，围我军快蟹大船，保升都司史久立首当其冲，被围良久，船只延烧，力战死亡。是夜三更，该逆复用小划三四十号攒入老营，烧我船只，两岸贼匪数千，火箭喷筒，迷乱施放，呼声震天。我军以内河百余小船未归，无以御之，被焚大战船九号，小者数号，杂色坐船十三余号。各勇狃于屡胜之余，变起仓猝，快触、长龙等船挂帆上驶，李孟群、彭玉麟不能禁止。次日，悉回九江大营。臣国藩闻信之下，不胜愤懑，战船焚失虽属无多，而百余轻捷之船，二千精健之卒，陷入鄱湖内河，业被贼卡隔绝，外江所存多笨重船只，运棹不灵，如鸟去翼，如虫去足，实觉无以自立。

副将杨载福自攻破田镇后，即在武穴养病，因飞调来营，十七日力疾往下游进剿。行抵浔城十五里之张家洲头，贼船已分两路上犯。杨载福派哨官张荣贵、陈金鳌等由新河下击，自率各哨由老河下击，澄海营官何敦五亦由老河随剿。鏖战良久，该逆败退下窜。追至老湾，其快蟹船贴靠北岸，陆贼护之，不能夺取。炮毙贼数十名，我军哨官沈光荣阵亡。张荣贵等自新河下者，遇贼三板及小划约三十只，我军九船胜之，追至湖口县，绕出老河，与杨载福会合。两路凡焚船二十六号，夺船五号，四更收队。此十二夜水师败挫、十七日进剿获胜之实在情形也。

自十二夜水师失利后，贼之凶焰顿长。梅家洲之贼，夜夜往扑胡林翼、罗泽南等营，赖并力坚守，得挫凶锋。湖口之贼，渡江上犯。扎营九江对岸之小池口。二十一日，臣等派副将周凤山渡江击之。四更渡毕，黎明开仗，该逆猝不及防，踏平贼营一座，杀贼百馀。江边一支，追出街外；堤内一支，因抢夺马匹、衣物，为贼所乘，先胜后挫，被追七八里之遥。

臣等酌商，以水师既陷于内河，陆军复挫于小池口，遂调胡林翼、罗泽南三军由湖口回剿九江。二十五日驻扎南岸官牌夹。是夜三更，浔城与小池口两岸之贼，各抬小划数十只入江，乘月黑迷漫，攒入我军船夹内，火蛋、喷筒，百支齐放，右营被烧战船一只，各哨慌乱，挂帆上驶，臣国藩坐三板督阵，禁黑夜不许开船。江阔船多，莫能禁止。该逆已用小划数十，将臣坐船围住。管驾官广东把总刘盛槐、李子成，监印官安乡县典史潘兆奎，文生葛荣册阵亡，文案全失。臣国藩遂饬各战船与罗泽南陆营紧相依护，而遣人四出追回上驶之船。黎明陆续归队，复将贼船追击，夺回船三只。此二十一日陆军先胜后挫，二十五夜水军复挫之实在情形也。

伏查水师自岳州以来，屡获大捷，武汉、田镇，声威尤震。自至湖口，苦战经月，破排焚船，费尽气力，贼舟所存无几。讵意各营长龙、三板过于勇鸷，冲入内河，竟夜不归；而外江老营，两次为该逆所偷袭，实堪愤愤恨。皆臣国藩调度无方所致。应请旨饬部将臣国藩交部严加议处。

广东保升蓝翎把总刘盛槐、保升把总李子成、典史潘兆奎，请交部照例议恤。哨官保升都司史久立，奋勇忠直，为合营所推服，请照都司从优议恤。候补把总李允升、李选众，或中炮阵亡，或烧伤殒命，均请交部议恤。蓝翎军功沈光云，田镇案内拟保把总，尚未出奏。文生葛荣册，襄办劳勤，田镇案内拟保主簿，尚未出奏。吁恳天恩，沈光云即照把总例赐恤，葛荣册即照主簿例赐恤。其余查明察例办理。

除内河水师屡获胜仗，另摺奏报外，所有水师三胜两挫缘由，谨会同
湖广总督臣杨霈、江西巡抚臣陈启迈恭折由驿具奏，伏乞皇上圣鉴，
训示施行。谨奏。

正因为曾国藩这两份极有水平的奏稿，所以他文中请求皇帝把他交给刑部
严加处理的要求并未让咸丰帝多加重视，咸丰帝的上谕中就明确表示了这一点：
"水师锐气过甚，由湖口驶至姑塘以上，长龙、舢板各船与外江师船隔绝，以致
逆氛顿炽，两次被贼袭营，办理未为得手。曾国藩自出岳州以后，与塔齐布等
协力同心，扫除群丑，此时偶有小挫，尚于大局无损。曾国藩自请严议之处，
着加恩宽免。"

在此，我们不难发现，曾国藩在战场中"长于策略，短于指挥"，也正因为
如此，他的两次亲自指挥均以失败告终，尤其以靖港之败与九江之败最为深刻，
而且两次都差点让他送了命。但是，九江之败是发生在湘军为朝廷立下赫赫战
功，取得了一系列军事胜利之后，因此，它对曾国藩来说影响并不是特别大。
但是，从另一个角度来说，九江之败却破坏了曾国藩夺取南京的计划，而且，
自此之后，曾国藩坐困江西，他的军事生涯也大不如前，这对他可谓是深刻的
教训。

第五章　官场失意

一、明争暗斗

咸丰四年十二月，在取得了许多显赫战绩之后曾国藩在九江城外却惨败于太平军，他投水自杀，却又被人救起，之后率领湘军与太平军在江西展开苦苦的周旋。在咸丰五、六两年中，没有取得任何可以炫耀的战功。而同时，他却因为官场中的明争暗斗而与江西官员结怨极深。

1. 与陈启迈结怨

当时陈启迈是江西巡抚。陈启迈字子皋，他和曾国藩曾一起在翰林院做事。陈启迈曾经做过国史馆总纂、庶常馆提调、江西按察使、直隶和江苏布政使这些官职。湘军进入江西后，虽然缓和了江西的局势，但给江西带来的负担却极为沉重。因为当时湘军水陆两师每月粮饷竟达九万两银子之多，而湘军又不属朝廷正式编制，军饷的来源则全部由地方自筹。此前湘军的粮饷由湖南省供给，但进入江西后，因为交通运输不够便利，许多支出均需江西地方政府供给。陈启迈与曾国藩虽然从关系上来说是同乡，但利益不同。作为江西巡抚的陈启迈，考虑最多的是江西的地方利益，而给湘军提供军饷，会损害到江西的利益。正是由于这一不可避免的原因，曾国藩与陈启迈两人不断产生摩擦，直至达到水火不容的地步。

曾国藩在江西的处境原本就相当尴尬，正如他在湖南官场中的尔虞我诈。但是，毕竟他的家乡在湖南，加上又有左宗棠等一些熟人朋友的大力支持，所以应该还是比较容易的，而江西却不比湖南，人生地不熟的，加上他的湘军又属团练，并非在朝廷的正规军之列，其处境不难想象。正如他在咸丰七年十二月二十一日给曾国荃的信中所说："余前在江西，所以郁郁不得意者：第一不能

干预民事，有剥民之权，无泽民之位，满腹诚心无处施展；第二不能接见官员，凡省中文武官僚晋接有稽，语言有察；第三不能联络绅士，凡绅士与我营款惬，则或因吃醋而获咎（万簇轩是也）。坐是数者，方寸郁郁，无以自伸。"王安定在《湘军记》中也说过这样一些话："曾文正以客军羁江西，外逼石达开、韦昌辉诸剧寇，内与地方官相牴牾，其艰危窘辱，殆非人所堪。"

曾国藩此时所处的艰危的环境以及所受的窘辱，大多都来自陈启迈，具体说来，主要有：曾国藩要在江西重新对水师加以建设，陈启迈却说在江西本省根本没有建设的必要；曾国藩请河南候补知府刘于浔设立船厂，陈启迈一会儿写信说，要求把厂内的若干船只给江西，一会儿又写信说，不再需要那些船了。曾国藩调罗泽南部会攻湖口，陈启迈却把他调来守卫景德镇，旋又调他西往义宁，回头又把他调到湖口去，曾国藩无奈，只好几次都回信答应了他。当时太平军已占领义宁，江西官军去那里增援，被太平军打败。知州叶济英、粮储道邓仁坤请求罗泽南率众援助，却遭到了陈启迈的屡屡禁止。事实上，曾国藩与陈启迈之间冲突的主要内容还是军饷。早在咸丰五年二月，进入江西不久的曾国藩就于二十七日给朝廷上折，提交了《请饬江西酌拨漕折银闽浙各筹协济银解营片》：

> 再，臣等一军，曾经奏请江西、湖南、四川三省劝捐助饷。今贼匪占踞汉口，臣军远隔下游，粮道已断，四川、湖南之饷，不能远解来营，即去岁奏准陕西协饷下欠十二万两，亦不复能解至臣军矣。仅恃江西一省捐项，臣等水陆万余人，殊不足以资接济。相应请旨饬下江西抚臣陈启迈在于四年漕折项下，每月酌拨银两以济臣军。如江北添一支劲兵，臣等准奏川、陕之款即可拨归江北一军应用。惟上游西通川、陕，北通河南，来源尚广，臣军仅取给于江西，来源太隘，势难久支。不揣冒昧，请旨饬下福建督臣王懿德、浙江抚臣何桂清，每月各筹银二万两解赴臣军，俾兵勇口食不匮，免生他虞。臣等不胜迫切待命之至。谨附片具奏请旨。

朝廷于三月十二日对曾国藩的奏折作了明确答复，同意让陈启迈根据事实情况为湘军拨发粮饷：

至曾国藩等所需饷银，已谕闽、浙两省照数筹解，但恐尚需时日，着陈启迈于四年漕折项下每月酌拨银两，以济要需。四川、湖南等处饷银，仍当设法催提，俾资接济。正是初五、初八、二十七等日奏报，所降朱批谕旨，已饬抄寄矣。将此由六百里加紧各谕令知之。"钦此。

但事实上陈启迈对此上谕并没有积极的响应。此事伤透了曾国藩的脑筋，在他的幕僚的建议下，他只好想出了另外一个办法：以盐抵饷。因为食盐当时完全控制在官方的手中，所以如果湘军能弄到一些盐，再转卖给百姓，同样也能为湘军解决粮饷问题提供一定的帮助。于是，咸丰五年四月初一日，曾国藩向朝廷连上了两道奏折，希望朝廷能够同意，以盐抵饷。

然而，曾国藩毕竟不是商人出身，所以他不可能通过做买卖发财。因为有人从中捣乱，曾国藩买来的是被别人掺了假的盐，不但没有赚到钱，反而偷鸡不成蚀把米。在无可奈何的情况下，曾国藩想到手中还有权力可用，因此在自己控制的地方设立厘局，从商人的税金中抽取一部分做粮饷。曾国藩的这一举动并没有得到朝廷的认可，加上设厘局等于是直接损害了地方政府的经济利益，所以他与陈启迈的关系无疑就紧张了许多。据唐浩明的《曾国藩》称：

设卡之处，无不民怨沸腾，懦弱的人虽然气愤也不敢说什么，强者则与厘卡人员争吵、斗殴，还经常干出毁卡杀人的事件。消息传到南昌，陈启迈对此感到非常恼怒：

"江西是我当巡抚而不是他曾国藩！他竟然连招呼也不打就在我的治下办起厘局来，实在是太欺侮人了！"

"姓曾的也太目中无人了。中丞，我们要朝廷来惩罚他。"恽光宸也是心中一团无名业火。

陆元烺的火气比不上陈启迈和恽光宸，但也觉得曾国藩此举未免有些过分。这么大的事，也不和地方衙门打一声招呼，无论如何也都说不过去。他也同意陈、恽的意见，先不把此事告诉曾国藩，先向朝廷告发，待圣旨下来后再来决定将如何做。

而导致曾陈二人关系彻底势不两立的最终原因，则是因为两人对待举人彭寿颐的不同态度。

彭寿颐是万载县举人，接到了朝廷允许各地办团练的命令，他便在县内办团练。但彭寿颐因与县官李岵有着极深的仇怨，李岵便派人捉拿彭寿颐，彭寿颐被逼逃命去了。后在曾国藩幕僚刘蓉的帮助下，彭寿颐谒见了曾国藩。曾国藩在与他长谈后，认为他这个人才实在不可多得，决定给他用武之地，并把此事通报给了陈启迈。陈启迈表面上答应得非常爽快，暗中却叫按察使恽光宸捉拿彭寿颐。至此，曾国藩对陈启迈已经无法再忍耐，便于咸丰五年六月十一日给朝廷的奏折中，参劾了陈启迈：

奏参江西巡抚陈启迈折

奏为江西巡抚陈启迈劣迹较多，恐误大局，恭折奏闻，仰祈圣鉴事。

窃惟东南数省，贼势蔓延，全赖督抚得人，庶几维持补救，转危为安。臣至江西数月，细观陈启迈之居心行事，证以舆论，实恐其贻误江省，并误全局，有不得不缕陈于圣主之前者。

已革总兵赵如胜，系奉旨发往新疆之员。上年奏留江省效用，陈启迈派令管带战船百余号、水勇四千余人、大小炮位七百余尊。十一月初五扎泊吴城镇，一闻贼至，赵如胜首先逃奔，各兵勇纷纷兽散，全军覆没，船只炮械尽为贼有。其实贼匪无多，民间至今相传仅长发九十余人耳。闻风先逃，殊可痛憾。乃陈启迈入奏之词，则曰赵如胜奋不顾身，力战终日，其所失船数百余、炮数七百，并不一一奏明，含糊欺饰，罔恤人言。又派赵如胜防堵饶州等处，正月间败逃三次。贼破饶州，陈启迈含混入奏，不惟不加赵如胜之罪，并其原定新疆罪名，亦曾不议及，始终怙非袒庇，置赏罚纲纪于不问。

已革守备吴锡光，系被和春参劾、奉旨正法之员。吴锡光投奔江西，吁求救全。陈启迈奏留江西效用，倒填月日，谓留用之奏在前，正法之旨在后，多方徇庇，虚报战功，既奏请开脱罪名，又奏保屡次超升，又奏请赏给勇号。吴锡光气质强悍，驾驭而用之，尚不失为偏裨能战之才。至其贪婪好淫，纵兵扰民，在南康时，军中妇女至百余之多；过樵舍时，将市肆抢掠一空，实为远近绅民所同恶。而陈启迈一力袒庇，颠倒是非。正月二十九日，吴锡光纵其麾下贵州勇无故杀死龙泉勇一百八十七名，合省军民为之不平。陈启迈既不奏闻，又不惩办，乃于武宁县囚内取他勇之曾经犯案者，假称贵勇，缚而杀之，以掩众人之耳目。而众人愈积愤于吴锡光，道路以目矣。饶州之贼屯聚于四十里街，三月二十八日，吴锡光攻剿饶州，仅杀贼数十人，此绅庶所共见共闻。而陈启迈张皇入奏，谓克复饶郡，杀贼三千，焚船百余，呈锡光与其子侄，均保奏超升；即素在巡抚署内管帐之胡应奎亦随折保奏。义宁州之陷，实系兴国、崇通等处土匪居多，长发尚少，吴锡光骄矜散漫，仓猝败亡，并非有大股悍贼与之交锋也。乃陈启迈粉饰入奏，则曰鏖战竟日，杀贼千余。吴锡光薪水、口粮，较别营独多，且带勇七百，支领八百人之饷，此陈启迈所面嘱司道总局者。乃入奏则曰，系自备资斧。种种欺饰，实出情理之外。

自军兴以来，各路奏报，饰胜讳败，多有不实不尽之处，久为圣明所洞鉴。然未有如陈启迈之奏报军情，几无一字之不虚者。兹风不改，则九重之上，竟不得知外间之虚实安危，此尤可虑之大者也。

臣等一军，自入江西境以来，于大局则惭愧无补，于江西则不为无功。塔齐布驻九江，防陆路之大股；臣国藩驻南康，防水中之悍贼；罗泽南克复一府两县，保全东路。此军何负于江西，而陈启迈多方掣肘，动以不肯给饷为词。臣军前后所支者，用侍郎黄赞汤炮船捐输银四十余万两、奏准漕折银数万，皆臣军本分应得之饷，并非多支藩库银两。即使尽取之江西库款，凡饷项丝毫，皆天家之饷也，又岂陈启迈所得而私乎？乃陈启迈借此挟制，三次咨文，迭次信函，皆云不肯给饷，以此制人之肘而市己之恩。臣既恐无饷而兵溃，又恐不和而误事，不得不委曲顺从。罗泽南克复广信以后，臣本欲调之折回饶州、都昌，以便与水师会攻湖口。陈启迈则调之防景德镇，又调之保护省城，臣均已曲从之矣。旋又调之西剿义宁，臣方复函允从，而陈启迈忽有调往湖口之信；臣又复函允从，陈启迈忽有仍调往义宁之信。朝令夕更，反复无常，虽欲迁就曲从而有所不能。

二月间，臣与陈启迈面商江西亦须重办水师，造船数十号，招勇千余人，以固本省鄱湖之门户，以作楚军后路之声援，庶与该抚正月之奏案相符。陈启迈深以为然，与臣会衔札委南河候补知府刘于淳董其事。业已兴工造办，忽接陈启迈咨称，江西本省毋庸设立水师，停止造船等因。臣既顺而从之矣，因另札刘于淳在市汉设立船厂，专供臣军之用。忽又接陈启迈咨称，欲取厂内船只，交吴锡光新募之水军；

又饬令厂内续造十五号。船厂委员亦遵从之矣。迨船既造成，陈启迈又批饬不复需用。倏要船倏不要船，倏立水军倏不立水军，无三日不改之号令，无前后相符之咨札。不特臣办军务难与共事，即为属员者亦纷然无所适从。

数年以来，皇上谕旨谆谆，饬各省举行团练，类皆有虚名而鲜实效。臣所见者，惟湖南之平江县、江西之义宁州办团各有成效，两省奏牍亦常言之。以本地之捐款练本地之壮丁，屡与粤贼接仗，歼毙匪党甚多，故该二州县为贼所深恨，亦为贼所甚畏也。去年义宁州屡获胜仗，捐款甚巨，事后论功，陈启迈开单保奏，出力者不得保，捐资者不得保，所保者，多各署官亲幕友。陈启迈署中幕友陈心斋，亦得保升知县。义宁州绅民怨声沸腾，在省城张贴揭贴，谓保举不公，团练解体；贼若再来，该州民断不捐钱，亦不堵贼等语。陈启迈不知悛悔，悍然罔顾。迨四月间贼匪攻围州城，该州牧叶济英迭次禀请救援，陈启迈亦不拨兵往救。困守二十余日，州城果陷，逆匪素恨团练，杀戮至数万之多，百姓皆切齿于巡抚保举之不公，致团散而罹此惨祸也。

去年四月，塔齐布在湘潭大战获胜，余贼由靖港下窜岳州，其败残零匪由醴陵窜至江西，萍乡、万载等县并皆失守。万载县知县李峙弃城逃走，乡民彭才三等或以马送贼，或以米馈贼，冀得免其劫掠。贼过之后，举人彭寿颐倡首团练，纠集六区合为一团，刊刻条规，呈明县令李峙批准照办。乃彭才三愚而多诈，谓馈贼可以免祸，谓练团反以忤贼，抗不入团，亦不捐资，遂将团局搅散，反诬告彭寿颐一家豺狼，恐酿逆案等语。县令李峙受彭才三之贿，亦袒庇彭才三而诬陷彭寿颐，朦混通禀。该举人彭寿颐恨己以刚正而遭诬，以办团而获咎，遂发愤讦告李峙弃城逃走、彭才三馈贼阻团，控诉各衙门。袁州府知府绍德，深以彭寿颐之练团为是，彭才三之馈贼为非，严批将李峙申饬。巡抚陈启迈批词含糊，不剖是非，兴讼半年，案悬未结。今年正月，臣至江西省城，彭寿颐前来告状。臣以军务重大，不暇兼理词讼，置不批发；而观其所刊团练章程，条理精密，切实可行，传见其人，才识卓越，慷慨有杀贼之志。因与陈启迈面商，言彭寿颐之才可用，其讼事无关紧要，拟即带至军营效用。两次咨商，陈启迈坚僻不悟。不特不为彭寿颐伸理冤屈，反以其办团为咎；不特以其办团为咎，又欲消弭县令弃城逃走之案，而坐彭寿颐以诬告之罪，颠倒黑白，令人发指。自粤匪肆逆，所过残破，府县城池，动辄沦陷，守土官不能申明大义，与城存亡，按律治罪，原无可宽。各省督抚因失守地方太多，通融办理，宽减处分，亦常邀谕旨允准。即以本年江西而论，饶州、广信两府失守，鄱阳、兴安等县失守，陈启迈通融入奏，宽减府县各守令之处分，均蒙谕旨允准。此系一时权宜之计，朝廷法外之仁，并非谓守土者无以身殉城之责也。该县令李峋弃城逃走，陈启迈能奏参治罪，固属正办；即欲宽减其处分，亦未始不可通融入奏。乃存一见好属员之心，多方徇庇，反欲坐彭寿颐诬告之罪，此则纪纲大坏，臣国藩所为反复思之而不能平也。

乡民劫于粤匪之凶威，或不敢剃发，或不敢练团，或馈送财物，求免掳掠，名曰纳贡，此亦各省各乡所常有。其甘心从贼者，重办可也；其愚懦无知者，轻办可也，不办亦可也。彭才三以财物馈贼，既经告发，陈启迈自应酌量惩治，何得反坐彭寿颐以诬告之罪，使奸民得志，烈士灰心。顷于五月二十九日，陈启迈饬令臬司恽光宸严讯，勒令举人彭寿颐出具诬告悔结。该举人不从，严加刑责，酷暑入狱，百端凌虐，并将褫革参办。在陈启迈之心，不过为属员李峋免失守之处分耳。至于酿成冤狱，刑虐绅士，大拂舆情，即陈启迈之初意，亦不自知其至此。臬司恽光宸不问事之曲直，横责办团之缙绅，以伺奉上司之喜怒，亦属诐媚无耻。方今贼气犹炽，全赖团练一法，以绅辅官，以民杀贼，庶可佐兵之不足。今义宁之团既以保举不公而毁之，万载之团又以讼狱颠倒而毁之，江西团练安得再有起色。至于残破府县，纵不能督办团练，亦须有守令莅任，以抚恤难民而清查土匪。乃臣驻扎南康两月，陈启迈并不派员来城署理南康府、县之任，斯亦纪纲废弛之一端也。

臣与陈启迈同乡、同年、同官翰林，向无嫌隙，在京师时见其供职勤慎，自共事数月，观其颠倒错谬，迥改平日之常度，以致军务纷乱，物论沸腾，实非微臣意料之所及。目下东南贼势，江西、湖南最为吃重，封疆大吏，关系非轻。臣既确有所见，深恐贻误全局，不敢不琐叙诸事，渎陈于圣主之前，伏惟宸衷独断，权衡至当，非臣下所敢妄测。所有江西巡抚臣陈启迈劣迹较多，恐误大局缘由，恭折缕晰

具奏，伏乞皇上圣鉴，训示施行。谨奏。

到了七月初二日，朝廷专门就曾国藩的奏折下了谕旨，决定将陈启迈革职。

曾国藩参劾陈启迈一事，虽然其结果是胜利的，但是他却没有过久地享受此事带给他的喜悦。因为他在此后的江西官场更难活动，处处受到掣肘。而咸丰七年二月曾国藩得知父亲去世，不待朝廷恩准，便为了奔丧而离开队伍回家了，这也正是因为他与江西官场格格不入。应该说，这时的曾国藩还是不很精通为官之道的，尤其是比起后期官场中的他，所用的手段也太过简单。

2. 南昌城死里逃生

湘军自九江之败后，便将九江的防卫撤了去，回护南昌。于咸丰六年正月初二日，太平军大举进攻樟树镇，刘于浔水师把他们击退了。周凤山从新淦赶回来增援樟树镇，在瓦山遇到了太平军，并将太平军打败。初七日，彭玉麟在樟树镇大败太平军。

二月初八、九日，曾国藩听说石达开由吉安回到了临江，带领着几千名太平军，二百多艘战船，屯踞在永泰一带。十一、十二日又打听到，太平军欲由沙湖渡到东岸，兵分三路来袭击清军。永泰、沙湖距离樟树镇都只有三四十里，易进难退。这个地方东面挨着荷湖大桥，前面的新淦县又是太平军的据点，又可由小路绕到丰城，来袭击清军的后路。曾国藩探听到在横梁、荷湖两边，各有三四千名太平军驻守。到了十三日，太平军到樟镇堤上、河边，分两路探听清军的动向。彭玉麟率水兵，击退了河边的太平军。陆军赶到后，又击退了堤上的陆军。十四日卯刻，曾国藩派四成的军队驻扎在大桥上，以防守荷湖的太平军。并派水师战船驻扎在临江的河口，以防止贼船下窜，影响大本营的安全。周凤山亲自率领五营的陆军并让水师进军横梁。黎明时分，清军行过樟镇数里，到达了狗颈堤，在那里见太平军兵分四路，有五千多人。一路驻扎在河桥，一路驻扎在堤左，两路驻扎在河边沙洲，严阵以待。周凤山急忙调来大桥上的士兵，迎击左路，然后亲自率领军队，去堵击桥上的那路太平军。彭玉麟见没有太平军的战船出得河来，便考虑到河边的那路太平军可能会包抄堤上，使陆军腹背受敌，便命令水师登岸一同来剿灭太平军，一时间炮火连天。都司毕金科、李新华各自带着士兵，袭击了沙洲里面的两路太平军。太平军合为一路，奋勇激战，所以虽清军多次进攻仍僵持不下，最终清军大胜。

十六日，石达开率领十万大军占据了横梁、香溪一带。周凤山听说了太平军全面进攻的消息，便想命令各营军马同心协力迎击。十七日辰刻，命令水师分路迎击。行过樟镇时，见到了三千多名太平军由狗颈堤进入香溪。西路各营军马奋力拼杀，杀死一百多名太平军，夺获了多件器械、旗帜。堤上、河边仍有两路太平军，彭玉麟命令水师击退了他们，杀死多名太平军。清兵陆军进逼香溪时，突然与太平军的大队人马遭遇。香溪地势宽敞，东有山坡，太平军分四队占据在那里。都司滕国献、周歧山带领士兵从右面冲击过来，败退了太平军。清军正在追杀，从山的左边突然窜出一股太平军。因为守备岳炳荣、千总黄玉芳等不能与之抵抗，滕国献等便率领右路的军队回到队里，极力堵截太平军。不料大股的太平军从后面蜂拥而来，双方相持了很长时间，伤亡很多。

　　十八日，樟树镇被石达开率领的太平军包围，周凤山把部队分为几股，从不同方向抵御太平军的进攻，但因太平军有着强大的兵力，湘军很快便被分割为几部分，首尾不能相顾，短短时间内，死伤达上千人之多。周凤山一看大势不好，便领着溃兵一路撤退到了南昌城里。

　　周凤山樟树镇大败，南昌城顿时失去了屏障，太平军便长驱直入，南昌城迅速被五万人马团团围住。

　　曾国藩于樟树镇败后也离开南康，奔赴南昌，与当时的江西巡抚文巡一起商讨如何做好南昌城的防卫工作。

　　当时的南昌城形势非常危急，因城内只有五千多名士兵把守，而围兵却有五万人之多。因此，南昌城内人心惶惶，奔走逃跑的人乱作一团，甚至有人被践踏致死。曾国藩一面指挥城内军队死守，一面派人快马加鞭，命令调遣鲍超、李元度火速来南昌救援。连日来，太平军不断发射火箭、炮子攻击南昌城，又四处挖地洞，绑云梯，凌厉的攻势锐不可当。李元度、鲍超的陆勇和李孟群的水师被堵在包围圈外，根本无法增援南昌城。曾国藩每天登上城楼，看城外旌旗飘扬的太平军队伍人山人海，真是感到胆战心惊。然而，就在他抵御了几天已经感到绝望后，一个早晨，一觉醒来，手下人带来了一个令人振奋的消息：围攻南昌的太平军已经撤退了，原有的五万名太平军竟一个不剩！原来，太平军围攻南昌时，南京遭到了向荣率领的江南大营的攻击，洪秀全为求稳妥，就命石达开回护南京，于是，南昌的形势才能有所好转。

　　樟树镇大败，与曾国藩关系重大，因为当时是曾国藩命令周凤山对樟树镇严加把守，阻止石达开。但曾国藩不敢承担责任，他将这次失误的责任归给了周凤山。而且，攻下樟树镇后，速攻临江是不是一个正确的决策还有待于进一

步证实。曾国藩在咸丰六年的三月初一写给咸丰帝一封奏折，即《周凤山陆军在樟树镇胜败情形折》，在这个奏折中，他极力掩盖了自己的过失。

好在咸丰帝并没有受到曾国藩的蒙蔽，在上谕中明确指出此次失误的责任在于曾国藩，并打算对他进行惩处：

> 曾国藩、文俊奏樟树镇接仗情形，请将各员弁分别革职、留营、议恤，并自请议处一摺。广东罗定协副将周凤山于克复樟树镇后，不乘贼匪未集，速攻临江，乃敢迁延瞻顾，致该逆大股麇至，抄袭官军后路。虽经两次大胜，旋有挫失，实难辞咎。守备岳炳荣、守备衔千总黄玉芳接应不力，亦属咎有应得。周凤山、岳炳荣均着即行革职，黄玉芳着革去守备衔。周凤山、黄玉芳仍着留于军营，以观后效。倘再不知愧奋，即着严参惩办。曾国藩调度失宜，着交部议处。所有阵亡之前任湖南知县马丕庆，着开复原官，照知县例从优议恤。云南候选训导林长春、湖南候选府经历李清华，均着交部从优议恤。钦此。

曾国藩从南昌死里逃生后，因为太平军的军事力量愈来愈强大，他在江西根本没有立下任何战功，因此对于朝廷的指责和各方的压力，他也无话可说。

二、丧失至亲

1. 为父戴孝

在曾国藩一生中，给予他最深刻的教训的，则是咸丰七年二月至咸丰八年五月的这一段时间。这段日子，奔父丧在家的曾国藩似乎已经被朝廷彻底遗忘了；他一手建立起来的湘军却被别人领导着；他手下的湘军将领的官位也都越做越大，银子越赚越多；……而此时的曾国藩，朝廷给他的头衔却依然是在藉侍郎。

咸丰七年正月初五日，吴坤修攻克奉新县。毕金科战死在景德镇。十七日，曾国藩赴瑞州视察军队。

二月初四日，公父竹亭封翁薨于里第。十一日讣至营。公与弟国华自瑞州奔丧，公弟国荃自吉安奔丧，并奏陈丁忧回籍情形。荐杨载福、彭玉麟接统水师。湖南巡抚骆秉章亦代奏丁艰日期。〈奉〉上谕："该侍郎现在江西督师，军务正当吃紧，古人墨绖从戎，原可夺情，不令回籍。惟念该侍郎素性拘谨，前因母丧未终授以官职，具折力辞。今丁父忧，若不令其奔丧回籍，非所以遂其孝思。曾国藩着赏给三个月回籍治丧，并赏银四百两，由湖南藩库给发，俾经理丧事。〈俟假期满后再赴江西督办军务，以示体恤。钦此。"〉〈三月，奉上谕："曾国藩奏丁忧回籍，请派员督办军务一摺，业经降旨赏假三个月回籍治丧。〉所有曾国藩前带水师兵勇，着派提督衔、湖北郧阳镇总兵杨载福就近统带，广东惠潮嘉道彭玉麟协同调度；所需兵饷，并着官文、胡林翼、文俊源源接济，毋使缺乏。该侍郎假满后着仍遵前旨，即赴江西督办军务，以资统率。"

四月，曾国藩奏假期将满，葬事未毕，吁准在籍终制。〈奉〉上谕：〈"曾国藩奏沥情恳请终制一折，据称假期将满，葬事未毕，吁请在籍终制。〉曾国藩本以母忧守制在籍，奉谕帮办团练，当贼氛肆扰皖、鄂，即能统带湖南船勇，墨绖从戎，数岁以来，战功卓著，忠诚耿耿，朝野皆知。伊父曾麟书因闻水师偶挫，又令伊子曾国华等带勇远来援应，尤属一门忠义，朕心实深嘉尚。今该侍郎以假期将满陈情终制，并援上年贾桢奏请终制蒙允之例。览其情词恳切，原属人子不得已之苦心。惟现在江西军务未竣，该侍郎所带楚军素听指挥，当兹剿贼吃紧，亟应假满回营，力图报效。曾国藩身膺督兵重任，更非贾桢可比，着仍遵前旨，假满后即赴江西督办军务，并署理兵部侍郎，以资统率。俟九江克复，江南肃清，朕必赏假，令其回籍营葬，俾得忠孝两全，毫无遗憾。该侍郎殚心事主，即以善承伊父教忠报国之诚，当为天下后世所共谅也。"

五月，葬竹亭封翁。李续宾连破贼于九江。

闰五月，胡林翼督师黄州。

六月，公疏请开兵部侍郎署缺，仍沥请终制。〈奉〉上谕："曾国藩以督兵大员正当江西吃紧之时，原不应遽请息肩，惟据一再陈请，情词恳切，朕素知该侍郎并非畏难苟安之人。着照所请，准其先开兵部侍郎之缺，暂行在籍守制。江西如有缓急，即行前赴军营，以资督率。此外，各路军营设有需才之处，经朕特旨派出，该侍郎不得再行渎请，致辜委任。"

八月，王鑫卒于乐安军。给事中李鹤年奏言："曾国藩自丁父忧后，迭蒙赐金给假，褒奖慰留。此后墨绖从戎，宜为天下所共谅，岂容以终制为守经，再三渎请？请饬仍赴江西及时图报。"上以疏示公。谕曰："军务夺情，原属不得已之举，朕非必欲该侍郎即入仕途，然如该给事中所奏，亦可见移孝作忠，经权并用，公论自在人心。现在江西军务有杨载福统带，虽无须曾国藩前往，而湖南本籍逼近黔、粤，贼氛未息，团练筹防均关紧要。该侍郎负一乡重望，自当极力图维，急思报称为要。所有李鹤年原折，着钞给阅看。"钦此。

九月初九日，杨载福、彭玉麟、李续宾会克湖口县。二十二日，杨载福克彭泽县，遂克望江、东流、铜陵三县。公复奏："两奏谕旨。江西军务办理得手，自可无庸前往；湖南全省肃清，臣仍当在籍终制。"奉朱批："江西军务渐有起色，即楚南亦就肃清，汝可暂守礼庐，仍应候旨。大臣出处，以国事为重，抒忠即为全孝。所云惧清议之訾，犹觉过于拘执也。"

湖北巡抚胡林翼奏请起复水师统将，以一事权。〈奉〉上谕："曾国藩丁忧后，奏派杨载福总统内湖外江水师，彭麟协同办理。业圣明降谕皆，允其所请。朕因该侍郎恳请终剩，情词恳切，且江西军务渐有起色，是以令其暂守礼庐也。"

江西巡抚耆龄奏请起复公弟国荃治军吉安。奉旨敦促。先是，国荃奔丧回籍，所部吉字营勇交文翼、陈湜统带。五月，石达开大股援吉安，王鑫击走之。七月，王鑫破贼于广昌。乐安贼回窜吉安，周凤山败绩，惟文翼、陈湜统带吉安全军退守安福。于是王鑫、刘腾鸿相继沦丧，湘军连失健将。巡抚耆龄奏派公弟国荃为总统。公念国事方艰，勉弟速行。

十月，国荃抵安福，进兵薄吉安城。

十一月，翼王石达开由饶、抚疾趋吉安，众号数十万。国荃迎击于吉水县之三曲滩，大破之。城围遂合。

十二月，萧启江、刘坤一克临江府。年终恩赏如例。

咸丰八年。正月二十九日，萧启江、刘坤一克新淦县。

二月，公在籍行小祥礼。弟国华降期服阕。十五日，张运兰、王开化克乐安县。

三月，公弟国华出赞李续宾军事于九江。张运兰、王开化收复宜黄、南丰二县。刘坤一等克崇仁县。

四月初七日，李续宾、杨载福会克九江府。伪贞天侯林启荣伏诛。二十日，萧启江、刘坤一克抚州府。公弟国荃克吉水、万安二县。李续宾克麻城县，遂克黄安县。张运兰、王开化克建昌府。贼窜入浙江境。

五月，〈奉〉上谕："前因江西贼匪窜入浙江，恐周天受资望较浅，未能统率众军，复谕和春前往督办。和春现在患疾未瘥，刻难就道。东南大局攸关，必须声威素著之大员督办各军，方能措置裕如。曾国藩开缺回籍，计将服阕。现在江西抚、建均经克复，止余吉安一府，有曾国荃、刘腾鹤等兵勇足敷剿办。前谕耆龄饬令萧启江、张运兰、王开化等驰援浙江。该员等皆系曾国藩旧部，所带兵勇得曾国藩调遣，可期得力。本日已明降谕旨，令曾国藩驰驿前往浙江办理军务。着骆秉章即传旨，令该侍郎迅赴江西，督率萧启江等星驰赴浙，与周天受等力图扫荡。该侍郎前此墨经从戎，不辞劳瘁，朕所深悉。现当浙省军务吃紧之时，谅能仰体朕意，毋负委任。"

2. 胞弟殉难

咸丰七年二月，曾国藩听到父亲曾竹亭已撒手西去的消息，回到家里为父奔丧，在此之后，在家里待了整整将近两年的时间。直到咸丰八年六月，他才重新受到朝廷的起用，统领分散在各地的各路湘军的散兵游勇。然而，正当曾国藩胸怀重振事业的远大理想，怀着对朝廷感恩戴德的心情重返战场时，等待他的却是全军覆没的灭顶之灾，即三河之败。

咸丰八年八月，太平军在李秀成、陈玉成的率领下对江北大营进行了集中的攻击，因此，此举势必削弱了安徽各地的太平军力量。当时曾国藩的方略是把攻下安庆当作首要目标，然后向南京挺进。李续宾、曾国华率领六千精锐湘军前往安庆，这支一直被誉为所向无敌、一直立于不败之地的军队在八月间也确实立下了不少战功，在太平军集中兵力于江北大营的时候，它借助机会接连攻下了太湖、潜山、桐城、舒城等县，这些地方都在庐州附近。庐州是清政府在安徽的临时省垣，咸丰八年六月太平军曾攻下此地，朝廷几次下令当时的安徽巡抚将庐州夺回，但却一直都没有成功。因此，这时李续宾、曾国华就只能选择两种方案：一是按既定方针，到安庆会合所有湘军；一是乘势攻下庐州，从而了却朝廷的一桩心愿，以邀功请赏。但若攻打庐州，势必应该在短时间内完成，因为李秀成、陈玉成所率的十几万太平军就驻扎在庐州附近，如果他们二人带兵回来增援，不过三五日的路程。因此，这一仗打得还是非常冒险的。但李续宾、曾国华两人此刻却顾不得那么多了。

咸丰八年十月，李续宾、曾国华率军来到金牛镇，此地就在三河镇外。三河镇是太平天国的一个粮草基地，对太平军有着极为重要的意义，它的前面是界河、马栅河，后面是巢湖，金牛岭居左，白石山居右，三河镇与外界的联系仅有一条大道，因此，它的地形同一个酒葫芦非常相似。此种地势在军事上易于把守，却难以攻克。为了保险起见，太平军还筑了九个坚固的堡垒在镇外防守。

从金牛镇到三河镇只有不到四十里地的距离，因此，李续宾、曾国华率队在短短时间内便赶到了三河镇外，经过几天的战斗，便将太平军的九个堡垒全数攻破。正当三河镇眼看就要被湘军拿下时，局势却突然发生了变化，李秀成、陈玉成亲率十二万太平军赶到三河镇增援那里的太平军，将湘军团团包围。自半夜至第二天中午，仅用半天时间，太平军便在三河镇消灭了将近六千多湘军，连李续宾、曾国华也都身死沙场。

湘军三河镇之败，使清政府感到异常震惊。当时的湖北巡抚胡林翼说："三河溃败之后，元气尽伤；四年纠合之精锐，覆于一旦。"在十一月十二日，曾国藩也给家里写信说："方意□（指曾国华）与迪庵相处所依得人，必得各位俱进，不料遭祸如是之惨！迪庵一军，所向无前，立于不败之地。不特余以为然，即数省官绅军民，人人皆以为然。此次大变，迪庵与温弟皆不得收遗骨，伤心曷极！"由此我们可以看出，曾国藩对此次战败和痛失两名爱将感到多么伤心和悲痛！

直到咸丰九年正月，曾国藩向朝廷发出奏折，向朝廷阐明了李续宾和曾国华死难之事的具体情况，它们分别是《李续宾死事甚烈功绩最多折》和《曾国华殉难三河镇折》，向咸丰皇帝具体汇报了三河镇之役的具体经过和李、曾二人死难之事。

曾国华殉难三河镇折

奏为臣弟曾国华殉难三河镇，恭折奏祈圣鉴事。

窃臣自上年十月，闻皖北三河镇之败，即知臣弟曾国华同时殉难。因道路遥远，传闻鲜据，专丁函询李续宜及都兴阿、鲍超等处，又派人至舒城附近查访。旋接各路先后函禀：三河营垒于十月初十日被围。是夜二更，李续宾怒马赴敌，死之。臣弟曾国华与李续宾儿女姻亲，又谋人之军，义不可以独生，亦冲骑赴贼中，死之。同幕诸客，如何忠骏、何裕、王揆一、李续艺、吴立蓉、万斛源等，同时并殉。惟孙守信复坚守两日，至十三夜，乃从容就义等情。

溯查咸丰五年十月，翼贼石达开率众由湖北通城窜入江西，勾结广东匪徒周培春等，自湖南茶陵州窜入，与石逆会于新昌县，连陷瑞、临、袁州三府。六年春，又陷吉安、抚、建三府。臣所部诸军罗泽南既先赴湖北，周凤山又败于樟树镇。臣不得已，率水师入援省城，而令李元度陆军进攻抚州。维时人心震惊，道路梗阻，楚军不得通乡书，因募死士，蜡丸隐语，回楚乞救。贼亦悬赏，购奸民捕杀。湖南致书者，无一幸免。臣几有发发坐困之势。臣弟曾国华驰赴武昌，乞师以救江西。经湖南抚臣胡林翼奏委国华统领普承尧、吴坤修、刘腾鸿各军赴援。遂由咸宁、蒲圻沿途迎剿，取道万载，攻克新昌、上高。两月之间，连复六县，遂围瑞州。由是江西、湖北始通音问。而国华积劳致疾，就医南昌。与臣握手相见，悲喜交集。盖以新募之众，千里来援，节节攻打，摧江西十余万之贼，鏖战于酷暑烈日之中，艰险备尝，仍有此兄弟会晤之一日也。病痊，仍回瑞州督剿。七年正月，臣赴瑞州，与国华定计合围，掘长濠三十里，断贼接济。二月丁父忧，兄弟奔丧回籍。厥后瑞城克复，尚未变国华原定之规模。

臣叔父曾骥云无子，以国华为嗣。八年二月，降服期满。四月，李续宾调赴湖北，奏明留营帮办。相与讲求戎政，晨夕商酌。国华性好读史，颇怀大志。于古人艰危之境，反复推究其得失。平昔持论过高，臣恒诫之。近日议论军事，渐归于精细稳实，与李续宾兄弟意见多合。十月初九日，犹以家书寄臣，称援贼麇至，各营意欲退保，国华与主帅坚持不退。二人谋合，必不为众说所摇等语。岂料其发信之次日，即为效命之秋；而其坚持不摇之计，即为全军并殉之机也。七年五月间，钦奉恩谕"有曾国华带勇援应，一门忠义，实深嘉尚"之褒。跪读之下，感激涕零。今幸临危不苟，仰副圣慈，捐糜以报生成之德，在门户亦足增荣。子弟得附忠义之林，在臣心更复何恨！特以臣叔父年齿日高，倚闾望切，孤侄曾纪寿幼稚何依？臣六载军中，愆尤业集，即手足私爱，亦觉愧负良多。建昌去舒城千有余里，兵力不能遽及。山川间隔，日月寝淹，骸骨未收，遗恨难雪。追思昔年，若无国华援救，臣无以至今日，臣军无以图幸全，即江西亦无以转危为安。悯念微劳，不忍不渎陈于圣主之前。至于例得恤典，应由湖北督臣、抚臣汇案具奏，臣不敢妄为乞恩。伏祈皇上圣鉴，训示施行。谨奏。

咸丰帝对曾国华之死给予极高的褒奖。然而，有意思的是，关于曾国华之死的说法不一，还有人认为曾国华并非死于三河之战中。而是于战后一个月趁着夜深偷偷回到了曾国藩那里。此事真是把曾国藩难倒了，因为咸丰帝已赐予"一门忠义"的匾额给曾家，对曾家给予了很高的褒奖，若此时咸丰帝知道曾国华尚在人世，那可就犯了欺君犯上的大罪了。因此曾国藩经过一番深思熟虑，决定向世人隐瞒曾国华还活着的事实，而把曾国华送去一所道观让他做了道士。在唐浩明的《曾国藩》里就有此说法：

> 这天半夜，曾国藩在灯下再次修改《母弟温甫哀词》，这原本是他近几天才写成的。他哀悯六弟虽然才华满腹，却没有成就一番功名，正要凭借军功出人头地之时，却又在战斗中不幸身死沙场，真可谓际遇坎坷，多灾多难。又怜悯叔父已是风烛残年之人。叔父因无子才将六弟过继了去，谁料继子年纪轻轻却死掉了，老而丧子，是人生的大不幸；继而又怜悯失去了父爱的亲侄子。小小年纪，永失父爱，心灵要承受多大的痛苦！作为大伯，曾国藩做出一个决定，今后将由自己对侄子抚养教育，让他如同纪泽、纪鸿一样生活在慈爱温暖的环境，长大成人，以使叔父一房后继有人。曾国藩就这样边想边改，时常停下笔来，凝神思考，望着跳跃着的烛火呆呆地想自己的心事。
>
> "大哥，快开门！"急促的声音把曾国藩从自己的沉思中唤了出来。这个在外面喊的人便是贞干。
>
> 曾国藩打开门，贞干带着一个人一闪身，进了屋子。
>
> "大哥，你看来的人是谁？"曾国葆有意轻声地说，但却抑制不住语气中的兴奋之情。
>
> 借着昏暗的烛光，曾国藩见到一个衣衫破损、面容憔悴的人站在自己面前。看着看着，他不觉吓了一跳：这不是自己刻骨思念的六弟温甫，还会是谁？他不敢相信，温甫已经有一个多月都不见人影了，宾字营、华字营全军覆没，统领李续宾也在战斗中身亡，高级将领没有一个活着回来的人，全军副统领、华字营营官怎么会在今天晚上出现在他面前？曾国藩拿起蜡烛，向那人走去。他把烛火举高，在火光的照耀下，仔细地盯着他看。不错，这人是他的胞弟曾国华，那简直是千真万确的！

"你是温甫?"尽管这样,他仍然不敢相信自己的眼睛。

"大哥,是我呀!"曾国华面对叫出他名字的大哥,不禁悲喜交集,双手抱着大哥的肩膀,流下了大把大把的眼泪。

千真万确是自己的亲兄弟,他还没有死,他还活着!一刹那间,曾国藩便被一种巨大的喜悦包围了:六弟没有死!叔父可以不再为丧子而悲痛,侄儿也不用担心失去父亲了,这真是曾氏一门中值得庆贺的一件事!

"快坐,快坐下,温甫,都是为兄的害苦了你。"

曾国藩双手扶着弟弟坐下,泪水润湿了眼睛。死里逃生的曾国华见到手足情深的大哥,心里充满了无比的感动:"大哥,这一个多月来,我想死了你和老满!"

"我们也很想念你!"曾国藩的话语之中充满了真诚,并亲手把一杯热茶递给弟弟,又转脸问满弟,"贞干,你是在什么地方发现温甫的?"

曾国葆高兴地回答:"就在今天傍晚,我从镇上回营,从一座作废的砖窑那里路过,忽然听见有人轻轻地叫我的名字。进去一看,才发现是六哥。我又惊又喜。六哥当即说他想见见大哥,我说现在不能去,夜深的时候我们再一起去。"

"做得对。"曾国藩甚是满意老成的满弟,他转问六弟,"温甫,三河之战都过了一个多月时间了,你为何这时才露面,全家人都着急着呢,都以为你死了。你这一个多月来是怎么过的?"

"那天半夜,大雾弥漫,长毛前来窃营,我寡不敌众,正打算为国捐躯,突然被一长毛从背后打掉手中的刀,于是他们就把我活捉了。"曾国华不敢告诉大哥他是在寡妇家里被抓的,于是就用谎言敷衍他。"长毛不知我是谁,把我关进一家农户的厨房里,又赶忙去抓别人了,不再管我。我靠着磨盘上下用力擦,于是绳子就被我擦断,我偷偷地逃出了农户家的厨房。沿途到处打听大哥的地址,才知道大哥在江西建昌府,就径直向这里奔来,途中我却又一不小心生了病。就这样边走边停,一个多月的时间就过去了。"这几句倒是实情。他说罢,一口气喝干了手里的茶,那样子,的确是像久病饥渴的人。曾国藩听完六弟的叙说,心里感到十分凄惨。

"温甫，你们的进攻目标怎么成了庐州呢？要知道你们与春霆进攻的目标应该是安庆的啊。"给六弟添了一杯茶后，曾国藩不仅说出了心中的疑问。

"大哥，错全在我，迪庵也是认为我们应该南下围攻安庆，我想打下庐州后再南下。"温甫对于自己的过错并不忌讳，使曾国藩感到六弟有着坦诚的心胸。

"打三河一事，军中难道没有人看法不同吗？"一向留心人才的曾国藩，想借此机会能使一些人才脱颖而出。

"那倒没有，倒是有一个来三河作客的读书人闯进军营向我进谏，说不能打三河，打庐才是上乘之策。"

"这人叫什么名字？"曾国藩问道，他的心中闪过一丝惊喜。

"此人自称赵烈文，字惠甫，江苏阳湖人，是个居住在全椒、大约二十三岁的青年。"

"难得，难得。"曾国藩不由自主地轻轻拍打着桌面，发出了自己的感慨，说得曾国华不免感到一阵脸红，大声叫着："大哥，你让我回湘乡去吧，我要到那里招募五千名勇丁，我曾国华若不报此仇，我就白在世间走了一遭！"

"小声点！"曾国藩大吃一惊，忙挥手制止。六弟这句话说得可谓是气概雄壮，不仅没有引来大哥的赞赏，反而削弱了双方的浓烈亲情，一股恼怒之气从曾国藩的胸中升起：正是因为曾国华没有遵守原定的打仗方案，所以才会惨败于太平军。精锐被消灭，进军皖中的大计也无法实施，前途困难重重，曾国藩是全军统领，他所承受的压力之大可想而知！他真想把六弟大骂一顿，或者给他两个嘴巴子，以发泄心头的这股郁闷之气。但他不可能这么做，他只能呆滞地望着温甫，什么话也不说。曾国华见大哥并不理会他所说的话，又再说了一遍："大哥，过几天我就回湘乡招勇，你看这个主意如何？"

"温甫，你太让我失望了！"望了很久之后，曾国藩终于忍不住说出了这样一句话。

"大哥，我无颜面对你、迪庵和死去的兄弟们，我有罪，罪孽深重。可是只有让我重上战场，我才能赎回自己的罪过呀！"曾国华终于说出了自己的心声。他深知自己所犯的过失之大，大哥的这句轻轻的责备对他来说根本算不了什么，他倒是希望被狠狠地杖责一百棍。

"唉！"曾国藩无奈地叹气道，六弟的痛悔使他心中的怨怒减轻了一些；一股怜悯之情油然而生。温甫他也是不了解自己现在所处的处境！他怎可能在大家面前出现？全军覆没，惟独自己的弟弟、负有直接责任的副统领生还，这样的事情曾国藩是解释不清的，皇帝那边他该怎么办呢？没有温甫的阵亡，哪来"一门忠义"的褒奖！温甫虽在进军皖中这一事件中没有取得胜利，却又为曾氏家族挣来了天家的旷代隆恩。带兵打仗的曾国藩，是多么需要这种荣耀的身份来抵御来自各方的猜忌啊！它的作用是温甫招募五千湘勇所比不了的！当然他还要保全这个意外生还的弟弟，既要不负圣恩，又不能让他从世界上消失，曾国藩的脑子在苦苦地盘算着。

看到大哥一言不发，曾国葆劝六哥："先不要着急，你现在身体很差，要你现在带兵是不可能的，回家休息两三个月后再说。"

"不！"曾国华蓦地站起来，再一次请求大哥的应允，"大哥，你就答应我吧！"

曾国藩的脸上现出了一丝苦笑，将桌上那页《母弟温甫哀词》文稿给曾国华看："温甫，可惜你早在一个多月前便在三河镇之战中阵亡了。"

曾国华接过哀词，看了一眼，就把它给撕碎了，笑着说："那都是谣言，我不是好好地在这里吗？"

"不，你早死了。"曾国藩把这句话重复了一次。曾国华看着大哥那张变得严峻冷酷的脸孔，顿时明白兄长的话应该不是开玩笑的，他的心就一下子凉了，一股莫名的恐惧从心中升起。

"大哥，你怎么能这么说呢？我没有死，没有死呀！"曾国华喊得异常凄惨。

"不要喊！"曾国藩用威严的口气制止了他，口气中明显地含着鄙夷，曾国华马上就把嘴闭上了。

"哀词你撕掉了倒还无所谓，皇上的谕旨可是已经不能再改了。"曾国藩从柜子里将内阁转抄的上谕找出来。曾国华一看，顿时变了脸色。

"三河战败之后，我们很快就找到了迪庵的遗体，我等你等了二十多天，却没有接到任何关于你的消息，派人查访也未找到，所以我们才以为你们已全军覆没。你身为迪庵的副手，也只有战死沙场，这样才是合情合理的。我因此上奏皇上，说你已壮烈殉国。"曾国藩说话的样子虽然缓慢，但却很沉重。曾国华看得出，大哥在压抑着心中的巨大痛苦，听到最后一句话的他不禁打了个冷战。大哥继续说："皇上给了我们很多褒奖，从优议恤，不仅追赠你为道员，还赏叔父从二品封典。我日前已申明，叔父大人也得到了一品官的赏赐，请求加恩纪寿及岁引见，想必会蒙俯允。尤其是因为你死于平定太平之乱中，皇上御笔亲书'一门忠义'四字，家里也依据我的命令把它制成匾悬挂在黄金堂上。这是旷代殊荣，是我们曾家光宗耀祖的事情。你现在活着回来见我，我将如何向皇上交代，我们曾氏一家要怎么跟皇上说呢？"

"请大哥再向皇上拜折，向皇上说明我为什么会生还，请皇上把所有的赏赐都收回，行吗？"曾国华向他的大哥试探道。

"你说得好轻巧！"曾国藩瞟了六弟一眼，一脸的不悦："欺君之罪，你能承受得起吗？"

"这不是有意的。"曾国华不免要为自己辩护。

"纵然不是有意的，但天下还有哪个人不知道你曾国华是杀身成仁的伟男子，皇上是仁义之君，对功臣有许多的优待。现在又上折说你又活着回来，岂不贻笑天下！皇上的颜面往哪儿搁？"稍停一下，曾国藩沉痛地说，"温甫，要是从黄金堂取下'一门忠义'的金匾，你想想看，我们曾氏家族所蒙受的耻辱将会是怎样的！"

曾国华又起一阵冷颤，这是他完全不曾料到的，事情会发展到如此严重的程度。他想了好久，才问大哥："如此说来，我今生要想再一次带勇杀贼、报仇雪恨、显亲扬名已经是不可能的了？"

"不能了。"曾国藩回答得非常轻巧。

"好吧！"曾国华下了最大的决心，"我明日就回到荷叶塘去接着当我的布衣，躬耕田亩，教孩子读书，过完我的一生算了。"

"荷叶塘也不是你能回去的地方。"

"这是为何？"曾国华感到心里有些害怕，难道他连做一个普通百姓过平淡生活的权利也被剥夺了吗？他简直不能理解。

"哎，温甫，你今年三十六岁了，你怎么还会这样不明事理呢？"

曾国藩皱着眉头说，"三河战败，湘乡县几乎每一家都有人阵亡，他们明里不说，心底里都恨死你和迪庵了。他们失去亲人也都怪罪到了你们头上。你若跟着他们一起战死，我曾氏全家还能感到心安一些。你现在又未死回家，我们如何向家乡父老交待？且我湘勇历来最恨从敌营中逃回来的人，你说是自己逃出敌营的，有谁肯为你作证呢？乡亲们会说你害得兄弟们死去，自己又投降敌人求得活命。到那时，千夫所指，只怕你曾温甫就算没病也不一定能活命啊！"

贞干本想替六哥说几句，听了大哥这番话，也不敢再开口说什么了。

"带勇不行，回家不行，莫非我只有死路一条吗？"兄弟三人相对无言默坐良久，曾国华感到了自己的绝望。

"温甫，这你就想的不对了。"曾国藩起身，走到六弟身旁，温存地拍着六弟的肩膀，细声说，"你我兄弟情深，大哥怎么会叫你去死？大哥有一条生路指给你，不知你是否愿意？"

"大哥，你就直说吧。"曾国华已完全无主见了，只有听大哥吩咐。

"陈广敷先生，你还知道这个人是谁吗？"

曾国华点点头。

"前几个月，他来到蒋市街和我见面，告诉我离开湘乡后，就在庐山黄叶观过隐居的生活。你去投奔他，他会收你做徒弟，后半生你就在黄叶观作一道人。陈先生是超脱尘世生活的隐士，你不妨把你的事情说给他听，他不会怪你的，也不会对任何别的人说。你看如何？"

曾国华的心里打了一个冷颤，流下了涮涮的眼泪。这个功名心极重，人世欲望极浓的曾六爷，听说以后的日子里要做一个道士，与古木山猿为友，心里就像有把刀子在绞一样，但反复想想，觉得也没有别的出路可走，只得勉强地回答他说："大哥，你让我悄悄回一趟荷叶塘，我想见一下叔父大人和寿儿啊！"

"温甫，不要怪大哥不体谅你，你委实是不能回家去，趁着天黑赶快离开此地，千万别让别人看见你。过段时间，我要贞干回家一趟，告诉叔父大人关于你的事情，再安排他们到黄叶观里去找你。等我们平定了长毛，大哥再到黄叶观去看你。"曾国藩说着说着，眼泪就不由自主流了下来。国华抱着大哥泪如雨下，在一旁的贞干也掉下了几滴眼泪。

曾国藩吩咐贞干不要惊醒厨子，悄悄给他的弟弟盛了些冷饭，又收拾几件衣服，给了他弟弟一百两银子。然后，双手抱着六弟的肩膀，想要说话却又禁不住哽咽了，好一阵才说出来："兄弟，你要多多保重！"

国华说不出话来，只能点点头，一步三回头地从军营中走了出去。

待六弟走后，曾国藩又关起门来，私下里与满弟谈了很长时间。第二天，贞干亲自去三河战场找六哥的尸体。二十多天后贞干回来了，后面还有一帮人抬着一具棺木。一到军营门口，贞干便放声大哭起来，有许多跑出来的勇丁在一旁观看。贞干走进屋，在大哥面前痛哭流涕，高叫："大哥，六哥的忠骸找回来了，可是却是一具无头尸！"

"你是怎么找到的？该不会不是他吧！"曾国藩感到非常惊讶。

"哪里会错！不要说这尸体还有四肢，就是烧成灰，我也不会认错人的。"

曾国藩抚棺痛哭，一边叫人把棺材的盖板打开。曾国藩见躺在棺材里的那人除无头外，还有完好的四肢。他拉开死者的左裤脚，看到一道三寸长的疤痕后，马上就喊出了声："温甫，你到底回来了，你可知道你让大哥找得好苦呀！"

说罢，又大哭起来。哭了一阵后，周围围观的人就听到曾国藩说："温甫八岁那年，为了摘桃子吃，爬上塘边一棵桃树上，我怕他摔到塘里去，便大声地喝骂他，叫他下来。他吓得赶紧从树上跳下来，于是不小心叫树枝划破了腿，一直烂了两个月才好，于是这个伤疤就留下了。近三十年来，这是我最感到愧疚的一件事。"说着说着，又对死者高喊："温甫，我的好兄弟，你在战场中牺牲，死得英勇。大哥为你伤心，但是你也是曾家的荣耀呀！"

曾国藩越哭越厉害，旁边的人都被他感动了，在杨国栋、彭寿颐等人竭力劝说下，他才停止了哭声。

夜里，曾国藩为温甫设了一个简朴的灵堂超度他的灵魂。湘勇将领们络绎不绝地前来吊唁，曾国藩对着温甫的神主诵读了哀词。并从第二天起，为六弟吃了七天斋。第八天清晨的时候，贞干带着二十多个勇丁，把温甫的灵柩送回了家乡，曾国藩亲自把灵柩送到盱江码头。

　　唐浩明这样的说法有什么凭据，我们已无从知晓。但曾国华之死无法实证，却也是事实，因为湘军三河一战中遭到了如此彻底的失败，所以连李续宾、曾国华的尸首在战后都根本无法找到，而从曾国藩在三河之败事隔三个月后才向咸丰帝汇报了李、曾二人的死事，也可看出曾国藩当时是希望两个人能奇迹般的死而复生。

　　三河镇之败是湘军组建以来所遭到的最惨重的一次失败，靖港、九江之败虽然惨重，但还没有严重到在一场战争中死亡六千多名士兵。好在此次战役曾国藩只是遥制，并未到前线亲自指挥，否则，后果也就不堪设想了。

第六章　祁门遇险

一、担任两江总督

1. 降临机遇

湘军自咸丰八年十月三河镇大败后，士气遭到了极大的挫伤。不得已之下，曾国藩的弟弟曾国荃在湖南把将近六千名湘勇召集到一起，前往支援曾国藩。或许是否极泰来，曾国荃居然英勇善战，在他的带领下湘军接连攻克了几座坚城，使曾国藩的内心也感到了一丝安慰。

其时石达开已率重兵离开洪秀全，进军四川。咸丰帝怕石达开在四川成事，所以命令曾国藩带领湘军攻打石达开部。但曾国藩却把眼光盯在收复南京上，所以竟然没有听从咸丰帝的指令，终使咸丰帝将已经下达的命令又收回了。咸丰九年十月，曾国藩定下计划，准备兵分四路围攻南京，与此同时，清军江南大营因为遭到了太平军的强大攻势而全面溃败，两江总督何桂清败逃，江苏、浙江两省的军情非常危急。朝廷在盛怒之下，逮捕了何桂清，以致两江总督这一职位暂时没有人接替。当时，两江总督掌管着对太平军作战的最高指挥权，其大权有多少人都梦寐以求，因此，谁能当上两江总督，将意味着谁将掌握东南数省的命运。当时，曾国藩正第二次出山，带领着湘军对安庆进行围攻。对于何桂清的战败，曾国藩并没有非常地同情，因为自咸丰二年起，虽然各地团练是在朝廷的鼓励下兴办的，但绿营兵仍然是对付太平军的主力，团练只是起一个补充和辅助的作用。江南大营的溃败，预示着团练成为对付太平军的主力。果然，在四月十九日，距江南大营溃败才刚刚过了几天，朝廷即下谕旨，命曾国藩担任两江总督：

昨因常州被围，苏城危急，当谕曾国藩赴援苏、常，扼截江面，以顾大局。本日据何桂清奏，常州失利，和春等退至浒墅关，何桂清退守常熟。已明降谕旨，将何桂清革职，来京听候审讯，并命曾国藩署理两江总督矣。现在常州岌岌可危，无锡又有贼踪，可以径犯苏城，江南大局，几同瓦解。曾国藩接奉此旨，即统率所部兵勇，取道宁国、广、建一带，径赴苏州，相机兜剿，以保全东南大局，毋稍迟误。道员刘于淳一军，所带兵勇四千余人，颇多精锐，现驻东流一带，地近江南，即饬令取道徽、宁，随同赴苏州援剿。知府萧翰庆一军，现在规取池州，亦即飞调赴营，随同前进，不得调回湖北，致有贻误。此两军半系曾国藩旧部，均归节制，必能得力。此外湖南、湖北两省如有可调之兵，并着官文悉心筹画，酌量调拨，陆续进发，以厚兵力。江南粮台，迁移无定，军火缺乏，并着官文等筹备饷糈，源源接济，是为至要。目下军情紧急，曾国藩素顾大局，不避艰险，务当兼程前进，保卫苏、常，次第收复失陷之地方，重整军威，肃清丑类，朕实有厚望焉。将此由六百里加紧各谕令知之。钦此。

此谕旨对于曾国藩来说，毫无疑问是很大的惊喜，因为这意味着曾国藩在其后的用兵中，可以不受限制地对江南数省的军事力量进行调动，同时，攻克南京的辉煌战绩，也一定能够因为他亲自指挥而成为现实。因此，接到任命书后，曾国藩在五月三日给咸丰帝写了一份感激涕零的"谢恩折"：

奏为恭谢天恩，仰祈圣鉴事。

窃臣于本年四月二十八日，承准军机大臣字寄，咸丰十年四月二十一日奉上谕"曾国藩已有旨署理两江部督，自应统带各军，兼程前进"等因。钦此。臣虽尚未接准部文，将钦奉谕旨，恭录行知。闻命之下，谨已恭设香案，望阙叩头谢恩讫。伏念臣从戎七载，未展一筹。既无横草之功，兼有采薪之患。乃蒙龙光曲被，虎节遥颁。膺九陛之殊恩。畀两江之重寄。鸿慈逾格，感悚难名。查江督统辖三省，兼理盐政、河漕、江防诸务。地大物众，任重事繁。在平时已才力之难胜，况目下实艰危之尤甚。建业之沦为异域，苏常又失于崇朝。臣忝任兼圻，仍司九伐，只自渐其棉薄，讵有济于涓埃。惟国家多事之秋，岂

臣子怀安之日！计惟有殚心奉职，啮指誓师，揽辔而志澄清，尽书疆土，下车而问疾苦，速拯疮痍，庶几仰答高厚生成于万一。除另折陈报一切军情外，所有微臣感激下忱，理合专折附驿，叩谢天恩，伏乞皇上圣鉴。谨奏。

2. 贵人荐举

然而，实际情况却是，何桂清被逮捕后，两江总督一职的候选对象并非只有曾国藩一个人，至少像湖北巡抚胡林翼，还有薛焕等人，都在候选之列。

但是为什么最终担任此职的人却是曾国藩呢？在唐浩明的《曾国藩》这部书里，他这样写道，曾国藩之能署两江总督，完全是因为肃顺对他的举荐，咸丰帝原是准备让胡林翼署此任的，但他在此之前询问了肃顺的意见，肃顺推荐了曾国藩。肃顺还有意把此事写信告诉胡林翼，并且让他和曾国藩一同看了这封信，目的无非是为了结纳这两个汉人中的佼佼者，以便日后对他们加以利用：

> 罗遵殿是安徽宿松人，他是胡林翼的好朋友，一年前由湖北藩司任上调任浙江巡抚。他与胡林翼有着极为密切的关系。何桂清出于对湘系人员的嫉妒，因此对罗遵殿十分讨厌。张玉良奉和春命带着湘军援助浙江，何桂清指示亲信江苏潘司王有龄，表面上让张玉良视察苏州城垣，实际上却是为了把他在苏州留两天，结果贻误军情，致使罗遵殿因为城被攻破而自杀身亡。曾国藩很为罗遵殿抱不平，他思考了很长一段时间，为罗作挽联一副："孤军断外援，差同许远城中事；万马迎忠骨，新自岳王坟畔来。"第二天，曾国藩亲自来到罗遵殿的家里，在罗遵殿的灵柩前鞠躬，表示了他的哀悼。当他所撰的挽联被高高悬挂在灵柩前的时候，所有前来吊唁者都为此感慨了一番。

> 凭吊完毕，曾国藩特地叫罗遵殿的儿子罗忠祐和他一起到后院交谈了一番，表示了他对死者家属的关怀之情。他要罗忠祐将父亲冤死之事上奏皇上，对贪生怕死、祸国殃民的何桂清严加惩治。又勉励罗忠祐好好读书，同时使自己的才干得到充分锻炼，方今四方多虞，有才者一定不会被长久地埋没。

> "曾大人，晚生年幼，虽极愿读书，但不知以现在这样的年代，哪一种书才是我最应该读的？"罗忠祐一向敬佩曾国藩的学问，因此也不

放过这次请教的机会。

　　曾国藩想了想，说："先哲经世之书，最好的莫过于司马文正公的《资治通鉴》。他对历史的记载客观公正、开拓心胸，如因三家分晋而论名分，因曹魏移祚而论风俗，因蜀汉而论正闰，因樊、英而论名实，都能够把事情的道理讲的很清楚，执圣之权。又对军事战争胜败的原因进行了深入的分析，脉络分明。又喜欢对名公巨卿所以兴家败家的原因进行详细论述，使士大夫都能够以此为戒。实六经外不刊之典。足下若能熟读此书，而参稽三通、两衍义，将来出来任事，自然会有所依据而少犯错误。"

　　罗忠祐很受启发，说："大人这一番教导，真令晚生受益终生。晚生今后就遵照大人的教诲，好好学习《资治通鉴》。"

　　就在他们说话的时候，忽见一人踉跄闯进灵堂，高呼："淡翁，你死得可真是惨呀！"

　　曾国藩一抬起头，才发现进来的人原来是湖北粮台总理阎敬铭。他向阎敬铭走了过去，拉着阎敬铭的手问："你是专程从武昌来的？"

　　阎敬铭说："我是代润芝来的，他要我来宿松吊唁，他还有封信让我一定要交给你。"

　　曾国藩点点头，也就不再说话了。

　　罗府家祭完毕，曾国藩把阎敬铭一起请到了军营。

　　"我表面上是来吊唁，实际目的却是送信。"进了内室后，阎敬铭从靴页中间抽出一封信来，把它用双手给曾国藩递了过去。

　　曾国藩心想：这封信不知道写了什么内容，如此神秘！他一看信封，心中更是觉得非常奇怪：信封上的名字是胡天翼而不是他。拆开看时，才知这封密信是肃顺近日写给胡林翼的。信里的内容是这样一件事：江南大营溃败，皇上最近感到寝食难安；何桂清临阵脱逃，皇上感到更加气愤。皇上打算在东南几省内选一个可靠的人取代何桂清的位子，为此事也征求了几位亲贵大臣的意见。昨夜，皇上对肃顺说，他打算任命胡林翼为两江总督。肃顺听后想了一会儿，说："胡林翼才学优长，足堪江督之任，但若调离，谁来担任湖北巡抚这一职务呢？"皇上问："叫曾国藩来担任这一职务怎么样？"肃顺说："六年前，皇上命曾国藩署鄂抚，几天后又收回了以前的命令，曾国藩想必为此感到不高兴。事隔六年，又叫他任鄂抚，显得皇上恩德不重，不如干脆叫曾国藩作江督。他们二人的关系很好，必定会协调合作。那时上下一气，必然会扭转东南地区的局势。"皇上点头说："你考虑的是，那就照你说的做吧！"

曾国藩看到这里，他的手微微颤抖着，心中激动异常，也特别感激肃顺对他的举荐。肃顺信最后写道：

润芝向来深明大义，顾全大局，想必也不会介意此事。望与曾涤生和衷共济，力挽狂澜，攻克江宁，建立大功。异日建凌烟阁，同绘润芝与涤生像在凌烟阁之首。

还另外在信角附了一行小字："请送与涤生一阅。"

曾国藩郑重地折好信，又把信装入信套，双手退回给阎敬铭，说："烦你转告润芝，就说此信我已拜读过。"等阎敬铭将信又塞进靴页中间后，曾国藩问："润芝还有什么话要对我说？"

阎敬铭答："润芝要我告诉你，说皇上身边有肃相这样的贤臣也实在是难得的很，以天潢贵胄之尊，对我汉族士人如此垂青，也就只有在我朝可以看到了。看来大事有济，国家强盛已是指日可待的事，可以放手大胆去干一场。"

"是呀！如此圣明的君主，如此深明大义的贤臣，国事有可为。"这真是曾国藩的肺腑之言。

"润芝还说，欲复江宁，皖省才是突破口，建议沅甫带吉字营速围安庆。沅甫是个非常有才气的人，这件事情对他来说并不困难。"

"你这句话说得很对。"曾国藩笑道，"看来，虽然我是沅甫的兄长，却还不如润芝对沅甫了解得深透。你回去向润芝转达我的想法，就说我按他的部署，会马上把沅甫调去安庆。"

"好，我不便在宿松久呆，明天我就会回武昌去。"

阎敬铭刚走，敲门声再一次响起。"这么晚了，来人会是谁呢？"曾国藩的心里这样想道。

门打开了，来人原来是李鸿章。

"恩师，睡不着觉，咱们还是聊聊天吧。"

李鸿章知道夜里聊天是曾国藩的习惯。

"什么事害得你睡不好觉，这真是少见。"与曾国藩相反，李鸿章则睡眠极好。这点，他的恩师也不是不了解。

"恩师。"李鸿章坐下后，脸上的表情一本正经，"我想来想去，这江南大营的溃败，对我们来说真是一件好事呢！"

"你也是这样看的?"曾国藩心里感到非常高兴，李元度、左宗棠、胡林翼都能从江南大营的失败中看到湘军能够由此而发生转机，现在李鸿章也持这种看法，他感到自己身边这样见识不凡的人才还是有一批的。

"祸兮福所倚，福兮祸所伏，这一真理是千古不变的。前些日子江南大营表面上虽热火朝天，实则种种迹象早已预示了今天的溃败。现在江南大营全军覆没了，但是战事也因此而有了一些转机。"李鸿章两眼发出机智的亮光。

"即将出现的转机是什么呢?"曾国藩问。他想在进一步测量李鸿章对事情的分析能力的同时，又要凭他的分析来确定自己是否判断正确了。

"恩师，我以为皇上从此将不再依靠绿营平定太平军之乱，而把全部希望寄托在湘勇身上。我们的转机就在这里。"

这个李老二还真是乖觉！曾国藩心里称赞着。他现在对李文安好生羡慕，生下了一个这么聪颖的儿子，可惜他的纪泽就不如李鸿章。

"恩师，门生还有一种预感。"李鸿章把头靠近曾国藩，神秘地说："皇上肯定会撤掉何桂清，恩师极有可能担任两江总督。"

"不要瞎说！"曾国藩小声制止了他的话。

"是。门生不会对别人讲，这只是门生自己的想法。"过一会儿，李鸿章又说："恩师，门生想，湘勇虽水陆俱全，但好像还少一些东西。"

"那我们少什么呢?"

"缺一支马队。"

"哦！"曾国藩点点头，他半眯起眼，靠在椅背上沉思着，这是他一向的习惯。很快，他就睁开了半眯着的眼睛。他想起六弟曾说过，他这样半眯着眼，使人觉得倨傲，不易接近。这个毛病一定要改掉！今后作了总督，位高权重，给人谦恭的仪表非常重要。李鸿章倒没有留意这些，继续说："长毛马队力量不强，但皖北的捻子却在骑射方面

很擅长，今后平息捻子，没有一支强悍的马队，我们是很难取得成功的。"

"少荃，你考虑得很长远。"李鸿章给了曾国藩一个很重要的提醒。皖省属两江的辖境，眼光不能太短浅，对于它今后的长治久安也要有所考虑。"你准备一下，几天之后你到皖省北部去招募五百剽悍的大汉，我另外再找人到口外去买五百匹好马，由你来训练一支马队，你看怎么样？"

"恩师如此器重，门生一定不辜负恩师的期望。"李鸿章大喜过望，于是又随便聊了一会儿，便起身走了。

与阎、李二人的谈话使曾国藩睡意全无，曾国藩干脆不休息了，他觉得他要赶快办好许多事情。环视东南数省，江督这一职务非他莫属，看来肃顺说的一点也不假。从咸丰三年带勇以来，这一直都是他心底的愿望。现在，这已经是指日可待的了。这时候的两江总督，最主要的权力就是指挥与长毛作战，也就是全国军事力量的最高统帅，要站在这个高度上对全局进行统筹规划。然而，过去历任两江总督的怡良、何桂清等人，都没有看到自己处在什么样的情形下，或者看到了，但手中无足够的军队可以让自己随意支配，也当不成真正的统帅。曾国藩却是有这个能力的。湘军是他自己的嫡系力量，他要制订出一个深思熟虑、切实可行的用兵计划，对湘勇进行大力扩充，指挥两江的绿营，他就可以号令威严，令三军敬畏了。想到这里，曾国藩便对肃顺充满了无限的感激。

他要给肃顺写一封极机密的信，然后派人把信专程送到北京。曾国藩拿出信纸，又慢慢地磨着墨。猛然，他记起了肃顺的信原本是给胡林翼的，心中产生了疑问：为什么像这种机密大事，肃顺却要告诉胡林翼和自己呢？按理，这种事情是不能泄露的。"肃顺要讨好！"曾国藩心里说，于是心里冷静了下来。对于这个圣眷甚隆的协揆，曾国藩心里再明白不过了。肃顺精明干练，魄力宏大，对于汉人大力重用，瞧不起满蒙亲贵中的无能之人。为人骄横跋扈，独断专行。原来总是巴结恭王，后来仗着皇上的宠幸，对恭王也不理不睬。今日的肃顺，与历史上的权臣难道有区别吗？恭王以及在他身后的满蒙亲贵，在朝廷中势力很大，比起他们来，肃顺是没有什么势力的。皇上虽说年轻，但据说有痨病，一旦皇帝驾崩，肃顺哪里对付得了恭王的势力！他这样明目张胆地拉拢自己，安抚胡林翼，是否别有所图？想到这里，一丝恐惧笼罩了他的心头。凡事预则立，不预则废。这件事情如此重大，还是以谨慎为好。曾国藩停止磨墨，重新把纸收了回去。

曾国藩对此事的深思熟虑，显示了他熟诸官场之道。因为中国历史上的历朝历代，只要皇帝驾崩，天下政局必会有一番大的变化，而各级官吏能否保住原有的官位，也就不得而知了。当时虽然交通不发达，但对于咸丰帝身体不好之事他早有耳闻，所以他必须为将来打算。以后的事实证明曾国藩的这种从长计议的想法是再高明不过的，祺祥政变，肃顺被砍头，此事也没有牵连到曾国藩，他依然安然无恙。

二、祁门之灾

出任两江总督之后的曾国藩希望能把总督衙门设在祁门，即使他身边的幕僚百般劝阻，他还是把总督衙门设在祁门，由此他长达半年之久的祁门冒险经历便从此开始了。

1. 徽州失守

处于丛山包围之中的祁门是安徽的一个县城，一条官道从县城穿过，东连休宁、徽州，南连江西景德镇，而且，此地也与浙江有着极为密切的联络。曾国藩接任两江总督后，对着地图仔细考查了安徽的地形，在思索良久之后，决定把总督衙门设在祁门。做出了这个决定之后，他给咸丰帝上了一道名为《恭报行抵祁门日期折》：

> 奏为恭报行抵祁门日期，仰祈圣鉴事。
> 窃臣于六月初三日，在建德县行营，将妥筹办理情形专折复陈在案。拜折后，即于初四日由建德启程，初九日箬坑途次，承准军机大臣字寄，五月二十六日奉上谕：
> 曾国藩现已抽调兵勇万人，由宿松进驻祁门，候鲍超、张运兰、

李元度到后，即由徽、宁、芜湖、广信分路进兵。具见胸有成竹，谋定后战。惟苏省待援迫切，该署督惟当催令鲍超等迅速来营，会筹进剿，但能援师早到一日，即早一日救民水火，实深殷盼。该署督现统兵勇较单，未可轻率前进，宜加持重为要等因。钦此。

　　仰见宸虑周祥，圣慈恺恻，无任钦感。臣冒雨遄行，于十一日先抵祁门，所带宿松马、步各营，及由安庆拨来之记名总兵朱品隆、副将唐义训两军，合共四千余人，皆随臣到祁，扼要扎营。惟朱品隆积受暑湿，途间患病，请假医调，未能同来。霆字各营，纡道较远，旬日内方可到祁。节次飞催鲍超、张运兰等，迅速来皖。据鲍超禀称，五月十二日由夔州起程，适江水陡涨，峡内行舟维艰，略守数日，即兼程由鄂赴营。张运兰禀称，本拟五月二十二日由郴州拔营，因探报广东花旗股匪窜近宜章县界。该处防剿吃紧，须接替有人，方能起行。各等语。是该镇道等，均难克期而至。左宗棠、李元度新募之勇，则须七八月间陆续前来。目下苏省待援迫切，极欲提一旅之师相机进剿，以期速解倒悬。无如兵力过单，将领尤乏，恐不足以当大敌。自应谨遵圣慈指示，宜加持重，未可轻率前进。一候鲍超、张运兰暨新募各勇，无论何军先到，即先行派拨前往援剿，以仰副我皇上眷怀南服、拯民水火之至意。所有行抵祁门日期，恭折由五百里驰报，伏乞圣鉴训示。谨奏。

　　然而，当曾国藩亲自来到祁门之后，却感到非常后悔，因为祁门除了那条通往景德镇和徽州的大道，另外只剩下一条小道，通向边上的两个小镇，而城前的那条小河叫作大共水，河水极浅，将它作运输军需之用是不可能的。所以，一旦太平军把大道封锁了，曾国藩就将无法逃出包围。因此，当时曾国藩身边的诸多幕僚对于他进驻祁门都大加阻止，一致劝他前往进退自如的东流驻扎。如曾国藩的得意弟子李鸿章就向他说出了自己的想法："祁门地形如在釜底，殆兵家之所谓绝地，不如及早移军，庶几进退裕如。"但是，皇上已经知道了曾国藩驻扎祁门的事情，如果轻易改变，既有欺蒙之嫌，对于两江总督至高无上的威严也是一种损害，他才固执地决定不改变以前的想法。对于劝他的幕僚，他甚至有些恼怒："诸君如胆怯，可各散去。"

　　曾国藩之所以这样说是因为一时之气，但又必须为祁门的安危做出精细的布署。他觉得，要保证祁门安全，关键是保卫好祁门东面的徽州，如果徽州不出事的话，太平军就根本没有办法通过官道到祁门来。这样决定后，他让他的儿女亲家李元度接下重任守卫徽州，为了此事他专门向咸丰帝上了一道《奏请李元度简放皖南道折》。

在朝廷批准这一奏折后，李元度便率他刚组建不久的几千名平江勇前赴徽州。咸丰十年八月初七日，李元度就徽州防务一事前往祁门和曾国藩一起商量，对此，曾国藩在八月十二日日记中记载如下："与次青谈到任事宜。文人好为大言，毫无实用者，戒其勿近，与沅弟意略同。又戒待属员不可太谦，恐启宠而纳侮。夜颇能成寐。"八月十四日李元度回徽州，放心不下的曾国藩又多次嘱咐他："是日次青赴徽州，余与之约法五章：曰戒浮，谓不用文人之好大言者；曰戒过谦，谓次青好为逾恒之谦，启宠纳侮也；曰戒滥，谓银钱、保举且限制也；曰戒反复，谓次青好朝令夕改也；曰戒私，谓用人当为官择人，不为人择官也。"可见当时曾国藩把很大一部分希望都寄托到李元度身上。

此时，太平军已向丛山关方向进军。徽州与丛山关距离非常近，李元度派两营人马到丛山关防卫太平军，丛山关于八月二十日被太平军攻陷，这个坏消息极其沉重地打击了曾国藩，因为丛山关一失，能否守住徽州城就成为关键一举。徽州城一旦守不住，那么祁门的安危就可想而知。因此，曾国藩好几天晚上都没睡好觉。第二天，曾国藩就立刻给李元度写信，告诉他应该如何守城。

当时，徽州城内的守卫人马有将近两万人，但其中有一万四千名都是绿营出身。这些绿营兵本来就不善于战斗，加上又有好几个月没有发饷，整天都在那里滋生事端。李元度接防后，看到已无法依靠绿营军，就把绿营兵搁置在一旁，把守卫城门的重任全部交给了平江勇，这无形中使绿营兵对平江勇及李元度更加仇恨。八月二十五日，太平军十余万人把徽州城围得严严实实，并趁夜色对徽州城发起猛攻。城内的平江勇因为刚刚成立，并没有很强的战斗力。而绿营兵此时不但不拼尽全力守城，有的反而趁此机会抢劫，甚至和平江勇打了起来。在十分混乱的情况下，李元度眼看无法守住徽州城，便只好带着一帮残兵败将逃离了徽州城。

关于此次徽州之战，李元度在他的《天岳山馆文钞》中是这样描写的："先是，防皖者为张副宪芾，驻徽六载，有卒万四千，缺饷五月，师哗。属曾公驻祁门，副宪内召。余以八月十六日抵徽。前四日，宁国陷，贼犯绩溪之丛山关，急遣将援之，弗克，童同知梅华死焉。副宪行。君趣余缮城守，城周十三里，女墙尽圮，蓬蒿没人，葺治三昼夜，埤完三分之二。忽伪侍王李世贤率贼十数万至，余出战东门外，君任守陴。既交锋，决荡数次，原防兵千有六百，忽不战奔。援师之至自祁门者亦奔溃。我军不能支，入城拒守。贼抵隙攻，力御之。诘旦，君曰：'出，险矣！'余摇首曰：'死者已二百人，贼来益众，且奈何！'君笑且言曰：'得正而毙焉，斯已矣！'余曰：'死，吾职也。子有老亲在，前岁犹视子太湖，其忘之乎？'君泣，余亦泣。是日贼攻愈力，君分守北门，余西门，三登三却之，杀贼过当。贼忽冒死自小北门登，酉刻城陷。君手矛斗城上，亲卒掖之不肯下，遂被戕。咸丰十年二十五日事也。"

曾国藩是在八月二十六日晚上二更才得知徽州已经被太平军攻陷了。此消息让他感到非常震惊，曾国藩又为此整个晚上都未成眠。九月初六日，曾国藩就把此事报告给了咸丰帝，名为《徽州被陷现筹堵剿折》，奏折中他是这样写的："臣因徽州贼势浩大，李元度兵力甚单，先由祁门抽派礼字、河溪各营二千余人，倍道驰援，饬于徽城外坚筑濠垒，以静制动。乃李元度以贼逼城下，逐日出队搦战，修筑不及。

又张芾于二十日，由徽起程北上，兵勇索闹口粮，力为排解，纠结不清。营垒未成，贼已大至。

二十四日，伪侍王李世贤同抢天义、通天义、赞天义诸逆者，共带四万余人，直扑徽城，更番诱战。李元度亲督各营，出城接仗。自辰至午，毙贼数百，岭后伏贼并出，抄我两翼，众寡不支。礼字、河溪各营由西门大路退回休宁。李元度率平江四营，入城固守，贼即跟踪围攻四门，因西门城垣坍塌，又无垛口。是夜三更，乘阴雨黑暗，专攻北门，势极危险。李元度身卧城头，竭力堵御，天明贼退。二十五日申酉之间，贼伏西门民房，凿墙对城施放火枪。守陴弁勇，站脚不住，贼众即缘梯直上。李元度赶调各门队伍来救，贼已四面扒城而入，府城遂陷。迄今十日，因贼氛隔阻，尚未闻李元度下落。

臣自接李元度围城中飞书求救，即调张运兰由旌德入援，鲍超由太平入援。无如城大而圮，绅民搬徙一空，兵勇仅二千有奇，不敷分布。又系新募之卒，由湖南远来，甫经到徽，竟不能支持数日，以待援师，实堪痛惜。臣调度无方，咎无可辞，应请旨将臣交部议处。"

2. 祁门危机

徽州被攻陷后，兵分三路的十几万太平军长驱直入，直扑祁门大营，祁门因此而断了粮草，并且与外界失去了联系。当时只有两千多名守兵守卫祁门，另有一万多官兵都是打了败仗而退下来的，加上那些文职官员平日里擅于纸上谈兵，遇到事情时胆子却小得和老鼠一样，因此，整个祁门到处都是一片混乱景象。加上祁门原本就非常窄小，忽然间积聚了好几万人，日常用品自然是显得分外供不应求。当时，有许多文职官员已神不知鬼不觉地把所有家当都收拾好，随时准备逃命。曾国藩身边的幕僚也力劝他尽快从祁门撤退出去，但事情已经发展到这个地步，一个两江总督又怎能从战场上逃走呢？因此，他心中对李元度徽州失守一事感到无比愤恨。却又实在没有别的办法，成了真正的瓮中之鳖。他在祁门被围时所写的一些家信和日记中就表明了这一点。如八月二十八日，也就是得知徽州之战失败以后第三日，他给曾国荃写信说："日下所最怕者，贼从婺源窜乐平、景镇，断祁门之后路，蹂躏江省腹地也。希公来此，专为保祁门老营。因老营仅朱、唐三千人，内有千七百人未见过仗，故止须二三营。"他在九月初一日所写的信中又说："其次，所虑者，败兵二万人拥塞祁门，满坑满谷，所在抢掠，油盐百物，皆无可买。"

当时祁门的形势已经处在危急时刻，正是千钧一发之时，因为祁门除有城边的榉根岭和羊栈岭两座山岭可以赖以防卫之外，已经没有其他的屏障了。此两岭离县城极近，如果这两个地方被攻破，那么祁门也就守不住了。曾国藩在总督衙门，经常能够真真切切地听到从榉根岭和羊栈岭上传来的枪炮声。太平军的救援部队又把前来援救的各路部队完全挡在外围，因此曾国藩感到十分焦急。好在守卫榉根岭和羊栈岭的部队依靠所占据的地理优势苦苦挣扎，所以太平军一时之间，还不能把这个地方攻下来。

到了十月份，祁门的形势比以前更坏了。榉根岭和羊栈岭已经将要不保。曾国藩实在坐卧不安，便亲自跑到前线去督军作战。如他在十月十一日的日记中是这样写的："辰正出门看岭。行二十里，至羊栈岭。云雾封山，不能望远，怅然而返。"在十二日中的日记中又写道："早饭后由宏村往桐林岭，查看岭防。行十里，至尚梓岭、尚梓坑。又行十里，至石灰岭、石灰坑。山路陡仄，天寒雪大，竟不能往。"而至十九日，羊栈岭已为太平军所破，曾国藩在惊慌之余，便只好以天命来自我安慰："傍夕间贼破羊栈岭而入，为之忧骇异常。余于十一日看羊栈岭，大雪漫漫，日天所睹；十二日看桐林岭，为雪所阻，今果疏失，天也。"

这场战斗好象已经注定有失败的结局，曾国藩感到自己面临着不可避免的灾祸，于是，他于十月二十日给家人写信，那封信给人的感觉有点像遗嘱：

沅、季弟左右：

接信，知北岸日内尚未开伏。此间鲍、张于十五日获胜，破万安街贼巢，十七日获胜，破休宁东门外二垒，鲍军亦受馀百余人。正在攻剿得手之际，不料十九日未刻，石埭之贼破羊栈岭而入，新岭、桐林岭同时被破，张军前后受敌，全局大震，比之徽州之失，更有甚焉。余于十一日亲登羊栈岭，为大雾所迷，目无所睹。十二日登桐林岭，为大雪所阻。今失事恰在此二岭，岂果有天意哉？目下张军最可危虑，其次则祁门老营距贼仅八十里，朝发夕至，毫无遮阻。现讲求守垒之法，贼来则坚守以待援师，倘有疏虞，则志有素定，断不临难苟免。

回首生年五十，除学问未成，尚有遗憾外，余差可免于大戾。贤弟教训后辈子弟，总以勤苦为体，谦逊为用，以药佚骄之积习，余无他属。

然而，也许是曾国藩注定不该因此而丧命，正当曾国藩将所有的部下都打发走，准备太平军攻陷祁门的时候，自己以自杀谢天下之时，以鲍超、张运兰二人为首的湘军于二十日、二十一日大破太平军，把太平军从羊栈岭赶了出去。曾国藩能够因此而起死回生，实在是出人意外。

3. 绝情报复

李元度从徽州败走后，觉得没有脸面再去找曾国藩，因此，二十多天以来一直在浙赣边界徘徊，直到九月十七日才去祁门拜见曾国藩。但在与曾国藩谈到他之所以会在徽州一战失败的时候，曾国藩觉得李元度根本没有心思从战斗中吸取教训，就决意向咸丰皇帝弹劾李元度。事实上，曾国藩于九月十六日写了一封奏折，即《周天受等宁国殉节请恤及参革徽州失职人员折》给咸丰皇帝：

至徽州之陷，皖南道李元度躁扰愎谏，暨不稳修营垒，又不能坚守待援，仅守一昼夜而溃，贻误大局，责无可辞。道衔徽州府知府刘兆璜、歙县知县罗德隆，徽州营参将文芳，身任地方，均有应得之咎，相应请旨将李元度革职拿问，以示惩儆；刘兆璜、罗德隆、文芳均行革职。其打仗不力之候补参将镇筸右营游击杨镇魁，候补游击萧以德，守备邹良佐。都司姚才立均请革职。都司衔孔旭日，千总余大胜，管带亲兵，败不归队，轻弃主将，请旨即行正法，以肃军律。至十九日，丛山关力战阵亡之同知童梅华，二十四日力战阵亡之守备张斐文二员，均请交部从优赐恤。其余殉难官绅，查明续行奏咨办理。所有提督周天受殉节情形，及徽宁在事人员，分别陈奏，伏乞皇上圣鉴，训示施行。谨奏。

朝廷在收到曾国藩的奏折后，咸丰皇帝于十月十一日就批了回谕，命令将李元度革除原有职务并对其进行审问。

关于曾国藩弹劾李元度一事，幕僚们一致反对。对此，唐浩明的《曾国藩》中是这样进行描述的：

　　奏折拜发后的第二天，丢失徽州府的皖南道员李元度，垂头丧气地回到了祁门想求得曾国藩的饶恕。当他得知祁门刚刚度过危难之后，心中感到非常愧疚。他想向曾国藩负荆请罪，又害怕得不到昔日同窗的饶恕，便托李鸿章去打探一下曾国藩的口气。果然不出所料，曾国藩一听到他回来就怒从中来，大声地对李鸿章说："他还有何颜面回来，我都没有脸见他！你问问他，他自己亲手立下的军令状难道不算数了吗？"

　　李鸿章见盛怒之下的恩师难以劝阻，也就不好再说什么了，只得轻轻退出。刚走到门槛边，曾国藩又把他给叫了回来："少荃，你赶快帮我拟定一份奏折，我要参劾李元度。"

　　李鸿章吃了一惊，虚应了两声，赶紧退了出来。

　　皖南道台李元度身材瘦小、戴着高度近视眼镜，号称"神对李"，有着极好的人缘，众幕僚纷纷为他鸣不平。李鸿章因为曾在昨天立下大功，自觉有着与众不同的地位，便俨然以首领的口气说："我们一起到曾大人那里去，求他饶恕李观察才好！"

　　大家都没有表示任何异议。

　　当一群幕僚在房门口出现时，曾国藩还不晓得是为了什么事情。李鸿章走出队伍，向曾国藩打了一躬，说："大家都说李次青丢失徽州府并非他个人的过错，这次就宽恕了他，让他能有机会戴罪立功吧！"

　　原来是他煽动幕僚们来反对自己，为李元度求情，曾国藩火了，气得三角眼睛都竖了起来，厉声问："李元度丢城失地，辜负了本督对他的期望，他怎么会值得宽恕，你说？"

当着众人的面，他的口气却如此凶恶，李鸿章很觉丢面子。他心想：即使我是你的学生，也有三十七八岁了，怎么说也是朝廷任命的四品大员，昨天你才在我的帮助下化险为夷，怎么今天就把这些全忘了？再说李元度是你要好的朋友，参劾他，你的脸上也光彩不到哪里去。

想到这里，李鸿章感到非常委屈，壮起胆子分辩道："诚然李元度犯的错误是比较大，但门生听说，绿营副将徐忠与长毛勾结，是这次失守的主要原因。徐忠勾结长毛，而那些绿营官兵又都支持他，又因为五个月未发饷银。李次青到徽州才有九天的时间，要说追查责任，张副宪也难逃其责。"

"张副宪守了六年徽州都没有把它给丢了，你去找他吧！"曾国藩冷笑。

"要说失城就参劾，鲍提督先失了宁国府，正是如此徽州府才会遭到失败，要参劾，那也应该先参鲍超。"

"鲍超有丢宁国之罪，可是他却将功赎罪，救了祁门，可是丢失徽州的李元度二十多天了，一面不露，谁知道他到了什么地方。有人还编'士不可丧其元，君何以忘其度'的对联骂他，这些你们都不知道吗？"曾国藩凶狠地望着李鸿章，众幕僚看到情况不妙，也都一个个缄口不语。

"恩师，"李鸿章见曾国藩不做丝毫的退让，只得祭起最后一个法宝了，"李元度从咸丰四年就跟在你的身边，六七年来立过无数战功，恩师曾多次对人说过，于李次青有'三不忘'。今天为什么却对他的这一过失斤斤计较，岂不会让湘勇将领们感到寒心！"

李鸿章没想到，恰恰是这几句话让他的恩师已经别无他路可走。曾国藩恼羞成怒，气呼呼地从椅子上站起来，吼道："李少荃，你这么说就是一定要我徇私枉法了？李元度不参，还有什么天理？还有什么国法？"

李鸿章也生气了，倔强地顶了一句："恩师一定要参李次青，门生不敢拟稿。"此话一出，曾国藩深感意外，他本想冲到李鸿章面前狠狠教训他，猛地想起丑道人陈敷说的"杂用黄老之术"，拼命地让自己平静了下来：

"好吧！没有你我自己也知道该怎么写。"

李鸿章这个人非常机敏，他早知将老营扎在祁门，以后在军事上一定会吃败仗，太平军也决不会甘心这次失败，如果他们从南北两方包围祁门，祁门将会连锅端。李鸿章有自己一番远大抱负，他只能与老师同甘，却不能与老师共苦，现在正可趁此机会离开祁门了："恩师既不需要门生，门生也只能就此告别了。"

曾国藩先是被他的话吓了一跳，随后冷冷地说："请自便！"

众幕僚见局面已经到了不可收拾的地步，早已先后散去了。李鸿章刚打算和大家一样离开，心里又感到有点不忍心："恩师，祁门不可久驻。门生走后，请恩师速将老营移到东流。"

曾国藩把脸侧过去，甚至不屑于看他一眼，挥了挥手："你走吧，不要乱了我的军心。"

一种凄楚的情绪感染了李鸿章，他恭恭敬敬地向恩师鞠了一躬，然后就缓慢地走了，他悄悄地把行李收拾好，连夜和李元度一起，坐着小划子从祁门离开了。

曾国藩为什么会如此绝情地参了李元度？

其原因并非是为国为君，也不是公报私仇，而是另有其因。第一，徽州失守之后，祁门失去了保卫的屏障，被李世贤、黄文金包围，曾国藩被困在祁门之中有好几个月，他的急功近利的三路进击芜湖的庞大计划已经不可能再实施了，连自己也总是担心一朝性命不保。第二，更重要的是，曾国藩向咸丰帝呈上《徽州被陷现筹剿堵折》后，咸丰帝批谕道："该大臣甫接皖南防务，连失两郡，虽因饷绌兵单，究属筹画未密。……李元度谋勇兼优，此次失衄，殊属可惜，人材难得，着即查明下落具奏。"这一褒一贬之中所隐含的意义，曾国藩自然对此深有体会。所以，曾国藩置上下官员的议论于不顾，一意孤行，定要奏参李元度，才使李元度落得个革职拿问的下场，原来，一是把自己东征计划破灭的愤怒全都归罪于李元度，二是想借参劾李元度之败，以此来代替自己因为"筹画未密"所犯的过错，曲折地表达自己不满于清廷的情绪。

本来，成功与失败就像孪生兄弟一样。军事斗争的成败，是兵家之常事，更不可以以此论英雄。曾国藩不顾众议，毅然决然地把军队驻扎在祁门，一度出现祁门孤悬的局面，连言灾异者也说祁门并非久留之地，应该算是失败惨重。

后来由于鲍超等的竭力救援，始获得历口洋塘和上溪口三次胜利，曾国藩算是从虎口逃了出来。这时，那些说灾异的好事者又都转换了口气，又说祁门这地方仍然有符瑞，岁星也会到这里来。曾国藩看透了这种炎凉世态，于是就作了一首绝句：

> 天上岁星也起霉，掉头一去不归来，
> 忽闻打破上溪口，又向祁门走一回。

可是，曾国藩虽然自己晓得世态炎凉，却不能设身处地为别人着想，竟在一怒之下把李元度头上的岁星夺去了。

而且，曾国藩并没有就此停止对李元度的惩罚，而是接二连三的弹劾，毁了他一生的功名前途。从曾国藩的官场经历来看，如果是官场中他可以轻易除掉的对头，他会毫无顾忌地加以弹劾；如果他自己认为他的对头难以动摇，则厚颜卑辞、千方百计地巴结别人；对于那些还有利用价值的人，则尽量显示自己的宽宏大度。至于对自己的朋友，他总是尽量地给予好处。然而，对李元度却是一个意外，他能狠下心来加以参劾，到底是什么原因呢？

我想，其中一个最重要的原因，或许我们可以理解为爱之深，责之切吧！因为曾国藩与李元度两人的关系确实是极好的。

咸丰三年，曾国藩出任湖南团练大臣，八月，他就到衡州训练兵勇。至十月，因军事情况比较紧急，湖北按察使江忠源疏请饬公带领其训练的六千湘勇出省剿灭太平军。皇上的上谕应允了此事。奉上谕："湖北情形紧要，已有旨令江忠源暂留剿贼，着曾国藩带楚勇六千人，酌配炮械，筹雇船只，驶出洞庭湖，由大江迎头截剿，肃清江面贼船。"钦此。

十一月，奉上谕："宋晋奏曾国藩乡望素孚，人乐为用，请饬挑选练勇，雇觅船只，顺流东下，与江忠源水陆夹击。"上以疏示公。谕曰："现在安徽逆匪连陷桐城、舒城，逼近庐郡，吕贤基殉难，江忠源患病，皖省情形危急。总由江面无水师拦截进剿，任令贼踪往来自如。该侍郎前奏亦曾虑及。着即赶办船只炮位，并前募勇六千，由洞庭湖驶入大江，与江忠源水陆夹击。该侍郎忠诚素著，兼有胆识，朕所素知，必能统筹全局，不负委任也。"公疏称筹备水陆各军赴援安徽，而船炮未齐，须俟购买夷炮、广炮千尊解到乃可成行。又请设立水路粮台。奉朱批："现在安徽待援甚急，若必偏执己见，则太觉迟缓。朕知汝尚能激发天良，故特命汝赴援，以济燃眉。今观汝奏，直以数省军务一身克当。试问汝之才力能乎？否乎？平时漫自矜诩，以为无出己之右者，及至临事，果能尽符其言甚好，若稍涉张皇，岂不贻笑于天下？着设法赶紧赴援，能早一步，即得一步之益。汝能自担重任，迥非畏葸者比。言既出诸汝口，必须尽如所言，办与朕看。"公疏称："饷乏兵单，成效不敢必，与其将来毫无功效，受大言欺君之罪，不如此时据实陈明，受畏葸不前之罪。"奉朱批："成败利钝固不可逆睹，然汝之心可质天日，非独朕知；若甘受畏葸之罪，殊属非是。"钦此。

在这种情况下，曾国藩不可避免地必然要出师东征，但曾国藩毕竟从来没有经历过战事。于是，故交李元度再一次浮入他的脑海，他希望李元度能出山帮助自己渡过难关。因此，咸丰三年十二月初七日，曾国藩写了一封信给李元度，希望他能和他一起出师东征：

次青尊兄阁下：

　　执别数月，相思饥渴。以仆之拳拳于左右，知阁下亦必不能忘情于仆。感应通神之理，自古无或爽也。

　　自田家镇失防以来，吾楚局势益不可问。比闻黄州亦为贼踞，且复窟穴于武昌之邑，增垒于巴河之市，下而九江、安庆、太平、芜湖，傍水县郡，悉为贼巢，长江之险，非复我有。

　　皖省自十月进贤关已被残破，桐城、舒城，相继沦陷。吕鹤田司空殉难，江岷樵中丞抱病六安，不克前赴新任。风鹤警报，朝夕以异。假令鄂垣稍有疏虞，则大湖以南，遂将隔为异域。中夜以思，但有痛哭。顷奉谕旨，饬国藩筹备船炮，前往皖中会剿。当此艰难呼吸之际，下走食禄有年，心肝奉于至尊，膏血润于野草，尚复何辞！惟才力短浅，枉耗神智，无益毫末。乃者，阁下前所条陈数事，自托于罗江布衣之辞，云愿执鞭镫以效驰驱，断不思纸上空谈，置身事外。仆尝从容自笑相存，息壤在彼，想阁下必不忍背无形之盟也。贵邑侯林君秀三，慷慨请缨，愿随鄙人率师东下。仆令其精练平江勇五百人，于正月节后会师长沙。尤望阁下仗邓氏之剑，着祖生之鞭，幡然一出，导我机宜。又闻有君家扩夫及何君忠骏，皆胆识绝人，吾乡之英，亦望阁下拔茅汇引，同为东征之役。不鄙下走为不足与谋，而以天下为分内之忧，以桑梓为切肤之痛，此固藩所重赖于二三君子，而亦诸君子

冰霜拔秀，澄清自许之会也。

省库支绌，饷项尤艰，不能不藉捐输以济穷乏。国藩有劝捐告示，有捐输奏片，又有捐例三张，并送林邑侯处。二十六日有复奏一疏，亦行林候处，阁下试往取阅，亦足以知其大略。书不十一，春初当会晤于长沙，要当痛切为君倾泻耳。统祈心照。

但是，李元度并没有答应曾国藩的请求，曾国藩心中感到非常悲哀，于是，在咸丰四年正月十一日又写了一封信给李元度，称李元度不肯前来的原因，必是因为自己平时不注重自己的为人，以致不能让友人信任他：

次青仁弟足下：

去岁十二月初曾为一书，浼足下来衡；又有一札奉调专勇送至平江，不知足下已设铎郴阳。顷奉惠书，言冬初莅任，计九月间旌从当道衡州，何以不一过访我？其时树堂尚客散馆，与足下素称石交，亦不一相存问，良不可解。此必鄙人平日立身无似，无以取信于君子，故相弃如遗乎？栖风渡之役，郴州危于累卵，赖贤刺史与足下保全。罗君罗山，吾邑学道君子，又有御众之才，比与足下相遇，想针芥契合，有逾寻常，顷或已旋师矣。前所为书，兹谨录一通奉达，札亦照录付去。伏望即日束装来衡，筹商一切。即不能从我东下，亦聊可临歧相送，惠我至言，无任翘企。顺问日佳，诸惟心照。

直到咸丰五年五月，在九江之战失败了以后，水陆两军的情势都不是很好。在这种情况下，李元度带着他自己募练的平江勇的到来给了曾国藩很大的支援。此后的整整半年中，曾国藩与李元度两人鱼雁传书，往来极为密切，而且，从目前曾国藩在咸丰五年五日至次年五月所遗留下来的信件来看，基本上收信者都是李元度。以下几封便是从中摘录的：

与李元度
五月二十一日申刻

次青仁弟左右：

二十一日未刻接手书，具悉一切。

此军之起，专为水师肃清江面而设。塔、周、储、杨诸陆军皆为护水营计也。即足下平江军之起，亦因二套口无陆兵，致水营为贼所袭，故愤激而另立一军。今岂遂忘初志乎？

自湖口、九江两次挫失，论者皆谓水军不可一日而离陆营，足下在船时，亦数数言之矣。今甫登陆营，遂长篇累牍，但计陆军之能自立，而不复计水军之能自立与否？不计其能遽进扎否？不计其上下能分两军否？各勇之失去坐船衣物，饶河、都昌上游之贼舟，皆不复计及，但自计较慰幸尊营之足以自立而已？

水师之难于陆军，盖有霄壤之别。今亲信如塔如罗如足下，皆舍我而别立门户，使我一人独任其难，抑何不仁之甚也！然九江水师失利，塔公亦失势坐困矣。假令南康水师小有挫损，足下能不失势乎？愿吾弟时时以保护水军为心，如龙抱珠，百变而不离其宗，则见兄我多矣。去年罗山若于十四五回浔，扎营二套口，或不至有二十五夜之役，亦未可知。卒之久驻灰山，亦有何益？且足下所以进扎孤山者，将东渡以击湖口也。半月以内，吾断不令水师前进，贵营无船可渡；藉令有船，亦断不令足下由白浒塘直渡。上下皆贼，犯兵家之大忌也。

兹有袁英一禀，谓宜从都昌打下，附去一览。接此信后，望即拔营回康，勿效霞仙在灰山时断断不休，误以灰山为必争之地而究非事实也。即候刻安。

致李元度

七月初三日

次青仁弟左右：

顷刘玉川来，极言渠处勇不可恃，未敢率以渡湖，但愿进扎灰山等语。三人占，则从二人之言。吾弟不必以屡次传令、未能渡江为耻，望仍以进扎灰山为稳着。或一二日拔营可也。事机未顺，动多濡滞，今日之风，亦见其端。坚持一"慎"字，终少疏失耳。即问刻安。

与李元度

十一月十一日

次青仁弟左右：

顷接手书，知初七日大战获胜，至以为慰。

各勇进锐退速之弊，罗山西去时曾属及之。全赖营官、哨官得力，故幸免于疏失。大氐他处兵勇情形，亦略相同。进则争前，退则散乱，得三五人保住阵脚，即是劲旅。无此三五人者，则其初每成先胜后败之局，其后遂为屡败不振之师。此盖军旅强弱之恒态。

而麾下平江勇与恒态微有不同者，他处营官、哨官，各有赏罚生杀之权。其所部士卒，当危险之际，有爱而从之，有畏而从之，尊处大权不在哨官，不在营官，而独在足下一人。哨官欲责一勇，则恐不当尊意而不敢责；欲革一勇，则恐不当尊意而不敢革。营官欲去一哨，既有所惮，欲罚一哨，又有所忌。各勇心目之中，但知有足下，而不复知有营官、哨官。甄录之时，但取平江之人，不用他籍之士。"非秦者去，为客者逐。"营哨之权过轻，不得各行其志。危险之际，爱而从之者，或有一二；畏而从之，则无其事也。此中之消息，望足下默察之而默挽之。赏罚之权，不妨专属哨官，收录之时，不妨兼用他籍。哨官得人，此军决可练成劲旅。但总揽则不无偏蔽，分寄则多所维系，幸垂意焉。

而在咸丰七年，除家信外，只有曾国藩与李元度及家人的七封信留存到了今天。而且，从这时信的内容看来，平时公事公办的态度也已经改变了很多，而大多数都是和李元度推心置腹的肺腑之言。从他二月十八日、闰五月初三日及十月十七日给李元度母亲的信中我们可以明显看到这一点：

与李元度

二月十八日

前于闻讣后布达一函，定邀矜照。国藩痛婴斯酷，哀楚难胜。

计自谬逐朝行，二十年来，未伸一日之养。昔岁母丧未得终制，今兹父丧莫亲含殓，于军国为赘疣，于家庭为罪人。现已驰报，奏请奔丧，回籍守制，仍双请赴营效力。定于二十日匍匐就道，恨不得星飞抵里，抚棺一痛。一切情形附具摺稿一纸，并抄移将军、中丞原咨一件，敬呈尊览，亦可得其大略。

惟足下系因国藩而出，辛苦磨折，誓不相弃。今国藩迫于大故，不克相依共命，实深愧负。抚州各战，尚未保举，并负麾下士卒。临风无任歉仄，统惟心鉴。

与李元度
闰五月初三日

次青仁弟左右：

闰五月初三日专丁至，接五月十五日惠缄，敬悉一切。藉承兴居佳畅，勋望日崇，至以为慰。

国藩抵里，修及三月。顷于近宅七八里觅得葬地一区，闰五月初三日发引，计十五六日可以负土成阡。江右军事，刻不去怀。目下瑞、浔、临、吉皆驻劲旅，所难者不在筹兵，而在筹饷。以兵事言之，则得将军、中丞二人，固可妥商调遣，而绰有余裕。以饷事言之，则理财本非鄙人所长，而钱漕、劝捐、抽厘等事，又属地方官之专政，将越俎而代谋，动猜疑之丛生。即足下去年之枵腹从事，自捐自养，而其不见亮于人者亦已多矣。至口食不继，谓以国藩相处较久之故，欲以甘言抚慰众心，尤属可暂而不可常。反复思维，纵使迅速赴军，实不能有裨于军国之万一。而两次夺情，得罪名教，乃有孝子慈孙百世莫改之愆。前此博询众议，求衷至是。近得各处复书，如吴南屏、冯展云辈，皆谓宜奏请终制。顷于五月二十二日具摺陈请，抄稿敬呈仁览。〈六月〉二十一二可奉朱批，届期再当布闻。

自维即戎数载，寸效莫展，才实限之，命实尸之，即亦无所愧恨。所愧恨者，上无以报圣主优容器使之恩，下无以答诸君子患难相从之义。常念足下与雪芹，鄙人皆有三不忘焉。雪芹当岳州败时，正棹孤舟，搜剿西湖，后由龙阳、沅江偷渡，沉船埋炮，潜身来归，一不忘也；五年春初，大风坏舟，率破船数十号，挈涓滴之饷项、涣散之人心，上援武汉，二不忘也；冬间直穿贼中，芒鞋徒步，千里赴援，三不忘也。足下当靖港败后，宛转护持，入则欢愉相对，出则雪涕鸣愤，一不忘也；九江败后，特立一军，初志专在护卫水师，保全根本，二不忘也；樟镇败后，鄙人部下，别无陆军，赖台端支持东路隐然巨镇，力撑绝续之交，以待楚援之至，三不忘也。生也有涯，知也无涯。此六不忘者，鄙人盖有无涯之感，不随有生以俱尽。自读礼家居，回首往事，眷眷于辛苦久从之将士，尤眷眷于足下与雪芹二人。龙方伯血性男子，当能青睐相加。耆中丞新政昭融，一改前此旧习。意者贵军有先否后喜之日，保举之案，必不待鄙人之至而后出奏。惟饷项支绌，协款日穷，则同一束手耳。霞仙来此会葬，因其太公悯念少子，不克应者中丞之聘。云仙枉吊，聚晤数日，比闻其将赴京供职。润公时有书来，才气宏放，而用意深微，殊不可及。因来书垂询，聊贡一二。诸惟心照，顺问捷安。

附呈摺稿一件、与吴南屏信稿一件、墓志一首。

复李元度之太夫人

十月十七日后

顷专使至，接奉来牍，情词恳切，语语非虚。披览之馀，不忍卒读。

国藩在京十四年，未能迎养老亲。前丁母忧，甫逾百日，即出而襄事。在外数年，毫无裨益，王事靡盬，家难复婴。今岁仲春丁父忧，奔丧旋里。实恐两次夺情，得罪名教，为天下后世所不齿。是以连疏陈情，力恳终制。圣恩高厚，俯如所请。身虽恪守礼庐，然有所抱歉于中、耿耿不释者，上无以对吾君高厚生成之恩，下无以对彭雪芹、李次青二人患难相从之义。日夜悚仄，如负重疚。内以讼于心，外以告于友朋，并屡函告雪芹、次青矣。

自湖口克复，雪芹出坎窞之中，游浩荡之宇，国藩稍释歉怀。惟次青则仍陷东方，孤军无援，饷糈空乏，道路梗塞，音问罕通。念其所处而寝食不忘者，岂特慈母之于子然哉？鄙人之于友朋，亦何尝须臾惄置也。

次青于我情谊之厚，始终不渝。岳州之败，星驰来赴。靖港之挫，从人皆散，次青追随贼躯，不离左右，出则呜咽呜愤，入则强颜相慰。浔郡之败；次青耻之。恨贴身尚无劲旅，亟欲招勇，自行训练，以护卫国藩之身。斯二者，皆国藩所镂骨铭心者也。至于先合而后离，我水而彼陆，进退分合之际，则次青与鄙了皆有不能自主者。盖人事居其半，天事亦居其半。次青本居国藩幕府，同住一舟，司奏摺信缄等件。五年正月，锐意欲招平江勇自行统率，国藩曾沮止之。初订只招一千，在国藩身边护卫耳。厥后招至三千，已有能发不能收，可进不可止之势。然犹同扎南康，咫尺相依。逮七月移师湖口，国藩再三劝止。如胡盖南、吴齐源及彭斯举、杨志伊辈，皆所共知。从此分离，各居一方矣。然犹去国藩未远也。及其湖口屡捷，移攻抚州；抚州一挫，退扎贵溪，于是既分而不能复合。则因应变化，殆所谓天事而非人力所能为主也。然江西东路，未必不赖此一军。事久论定，公道自明，尊庑亦不必深虑。

国藩日内当缄致江西，婉商中丞丁伯，可否令次青告假回籍省亲。如军务少暇，断无不允之理。腊月间当遣人至尊府问讯。鄙人一息尚存，即当时通音书，休戚与共，断不令尊庑常忧危而已独安乐。闻次青有两儿，不知有女几人。或平辈，或晚辈，有相当者可缔婚姻而申永好，以明不敢负义之心。天寒岁暮，尚祈珍摄自玉，无任祝祷。肃此布复，敬请神安。不备。

正封缄间，按次青十月十七日之信，知彼处军事平安，次青已于十月初八具禀请假回籍。若见允，则已可起程矣。如未见允，则此时致函已嫌其迟，甚属无益，遂不复致。

而曾国藩之所以在此时竭尽全力与李元度交好，还要归结于他当时的处境。因为咸丰七年二月，曾国藩之父曾竹亭撒手人世，正陷于江西战场泥潭的曾国藩借此机会丢下一切回到了家乡，而李元度则帮助曾国藩支撑他留在江西的残局。此后，曾国藩赋闲在家，但追求功名心切的他根本无心呆在家里。尤其是随着形势的变化，江西战局中湘军的地位发生了有利的转变，胜仗频频，许多在军中立功的人也得到了升迁，有的官位甚至比曾国藩还高。在这样的情况下，曾国藩把李元度当作自己的知己，其目的就是在军中为自己寻找强援。咸丰八年六月，朝廷终于重新起用了曾国藩。六月初五日，曾国藩即给李元度去信，称希望借此机会与李元度相见，能够抒发自己内心的愧疚，实在是让他感到称心满意，并称以后"所有应办事宜及前此错失，应行改弦更张者，敬求一一详示"。

次青仁弟左右：

五月三十日寄上一缄，交吉安营转投。六月二日又书数字，交敝邑吴子祥带呈。六月初三日接奉寄谕，饬令驰驱入浙，办理军务。瑞、临、抚、建、浔湖之克，未得躬与其役。浙事方殷，攘臂再出，本非趋时之善。而藉此得与阁下相见，一抒愧歉积忱，在鄙人为称心满意之事。悯其乌私而暂令守制，又不弃驽骀而曲加器使，在圣人，实高天厚地之恩。兹定于初七日起行，大约七月可至玉山与阁下握手矣。

张运兰、萧启江两军夙称劲旅，益以舍弟及阁下两军，已满万人。又抬舢板过常、玉二山，酌带水军千馀，足敷剿办。两湖奏明，每月协饷四万，此外所少无几，亦一善也。兹有寄浙抚浙绅二缄，敬求专弁飞送，或拆阅后再封送亦可，万勿迟误。此次之出，约旨卑思，但求精而不求阔，可合而不可分。所有应办事宜及前此错失，应行改弦更张者，敬求一一详示。二十五日湖南中丞奏请起复国藩援浙，与二十一日京发寄谕适相符合，亦足异矣。书不百一，顺请台安。

而在八月初四日给李元度的信中，他更是大大赞扬了李元度：

次青仁弟阁下：

前接玉山解围之信，即复一缄，并批禀奉达，想邀英盼。初二日接晏中丞咨，欣悉台端得保江西，记名请简道员。久屈必伸，理有固然。旋接惠缄，抄录浙中折稿，既怀他人之我先，而又深喜欲为高者恰有兵陵之可因也。初三日又得赐缄，并抄寄李镇军原咨，藉悉一切。

国藩于初一二入贵境，目睹旌旗，但知李公，不知其他也；耳闻讴歌，但知李公，不知其他也。仙李之蟠根孔大，出蓝之誉望益隆。往在山中，以阁下与雪琴久共患难，中道弃捐，引为大疚；恨不得拔夏侯于汉中，送杨雄于天上。及至湖口，则雪琴雄占一方；今至信江，则次公又虎步一路。然后知山中之自为疚恨，盖愚呆不晓大计耳。即日改陆路，驰至河口，拟以萧军驻守河口，以保饷源而防皖贼，自率张、朱、平江等军进剿崇安、建宁之贼。敬恳台从即日来镇，握手剧谈，以慰饥渴，而商筹略。企想千万，顺问台安，并贺大喜。

正是基于两人如此深厚的友情，咸丰十年七月十二日，曾国藩会同安徽巡抚翁一同给咸丰帝皇上奏折，请求把李元度调为徽宁池太广道：

奏为皖南道员缺紧要，请迅赐简放，以重职守事。

窃臣接据署徽宁道、江南盐巡道福咸禀称"奉浙江巡抚王有龄批示，新放皖南道郭志融，已于春间在苏病故。该署道久患痹症，虽日就痊可，精力尚未复元。皖南道事务殷繁，郭志融既已病故，员缺未便久悬，恳奏请另行简放，以重职守"等情前来。臣查皖南道一缺，自咸丰五年经部臣议定，照台湾道之例，如府县委署，参撤地丁漕粮等项，应由藩司主政者；命盗案件，勘解审结，应由臬司主政者；概归该道就近核办。遇有紧要军务，并准专折驰奏，责任綦重。相应照明，请旨迅赐简放，以重职守。臣尚未接印，所有本衙门案卷，无从查阅。闻皖南道缺，向由督臣酌保请简。今臣驻军徽州，尤须得人相助为理。查有按察使衔新授浙江温处道李元度，血诚果毅，练达戎机，每遇艰危之际，独能贞固不摇。前在江西，迭著战功，皖南地势，讲求亦熟。仰恳圣恩，可否即以温处道李元度调补皖南道缺，于军务、地方，均有裨益。该道玉山守城案内，蒙恩加按察使衔，于此缺加衔之例，亦属相符。如蒙俞允，应候广信布置稍定，即令该道驰赴新任。至江南盐巡道福咸，臣已于六月初三日奏明调营。钦奉谕旨，着照所拟办理。该员现署皖南道，应候李元度到任后，即将福咸调营差委。所有皖南道缺紧要，拣员请旨简放缘由，谨会同安徽抚臣翁同书，恭折驰奏，伏乞皇上圣鉴，训示施行。谨奏。

然而，事隔不到两个月，曾国藩却把李元度看成了一个"大节已亏""恐难长进"的人。

朝廷在收到曾国藩于九月十六日上的《周天受等宁国殉节请恤及参革徽州失职人员折》的奏折后，于十月十一日回谕，做出了将李元度革职拿问的决定。

但是，李元度并没有就此而丧失信心，而是努力求得将功赎罪的机会。早在曾国藩奔父丧时，李元度与后任浙江巡抚的王有龄之间就往来密切，而王有龄则与曾国藩存在很深的隔阂，因为湘军不属朝廷编制，所以都是由各地自筹军饷。曾国藩在江西时，向王有龄要军饷，王有龄却没有答应他；后来因浙江军事危急，王有龄向曾国藩讨救兵，曾国藩同样以其人之道还治其人之身。由此两人间积怨不断。李元度与王有龄有联系，更增加了曾国藩对他的误解。后来，曾国藩复出，李元度也就对曾国藩死了心，但是，徽州之败，使曾李二人的交情由此结束，因此，李元度只好另立门户。他在家乡，重新招募了一支八千人的队伍，号称安越军，到浙江投靠王有龄去了。李元度的改换门庭，使曾国藩对他更为恼怒。咸丰十一年五月，李元度因率安越军援助湖北，于义宁等处出力有功，经总督官文、巡抚胡林翼奏请，使他重新担任按察使的职务；接着又攻破了江西奉新、瑞州等城，经江西巡抚毓科奏请，赐给了他布政使头衔；这年九月，李元度始率军入浙，同左宗棠部会合，把常山等地从太平军手里夺了回来。故于同治元年正月十四日他接着担任了浙江盐运使兼署布政使。二月初三日又奉旨擢授浙江按察使。李元度如此平步青云，本来与曾国藩没有任何的关联，却使曾国藩感到有些难堪，因为李元度的这一系列功劳，都是在离开曾国藩之后所取得的，而李元度立功越大越多，就会越多地证明李元度并非是因为无能导致徽州之败的，而是曾国藩调度无方。正是因为这种心理的影响，曾国藩对李元度接二连三地报复，现在我们从曾李二人交往的历史来看，曾国藩是一直处于主动地位的，而李元度始终含屈受冤，郁郁不得志。而且，李元度自己也觉得徽州之败，他确实觉得无颜见曾国藩，而曾国藩始终不能对此释怀，在此种情况下，他到底该怎么做呢？就此抑郁终生？或向曾国藩表明全是因为自己无能才导致战场失利？

当然李元度组成安越军，以给自己一个东山再起的机会，这无疑是最明智的选择，也是作为一名大丈夫所应该做的。可惜的是，他碰上的曾国藩却是一个权势熏天、心胸狭窄的人，才使自己空有一身才艺却无法施展。虽然如此，从晚年李元度与曾国藩的关系看，因为李元度并非斤斤计较之人，两人的关系还是十分融洽的。如同治十三年李元度曾经写了一首诗，步曾国藩的韵脚："嗟我昔从公，中蹶良自作，未遂鲲鹏化，甘同鲋辙涸。"称自己之所以在官场中屡屡受挫，完全是自己的报应。而在曾国藩死后，李元度在祭文中还曾经写道："生我者父，知我者公。公之于我，地拓海容。"

李元度晚年出任贵州按察使，升布政使，但也只是做到了和以前一样的官职。与晚于他的李鸿章已根本不能相提并论了。在此我们也只能对之惋惜而已。

第七章 天国瓦解

一、安庆之克

1. 安庆之役

安庆是处于长江之滨的一座重要城市，也是太平天国的首府南京的重要屏障，湘军要进军南京，必须要先把安庆攻下，而一旦安庆被攻下，南京的形势也将非常危急，因此，太平天国一直派重兵对安庆进行防守。咸丰十年闰三月，曾国荃带领着一万多名湘军，开始准备进攻安庆。于咸丰十一年八月，围困近一年半的安庆城终于在湘军的猛烈攻击下失守了。

攻下安庆，在湘军历史上，其意义极其重大，它同时也极大地传播了湘军的名声。在此我们对湘军的此次战役作一回顾：

咸丰九年秋，太平军与捻军联合，掌握了安庆、庐州等战略要地的控制权。胡林翼首先提出了这一建议，与曾国藩商定后，十月间，两人会合，共同向清廷提出了分四路进攻皖中腹地的计划：其中两路顺着长江到下游去，即"第一路由宿松、石牌以规安庆"；"第二路由太湖、潜山以取桐城"；另两路则顺着山路进军攻城，即"第三路由英山、霍山以取舒城"；"第四路，由商、固以规庐州"。曾国藩部组成第一路、有一万五千人的唐训方部负责守石牌，另会同杨岳斌水师六千人；第二路一共有一万五千人，分别为副都统多隆阿部、总兵鲍超部、道员蒋凝学部；第三路为胡林翼部、余际昌部，他们先驻扎在楚皖交界处，负责总的军队调度和转运工作；第四路拟调回李续宜部担任。此外，各路还都分配有数百人的马队，以求能够彼此呼应。

接着，他们便调兵遣将，于是一场大规模的行动就开始了。但是，此时，安徽巡抚翁同书所部被困在寿州，没有与外界相通的道路运送粮饷，胜保部也偏驻皖东北的五河，这些部自己的形势也很危急，难以与从湖北进入安徽的湘军配合。而且，曾国藩直接指挥的张运兰部六月由江西景德镇带领部队回到湖南后，在骆秉章的命令下负责防卫彬州的工作；萧启江部在赣南与石达开所部太平军周旋一段时间后，跟随石达开的部队来到了广西；李续宜部远在湖南宝庆，即使是李续宜本人也因为母亲生病而请假在家；因此在这四路中有两路很难出征。这种兵力空虚的情形，使清廷对曾、胡四路进军的计划也不敢太过信任，咸丰帝在曾、胡的奏折亲自批道："惟恐言之甚易，行之甚难。"因而清廷十月二十六日的上谕，没有准许他们按计划执行，仍然按照以前的命令，叫他们"于四军内派出一军，取道光（光州，今河南光山）、固（固始）、颍州（今安徽阜阳）绕出怀（怀远）、蒙（蒙城）以北"，会同胜保、翁同书等自淮北方向一起进攻南面，使太平军不能够北上到淮北或是到山东直隶。这条进军路线打算让湘军经河南南端而抵淮北，这是由署漕运总督袁甲三与署江南河道总督庚长于九月十六日在给朝廷的奏折中提出的建议。他们设计的方案是：这支清军从淮北出发，向南进军，"与楚北各军呼吸一气"，再让他们和和春、张国梁等"击其东面，翁同书、胜保等击其西面"，"南北兜剿，以期一气扫除"。如果按照这一方案执行，清军各路人马几十万必须在作战中同心协力，但这点显然不是依靠曾国藩的职权和能力就能够办到的；而且根据当时的情况，这种绿营兵和团勇的"大兵团"协力作战，差不多是无法实现的。这个方案虽然很好，但却不实际。而且，从战略上看，比不上先取安庆，然后以上制下的方案稳妥扎实。所以，曾国藩、胡林翼置清廷九月二十一日与十月二十六日的两次上谕于不顾，以久战江滨的湘勇不熟悉淮北的贼情地势为由，拒绝执行上谕。实际上此时湘军兵力已经不如以前充足了，曾、胡一则要独立图存，独立发展，不愿再兵力分散，受别人的牵制；二则不愿改变他们的既定方针，要始终如一地把安庆做为攻击目标。

太湖之役是湘军规略安庆的序幕。太湖是鄂皖两省的交通枢纽，是安庆正西面的屏障，因此是太平军和湘军的必争之地。咸丰九年十一月，当湘军两三万人在太湖城外聚集的时候，湘军攻克石牌，断绝了太平军的后路，陈玉成立即于十二月带领大军前来救援，连垒七十余座，准备对清军实行大包抄，然后联合太湖城内的将士，内外夹攻。当时，胡林翼任命多隆阿指挥太湖前线。但湘军其他将领如曾国荃、李续宜都不愿意在这个满人的手下作战，迟迟不回安徽前线，因而大大削弱了湘军的兵力。幸而胡林翼派金国琛、余际昌率一万一千多人越过吼水岭，从背部袭击太平军，鲍超部四千多人又乘机从被围达二十多天的小池驿冲出，腹背受敌的太平军粮储被大火焚烧，不得不于咸丰十年正月二十六日放弃太湖东撤。湘军乘胜追击将潜山夺了回来，开始从水陆两个方面包围安庆。清廷立即于二月二十四日颁发上谕，鼓励他们奋勇作战："官文、胡林翼、曾国藩督师进剿，调度有方，均着先行交部从优议叙。"

咸丰十年四月，在宿松聚谈之后，湘军包围并夺取安庆的战略部署才最后成熟。

三月廿六日，从湖南赶来的左宗棠与李元度二人来到宿松。第二天，曾国荃也在这个时候到达宿松。咸丰九年六月十七日，曾国荃部和张运兰部等攻占景德镇之后，曾国荃就回家乡把祖坟迁了，家产分了，房子也砌好了，十月初二日从家里回到驻扎在湖北巴河的曾国藩大营，但到十月廿五日又从曾国藩大营里出来，回家去了。曾国藩则不以为然，他在当天的日记中写道："弟此次到营，未满一月而还，究属不妥。"曾国藩虽然想阻拦弟弟回家去，也因弟弟的意志非常坚定而迁就了他。国荃在家住了五个多月以后，曾国藩也来到宿松同三人会合。曾国藩见到了他们三人，天天与他们讨论当今的国家大事，"商议东南大局，图所以补救之法"。幕僚李鸿章也经常给他们提供建议。四月初十日，驻扎在鄂东英山的胡林翼也来到宿松吊唁罗遵殿。浙江巡抚罗遵殿，字淡村，在太平军攻陷杭州以后服药自杀，他的灵柩于四月初三日运到了宿松城外四十里的老家，曾、胡、左、李等都在葬礼中出现。葬礼前后数日，曾国藩和胡林翼经常商讨江南之事。而且，两人都认为军事上不能心有二用，需全神贯注，否则便不能占据有利之势。这就是说，他们通过熟商，从思想上坚定了多路进攻安庆，从而包抄南京的战略思想。而且二人达成了共识：安庆之围，绝不可撤；巩固了上游的防卫才能为攻打下游打下基础；由于太平军在江浙一带的战争中取得了胜利，须竭湖南、湖北、江西三省之力会防太平军西征湖北、江西的秋间大举。同时，他们熟商了一系列组织措施，包括命令左宗棠回到湖南招募勇丁组建军队；奏调张运兰"由湖南取道江西，至饶州一带，听候调遣"；并且命令李元度于五月初九日动身，到湖南去招募三千平江新勇，同前平江五营会合为一军，防卫广信、玉山、衢州一路的太平军；又叫李元度力劝正告养回籍的道员沈葆桢重新出来，负责广信的防务工作，与李、饶军联络一气，"于浙江则固上游之咽喉，于江西则保江南之重镇"。于是为了使咸丰九年所定的战略方针得到贯彻，一场大规模的军事行动，紧锣密鼓地开始了。

在宿松聚谈几天之后，曾国藩收到了官文的咨文，知道自己已要担任兵部尚书的职务，署理两江总督。清廷于十九日发出一道上谕，同一天，清廷便令曾国藩统帅部下，从宁国、广、建一带出发，到苏州剿灭太平军，从而保全大局。其后的十二天，清廷又连发五道谕旨，催促曾国藩速速就任两江总督职务，收拾江南的局面。在这之前不及一个月，即四月初一，清廷曾征求过曾国藩的意见："安庆贼势颇众，曾国藩能否舍安庆而东下，着酌度情形，相机办理，迅速奏闻。"曾国藩于四月十三日给皇帝回复了奏折，表示他不能舍弃安庆，并把自己的情况进行了具体汇报："臣处自萧启江、张运兰拨赴楚、蜀后，不独将领无独当一面之才，且兵力亦太单薄，难当巨寇。目下贼势全趋常、苏，如常州不支，断非进攻芜湖一着之所能牵缀。此臣军不能舍安庆而趋芜湖之实情也。"但这本奏章到达北京前，清廷已于四月初七改变了以前的态度："曾国藩现在围安庆，着即迅图克复，遵照前旨，率师东下，迅扫贼氛。"这道谕旨可谓是漏洞百出，叫曾国藩"迅图克复"安庆的同时带领军队东下，安庆在短时间内怎能克复？故"率师东下"是根本不可能实现的。曾国藩对这道谕旨，并没有任何的表示。但四月十八日的上谕，则变为更加严厉的措辞："曾国藩规取安庆，顿兵坚城，即使安庆得手，而苏、常有失，亦属得不偿失。全局糜烂，补救更难。"规取安庆，其结果无非是得不偿失或得大于失或其他的情况，针对这两种对立的战略观点，五月初二日在《通筹全局并办理大概情形折》中，曾国藩斩钉截铁地回答说："安庆一军，目前关系淮南全局，将来即为克复金陵之张本"有两个根据。第一是从一般的战略上来考虑，认为从古至今若要平定江南的叛乱，必须要在长江上游驻军，造成高屋建瓴之势，咸丰三年金陵之所以被攻陷都是因为向荣、和春诸路督军都是从东面进攻的，他们原本打算防卫苏浙，却在攻克金陵时屡次失败，反而把苏、常两地给丢了，这不是因为兵力不够，而是没有很好地把握形势。如果依然从东面发动进攻，则会丧失战争的有利形势。在这里，曾国藩没有对向荣、和春惨败的主客观原因做具体分析，却一味认为，从金陵东面进攻，没有占据有利地势。仅仅考虑地理因素，这实际上是一种地理环境决定论：进攻江南，只有占据上游的有利地势才有可能获得成功，即只能以上制下，而不能以下制上。第二，他对安徽战场的实际情况进行了具体的分析：若一旦撤安庆之围，则多隆阿攻桐城之军，以及英山、霍山的防兵都必须撤回了。这样的撤退会造成敌盛我馁的局面，不但鄂边难以自保，即使是北路袁甲三、翁同书各路军都会感到孤立无助。曾国藩显然把撤退的后果夸大了；

但牵一发而动全身，撤围必将会使安徽江北战争的全局受到影响，这些倒是真的。自然，曾国藩对于自己已经计划了一年多的争夺安庆之役是不会轻易放弃的。清廷既然在两江地区再无兵力可以依恃，也就不得不任凭曾国藩摆布，并且曾国藩还在五月十一日的上谕中写出了如下的话："通筹全局，甚合机宜，即着照所拟办理。"

曾国藩虽然上了奏章，但一向谨慎的他心中的思考并未停止。如五月初十日，他仍与希庵详细讨论了安庆、桐城两地之军是否应该撤围的问题，两人大概花了两个多小时时间。吃过中饭后，李鸿章的几句话就把问题解决了，于是写信与胡中丞，定为安庆、桐城二军以及青草塥希庵之军都按兵不动。究竟李鸿章说了几句什么话，我们已无从知晓。但这表明曾国藩对夺取安庆的战略部署确是深思熟虑，并征求了很多人的意见的。

当时，太平军对安庆这个战略重地也非常重视，因为它既保护了东边的天京，又是粮食等物质的供应枢纽，还是与捻军联络的据点。当时，有八万多人的湘军，正在长江南北两岸分七路指向安庆、芜湖等地，打算上游胜利以后，以高屋建瓴之势攻占下游。他们计划宏大，来势凶猛，给人势在必得的感觉。然而，他们的计划却有个很大的弱点，即他们在后方湖北、江西所剩的兵力空虚。这个弱点立即被洪仁玕看破了。洪仁玕最早信拜上帝会，但到咸丰九年三月才辗转从香港来到南京，被洪秀全封为干王，总理朝政。1860年春，为解除江南大营对天京的包围，他建议太平军实行"围魏救赵"的策略，先攻打湖州和杭州，引诱清军赴援，然后迅速回师，对江南大营进行全力攻击。洪秀全、陈玉成、李秀成、李世贤等对他这一意见非常赞同，果然于5月间一举消灭了江南大营。洪仁玕看破了湘军后方空虚的弱点后，再次建议故伎重施，乘虚直捣江西、湖北，进夺武汉，这样就能把敌人的兵力分散，从而解除对安庆的包围。

于是，陈玉成在北，李秀成在南，两人都顺着长江西行，约定于第二年4月在武昌会师。1860年9月30日陈玉成率五万大军从天京出发，经庐江、桐城，攻占了湖北蕲水、黄州，于1861年3月17日直接向武昌进犯。这时武昌城内，只有官文带领三千人进行防守。见太平军业已逼近，全城一片混乱，许多有钱人家都逃走了。本在病中的胡林翼慌了手脚，立即带领军队回去救援，但又要顾及安庆前线，因为长久的奔波而疲倦不堪。加上他本来就有肺病，时常吐血。咸丰十一年八月初一日卯刻，湘军夺得安庆后，曾国藩在《克复安庆

省城片》这一奏折中写的很客观："楚军围攻安庆，已逾两年，其谋始于胡林翼一人画图决策，商之官文与臣，并遍告各统领。"可惜，胡林翼已经躺在了病床上，无法进入已夺取的安庆，于八月廿六日亥刻与世长辞，年仅五十岁。曾国藩得知此事，沉痛地写道："赤心以忧国家，小心以事友生，苦心以护诸将，天下宁复有似斯人者哉！"刚好咸丰帝在七月十六日先于胡林翼而驾崩，国丧刚过，故曾国藩在给胡林翼作挽联的时候，感到非常遗憾。挽联是这样写的：

> 遣寇在吴中，是先帝与荩臣临终憾事；
> 荐贤满天下，愿后人补我公未竟勋名。

再说，曾国藩住在长江南岸，分析长江北岸的形势，预计彭玉麟、李继宜回师湖北后，大批折回的太平军又将回转来对桐城、怀宁两地的清军大举进攻。他生怕正包围安庆的曾国荃定不下心来，乱了阵脚，故急于咸丰十一年二月初七、初八给曾国荃接连写了几封信，叮嘱他必须先坚守五六天，等待鲍超部渡过长江增援他。二月二十二日又写信给曾国荃，对太平军进攻武昌的战略目的进行了准确的分析："群贼分路上犯，其意无非援救安庆。无论武汉幸而保全，贼必以全力回扑安庆围师；即不幸而武汉疏失，贼亦必以小支牵缀武昌，而以大支回扑安庆，或竟弃鄂不顾。去年之弃浙江而解金陵之围，乃贼中得意之笔。今年抄写前文无疑也。"接着，他又对坚守安庆有着怎样的重要意义进行了反复的说明："无论武汉之或保或否，总以狗逆回扑安庆时官军之能守不能守，以定乾坤之能转不能转。安庆之壕墙能守，则武昌虽失，必复为希庵所克，是乾坤有转机也；安庆之壕墙不能守，则武昌虽无恙，贼之气焰复振，是乾坤无转机也。"他向曾国荃指出了到底应该怎么做："弟等一军关系天地剥复之机，无以武汉有疏而遽为震摇，须等狗逆回扑，坚守之后再定主意。"能否保住上游武汉的有利形势，对于曾国藩、胡林翼来说，确是他们能否坚持在下游规略安庆，再图金陵的战略方针的关键所在。所以曾国藩于二月二十六日在给他两个弟弟的信中又说："贼纵有破鄂之势，断无守鄂之力。江夏纵失，尚可旋得；安庆一弛，不可复围。故余力主不弛围之说。"

可幸的是，长江南岸的李秀成部，1860年10月下旬才进军攻占安徽南部，接连攻陷了徽州、休宁等城，距曾国藩祁门大营只有二十里路的距离，却不战而退，于1861年2月绕道来到了江西境内。而且在江西境内不要说一个府，连一个县都没有攻破。议论的人都以为是为了解救安庆，或者有人说太平军没有策略。李秀成到处招兵买马，拖延时间，至 6 月才到达武昌前沿，使得与北岸陈玉成部不能够在四月会师武昌。而且当时在汉口的英国侵略者何伯（James Hope）、巴夏礼（Harry Parkes）等干涉了陈玉成进攻武昌的行为。陈玉成为了不与外国人发生直接的冲突，加上李秀成部一时尚未到达湖北，原定的会师武昌的计划就无法实施了，他带领部队回去增援安庆，于 4 月 27 日进入集贤关，那是安庆西城外的险要之地。争夺安庆的最后决战，便紧锣密鼓地揭开了序幕。

太平军守安庆，其策略在于守险不守陴。安庆之险在集贤关，因此太平军便将重兵都投入到集贤关，以阻止迫近安庆的湘军。曾国荃则采用长壕法对付太平军，即在安庆城的城墙之下挖了两条很深很宽的壕沟，湘军居于两壕的中间，内壕的作用是围攻安庆，外壕的作用是抵抗增援的太平军，曾国荃也因此被人们称作"曾铁桶"。当时，安庆城内的一万多名太平军已被四万湘军围困了一年的时间。湘军在城外挖了两道长壕，使城内太平军很难从包围中突破出去，城外太平军也很难冲到城内增援城内部队。陈玉成虽然在菱湖筑垒十八座，又派了一千多士兵到城内帮助防卫，还向城内送去粮食，一时间把安庆的局势稳定住了，但由于从各地前来的增援太平军的部队，包括从天京来援的洪仁玕、林绍璋部，从芜湖来援的黄文金部和捻军，从庐江来援的吴如孝部，都在挂车河、练潭一带遭到了湘军多隆阿等部的狙击，无法会合陈玉成部。陈玉成在集贤关内孤军奋战，对曾国荃的围军根本无能为力。

湘军从咸丰九年底太湖之役吸取了经验，这次所采取的方法依然是围城打援。曾国藩一而再，再而三地教给曾国荃一个围城窍诀，教他必须恪守"坚静"二字。他说："凡军行太速，气太锐，其中必有不整不齐之处，惟有一'静'字可以胜之，不出队，不喊呐，枪炮不能命中者不许乱放一声。"他嘱咐两兄弟要在拼命坚守上既达成共识，又通力合作。他还对战事进行了一般性的概括总结，说："凡办大事，半由人力，半由天事。如此次安庆之守，壕深而墙坚，稳静而不懈，此人力也；其是否不致以一蚁溃堤，以一蝇玷圭，则天事也。"就在这个时候，曾、胡既布置多隆阿部在桐城一线对于东面来的林绍璋援军继续狙击，又从长江南岸调来鲍超部对于西面来的陈玉成援军进行狙击，还派胡达轩三营、成大吉七营分别进驻石牌和集贤关外，拖住敌人的后腿。他们的目的是要将安庆夺回来，而行动方向却是对太平军援军的有生力量进行打击和削弱。这个围

城打援的战略，最初是胡林翼在太湖之役中提出的。他说："用兵之道，全军为上，得地次之。今日战功，破贼为大，复城镇为下。古之围者，必四面无敌；又兵法，十则围之。若我兵困于一隅，贼必以弱者居守，而旁轶横扰，乘我于不及之地，此危道也。然不围城，则无以致贼而求战。"这一策略无疑是非常正确的，它不但使湘军在太湖之役中取得了胜利，也使湘军最后在争夺安庆这场战斗中取得了胜利。

当曾国藩听到五月初一日"杀三垒真正悍贼千余人"的消息时，他立即判断说：陈玉成部必会因此而气势大衰，并说："平日或克一大城、获一大捷，尚不能杀许多真贼，真可喜也。"他特别注意刘玱琳，这个人英勇善战，并说自己因为尊敬他的为人，所以称他为先生，"爱其人，故称翁"。并对曾国荃等人嘱咐说，不要让刘玱琳这人跑掉了。刘玱琳被俘获后，杨岳斌将他肢解，并割下首级送到安庆城下示众。刘玱琳部覆灭后不久，集贤关内的八千多名太平军，也因孤立无援，先后在战场中丧了命。至7月，安庆城外所有的太平军据点都被消灭了。

陈玉成部因为多隆河在挂车河的狙击，无法援助城内的太平军，只得与洪仁玕、林绍璋、吴如孝、黄文金、杨辅清等率领的四万多名太平军，从湖北薪州绕道过去，经宿松、石牌，于七月十五日再次向集贤关发动进攻。这时，安庆城内很长时间内都缺少粮食，但太平军战士还是列队西门上，遥遥地呼应着增援部队。陈玉成率部苦战了好几天，抱草填壕，虽血肉横飞，仍然不停止冲锋活动；城内饥惫之卒，几乎连举刀枪的力气都没有了，也奋勇杀出。可惜最终还是无法越过敌人的深沟高垒，不能会师。八月初一湘军轰倒北门城墙，蜂拥而入，城内到处都有人在屠杀、抢劫。陈玉成等遥见城内火光冲天，又带领部下进行了两次冲锋，却都失败了，方引军西去。

2. 对待俘虏，格杀勿论

争夺安庆一役中死伤了三万多名太平军，城内叶芸莱、吴定彩等一万多人都被清军所杀害。安庆的失陷基本结束了安徽的战事，江苏和浙江便成了与太平军作战的主战场。后来，洪仁玕写道："我军最大之损失，乃是安庆落在清军之手。此城实为天京之锁钥而保障其安全者，一落在妖手，即可为攻我之基础。安庆一失，沿途至天京之城相继陷落，不可复守矣！"安庆之克使湘军名声大振，然而在安庆之战中的杀戮是极其残忍的。

早在咸丰十一年五月，太平军刘玱林部在安庆城外赤岗岭的战斗中败于湘军，其中有三个垒，千余名的太平军都投降了清军。曾国藩听到这个消息后，感到非常兴奋，便写信给曾国荃，问他有没有把这些人都杀了："不知刘玱林一垒究竟如何，其已降之三垒，已杀之否？"当他听说已经全部杀死了投降的太平军的时候，感到非常高兴："此次杀三垒真正悍贼千余人，使狗党为之大衰，平日或克一大城，获一大捷尚不能杀许多真贼，真可喜也。"

优待俘虏、缴枪不杀，这在历朝历代的战争中是大家都遵守的规则，也是一支仁义之师所应该做到的。而在曾国藩的心目中，他宁愿斩草除根，也不愿意优待俘虏，因为这种方法省事又实用。这对曾国藩来说是一条反动逻辑。他让别人也接受他的反动逻辑。如据唐浩明的《曾国藩》，当曾国荃带兵打仗之初，曾国藩即教他对于所有的太平军俘虏，都要格杀勿论：

沅甫明白了过来，对谨慎而有远见的大哥感到非常敬佩。

"大哥，"过了一段时间，沅甫问，"有一事请大哥赐教。俘虏的长毛如何处置，难道把他们也杀了？"

"对长毛喊口号、贴布告，自然要对他们讲如果投降了就可以活命、胁从者释放回籍的话，不过，"曾国藩说得非常轻松，"其实这两年来，只要是长毛被我们捉到了，无论男女老少，一律剜目凌迟，没有一个例外的。"

"剜目凌迟？"沅甫的心里吃了一惊，"大哥，未免有些太过残酷，难道不可以不杀那么多的人吗？"

曾国藩站起来，轻轻地在沅甫的肩膀上拍了一拍，亲切地说："九弟，你还初离书房，没有打过几天仗，难免会有这样的仁慈之念。我当初也和你一个样。孟子说，君子要远离庖丁厨师。读书人连杀羊杀牛时都不敢多看一眼，岂能亲手操刀杀人？但现在我们却不能再以书斋里的文人自居了，我们是带勇的将官。既已带兵，当然应该专心致志杀贼，何必忌讳自己杀了那么多人？又何必以杀人方式为忌？长毛之多俘多杀，流毒南纪，天父天兄之教，天王翼王之官，即使周孔再生，也一定要力谋诛之。既谋诛灭，断无不多杀狠杀之理。希望你把以前书生的仁慈恻隐之心收起来，多杀长毛，早建大功，这样才能真正顶天立地啊！"沅甫点头，牢牢把大哥对他的教导记在了心里。

而在此后，曾国藩仍不断地把这种反动逻辑教给曾国荃，如咸丰十一年六月十二日给曾国荃的信中他就特别指出，既已带兵，就不应该害怕杀人太多：

"既已带兵，自以杀贼为志，何必以多杀人为悔？此贼之多掳多杀，流毒南纪；天父天兄之教，天燕天豫之官，虽使周孔生今，断无不力谋诛灭之理；既谋诛灭，断无以多杀为悔之理。幅巾归农，弟果能遂此志，兄亦颇以为慰。特世变旧新，吾辈之出，几若不克自主，冥冥中似有维持之者。"

因此，当安庆城被攻陷后，曾国荃就杀光了守卫安庆城的太平军，曾国藩便掩饰不住内心的兴奋，把这个好消息告诉给朝廷，并且在奏折中多次提到了"无一人得脱""围杀净尽""实无一名漏网"等词。

二、驻扎江浙

1. 提拔左宗棠

在咸丰十一年八月业已夺得安庆的情况下，经营江浙便成为曾国藩的主要工作。也由此而造就了两位煊赫一时的人物，一个叫李鸿章，一个叫左宗棠。

左宗棠比李鸿章晚到曾氏幕府一年半，当时的军事形势和曾国藩本人与咸丰十年三月的情况是不可同日而语的。咸丰十年春夏之交，中国国内到处是紧张而复杂的局势，英法联军正陈兵大沽口，对清朝廷的首脑机构构成了严重威胁；闰三月，清军江南大营遭到了第二次惨败，主帅和春受伤病死，太平军也相继攻克了江苏的富庶之地苏州、常州；太平军为解安庆之围，在去年八月就开始了夹江进击的第二次西征，正胜利推进。环视内外，曾国藩感到运筹帷幄，志在必得，他已意识到，朝廷必定会把剿灭太平军的任务放在自己肩上。他的部属更是举杯欢庆，对江南大营的溃败，一个个都感到兴奋异常。左宗棠闻而叹曰："天意其有转机乎？"别人问他为什么要说这句话，他说："江南大营将蹇兵罢，万不足资以讨贼，得此一洗荡，而后来者可以措手。"他们不顾同伴的失败，却只想到失败带给他们的好处。胡林翼说得则更为露骨："朝廷能以江南事付曾公，天下不足平也。"所以，在这样的情势下，到曾氏幕府不久的左宗棠，便得到了曾国藩的举荐，于四月二十日奉上谕，"以四品京堂候补，随同曾国藩襄办军务"。而在曾氏幕府多待了一年多的李鸿章，在这年五月才被曾国藩派去做淮扬水师的组建工作。

左宗棠初到曾国藩宿松大营的时候，认为作为一名君子不可以被人再三侮辱，死于小人还不如死于盗贼，因而想在曾国藩手下做一营官，既满足了自己讨贼的心愿，又可以使自己策马扬鞭，冲锋在前。当时，曾国藩和左宗棠的想法是不一致的，在给骆秉章的信中曾国藩这样写道："左季翁自领一队之说，侍劝其不必添此蛇足，今已作罢论矣。"但曾国藩接到咸丰帝的寄谕，征求他的意见："应否令左宗棠仍在湖南襄办团练事，抑或调赴该侍郎军营，俾得尽其所长，以收得人之效？"曾国藩这才改变了原有的想法，叫左宗棠另外带领一队湘军。左宗棠原打算募二千五百人，曾国藩的意见却是让他募五千人。左宗棠在宿松只待了二十多天，因为儿子病情很严重，他提前回到湖南。曾国藩的本意，是叫他募勇对安徽的兵力进行支援，他在给曾国藩的信中却这样说道："苏州既失，为公计者，宜先以偏师保越为图吴之计"，"是制此贼，必取远势，而不能图速效"。又说："先将江西兵事、饷事逐为经画，亦当务之急也。"这个计策实际就是"保越图吴"，尔后左宗棠在镇压太平天国运动中长期运用了这一战略。左宗棠在湖南招兵买马，将以前大批的湘勇集合在一起，又收聚了王鑫的旧部，共得五千八百零四人，被称为楚军。这年八月间，他率楚军经醴陵直趋江西，先在江西东北部和东部与太平军进行了几次交锋，随后转战到浙江。

自安庆失守后，李秀成便把兵力全部集中到江浙。从江西东向的侍王李世贤部及从广西回师的石达开旧部，几乎遍布了浙江全省。十一月二十八日，李秀成带领太平军--举将浙江省会杭州攻克，巡抚王有龄万般无奈，只得自杀。在这之前，十月十七日、十月十八日、十月二十三日，清廷曾发三次廷寄，谕讼左宗棠马上赶到浙江去，负责军务的督办。曾国藩等于十月底作出决定，十一月十六日在给朝廷的奏折中说："臣等往返熟商，即请左宗棠督率所部进援浙江，并将驻防徽州之臬司张运兰、驻防广信之道员屈蟠、驻防玉山之道员王德榜、参将顾云彩、驻防广丰之道员段起各军，及副将孙昌国内河水师，均归左宗棠就近节制调度。兵力稍厚，运棹较灵，于援剿浙、皖之时，仍步步顾定江西门户，庶于三省全局有裨。"当时，曾国藩作为两江总督，原本只是负责统率江苏、安徽、江西三省，清廷因为对曾氏集团的依赖，又于十月十八日下发明谕，上述三省除外，"并浙江全省军务，所有四省巡抚、提镇以下各官，悉归节制"，杭州将军瑞昌只是负责浙江军务的帮办。但曾国藩于十一月二十五日给朝廷的奏折中说："以臣遥制浙军，尚隔越于千里之外，不若以左宗棠专办浙省，

可取决于呼吸之间。"又说，左宗棠"其才实可独当一面，应请皇上明降谕旨，令左宗棠督办浙江全省军务，所有该省主客各军，均归节制。即无庸臣兼统浙省"。曾国藩深感朝廷对自己有太重的依赖，给了他太过尊贵的权位和太多的期望，令他感到有些畏惧，因此不敢控制四省，恐怕自己会犯下过错，另一方面，也说明曾国藩当时给予左宗棠信赖与倚重也是非常多的。

左宗棠此时在广信负责驻防工作，他根据"宁肯缓进，断不后退"的原则，率军至婺源，又分兵解除了徽州的包围，使后方得到了巩固。十一月十一日、十二日、十四日、十六日，朝廷又连发四道谕旨，催促左宗棠赶快带兵赶到浙江。同治元年正月十五日，左宗棠才从江西东北边境和皖南边境翻山越岭，历经千辛万苦进入浙江省西北部开化县，迫使太平军退到遂安方向。其后，左宗棠根据曾国藩的以衢州府作为控制全浙的根据地的战略决策，于五月初四日攻占衢州，以衢州为基地进夺全浙。八月，蒋益澧带领八千多名湘军从广西开至衢州，左宗棠部的人数增到了一万六千名之多。他们由南向北逐渐推进，太平军顽强地抵抗了这种推进行动。经过一年多的双方拉锯，直至同治三年二月二十五日，左宗棠在法国军官德克碑的不败之师的帮助下，才最后把杭州攻下。双方又争夺了几个月，到这年八月下旬，左宗棠的楚军基本上占领了浙江全境。左宗棠攻占杭州后不久，在三月十八日，朝廷命曾国荃补授浙江巡抚，左宗棠补授闽浙总督，同时仍然担任浙江巡抚的职务。至此，左宗棠在官场上已经比较成熟了，成为清廷的方面大员，与曾国藩处于同等的地位。

2. 任用李鸿章

比左宗棠组建军队晚一些时候，李鸿章奉曾国藩之命，在安徽也组建了一支号为淮军的军队。从此，湘军及其别系楚军和淮军形成了三足鼎立的局面，一在安徽，一在浙江，一在江苏，从三面威胁着天京，成为后来对抗太平天国的主要力量。

曾国藩在担任两江总督之后，于咸丰十年五月十七日奏请建立三支水师，分别为淮扬、宁国、太湖，增添围攻金陵的力量，他特别强调创办淮扬水师，因为这样淮扬一带产米产盐可以更为便利，且可以对淮扬的陆军起辅助作用。接着，他于七月初三日上疏，对于李鸿章的"劲气内敛，才大心细"、"研核兵事，于水师窾要，尤所究心"、"堪膺封疆之寄"大为赞赏，奏请派李鸿章到淮扬去担任兴办水师的工作，又奏请"破格擢授两淮盐运使"。清廷虽然同意让李鸿章去负责兴办淮扬水师的任务，但对曾国藩的疏奏并没有全盘肯定，没有简放李为盐运使。但李鸿章也趁机抓住机会，从而拥有了在长江下游组建新的军队的权柄。

这之后，曾国藩于咸丰十年八月上疏朝廷，被朝廷批准黄翼升为淮扬镇总兵。黄翼升出身铁工，长沙人，原在湖南负责监造战船的工作，后随彭玉麟、杨岳斌水师在武昌、九江、安庆等地与太平军撕杀，本"湖湘末弁"。咸丰十一年，淮扬水师建成，他被曾国藩举荐为水师总统，在彭、杨水师之外作为一支独立的部队。这是曾国藩把自己的军事势力伸向江苏所做的最初一步。

咸丰十一年八月，曾国荃部在攻下了安庆之后，向庐州和无为州等处推进的时候，李秀成率领太平军在江苏境内所向披靡，整个苏南都先后成为太平军的势力所在，只剩下上海、镇江、松江和宝山四座孤城归清廷所有。先年四月，两江总督何桂清在常州一战失败，落荒而逃，然后，苏州就被太平军攻下了，巡抚徐有壬死于战事，于是清廷以布政使薛焕为江苏巡抚，同时让他担任两江总督的职务。但薛焕株守上海，能力根本无法施展得开，只知道召集所有的画工，每天写丹青娱乐，还到处购买玩好珍物，太平军前锋已进至上海近郊，薛焕手下虽有四万多名川勇、广勇，却尽是一些不能打仗的乌合之众。

因此，一方面他们勾结逃亡到中国的美国人华尔，组成了一个成为"常胜军"的洋枪队，从而做为对抗太平军的力量；另一方面接受江苏绅士顾文彬的建议，乞求曾国藩给予支援，这一建议得到薛焕和团练大臣庞钟璐的同意，署理布政使吴煦也非常支持，答应替曾国藩的援军筹备军饷。咸丰十一年十月，户部主事钱鼎铭来到安庆，于十六日带着庞钟璐等人的信函对曾国藩进行拜谒，薛焕派来的厉学潮也一起跟了来。这封信的起草人是冯桂芬，"深婉切至，大略谓吴中有可乘之机而不能持久者三：曰乡团，曰枪船，曰内应是也；有仅完之地而不能持久者三：曰镇江，曰湖州，曰上海是也。"钱鼎铭声泪俱下，情真意切地请求曾国藩增援。二十一日，钱鼎铭再一次去了曾国藩那里，"情词深痛"，"语次，声泪俱下，叩头乞师，情词哀迫"，曾国藩没有答应他，反而感到内心有些惭愧。钱鼎铭久居安庆，数次涕泪俱下地哀求曾国藩，大有若不增援他便久居不去的架势。曾国藩刚开始时认为："江苏请援，至少亦须八千人乃能往救，此刻实无此兵力。无论少荃在余处帮办奏折，不能分身前往，即少荃可往，亦无兵可带。"他对从上海来请求增援的人表示，除非到了二月，他不可能筹出一支军队迅速赶到上海去，但上海代表答应每月接济曾国藩大营十万两银子。曾国藩当然不忍心看到膏腴之地的上海落在太平军手里。因此，他表示：对于上海的求援，他是一定会答应的。派谁去呢？吴竹庄是最为了解军情的人，十月二十日来到曾国藩帐下，请求招兵六千，救援江苏上海一带。可是，曾国藩却以新兵难以胜任为理由，拒绝了吴竹庄。其实，曾国藩真正的想法并不是这样。他想的是，上海"富甲天下"，又会给他每月十万两银子的军饷，这种美事他只会留给自己。所以，吴竹庄请求出战后的第四天，即十月二十四日，他立即写信给曾国荃，叫他率万人前去。接着又于十一月十四日、十一月二十四日接连给他写了好几封信，催促曾国荃赶快乘船从乡间回来，招齐的六千新兵在正月里交给盛南带回，并且又一次以名利诱惑他："吾家一门受国厚恩，不能不力保上海重地。上海为苏、杭及外国财货所聚，每月可得厘金六十万金，实为天下膏腴。吾今冬派员去提二十万金，当可得也。"可是，曾国荃却和他的兄长想的不一样，他比阿兄有更大的图谋，夺取金陵一直都是他的梦想。因此，他以不能胜任为借口，没有听从兄长的命令。于是，接替这个工作的人自然成了李鸿章。十二月二十四日，朝廷根据曾国藩的奏请，认为"道员李鸿章既据察看其才可胜重寄，着照所拟，即饬督带水军，并再由曾国藩拨给陆军六七千，驰赴下游"。接到这道谕旨的李鸿章，就如同久困樊笼的鸟儿重新获得了自由，从此摆脱整日无所事事、吟文弄墨的幕僚生活，带领他的部队逐渐作出了一番成绩，成为清代权倾朝廷内外的一名重要官员。

同治元年三月初七日、十三日、十七日、二十四日、三十日和四月二十二日、五月十一日，李鸿章在曾国藩的命令之下，率领不久前在桐城、舒城一带收集的团勇旧部五营和郭松林、程学启的部分湘军六营，一共五千五百多名湘军，分七批潜伏在七艘英国商船上，那些商船是上海道宝应时用十八万两银子租来的，那些船从安庆出发，偷越太平军的水上防线，一直就驶向了上海。他们到达上海的时候是三月初十。

淮军一到上海，就勾结了美国人华尔的常胜军，由此可以看出他们与外国反动派是联盟的。这时，李秀成所率领的大军先后占领了上海外围的嘉定、青浦、松江、奉贤、南汇等地，英国侵略军的司令何伯也被太平军打伤了，法国侵略军司令卜罗德甚至被太平军击毙，太仓一战，清兵中被杀者数百人，落入水中者千余人，三十余座营垒被攻破，大炮洋枪也有好多被太平军缴获了。常胜军副统领法尔思德也在青浦被俘。然而，正在这时，天京的军情却比较危急，洪秀全一日三诏，李秀成只好从松江前线回去援助天京，只留下谭绍光等少量部队围驻上海，这就使李鸿章及其淮军有了重新发展的机会。

在李鸿章疯狂的扩军备战后，淮军的数量一下子增加到了四万多。华尔死后，由英人戈登率领的常胜军的数量也增至四千，他们也都在李鸿章的控制之下。他们趁天京被围、李秀成孤军奋战的时机，在从东向西推进的过程中不断取得胜利。他们攻占太湖东岸的吴江，使得江浙两省的太平军之间的联系被切断；他们招降纳叛，在同治二年十二月四日把苏州攻占；接着占领无锡和浙江嘉定，与左宗棠的楚军一起威胁到太平军的军势。最后，淮军于四月初六日攻占了常州，与金陵外围的湘军取得了联系。左宗棠占领杭州，李鸿章占领常州，湘、淮、楚三军结合到了一起，为曾国藩最后完成他攻克天京的宏图大业，镇压太平天国的首脑机构做出了非常大的贡献。至此，曾国藩在江浙约三年的经营成果总算是显示出不少。

三、南京之克

1. 图攻南京

咸丰十一年，曾国藩在安庆之战取得胜利以后，南京，或者说金陵就一直是他的下一个目标。当时，曾国藩令曾国荃回到家乡继续招兵买马，以使他的吉字营实力得到进一步的扩充。同治元年三月，曾国荃和曾贞干从南北岸分别东下，接连着攻下了十几座处在要隘之处的名城。西梁山古称天险，太平军把它当作金陵的门户，想不到未用多少兵力就攻下了它。而与此同时，左宗棠率领的大军连续在江山、常山等地获胜，声威大振。

五月初一日，曾国荃向秣陵关发起进攻。秣陵关是金陵的重镇，这时太平军守备的并不太严密，清军到达后，守关的太平军将领不久便投降了。清军绕过三汊河后向大胜关进逼。初二日，曾国荃派军队先埋伏在桥边，然后六营大军飞速前进。太平军见被清军从后面抄了过来，害怕被困住，于是乘夜纵火，弃巢而走，清军前去追击，打败了他们，夺下了大胜关、三汊河。这时彭玉麟驻守在金柱关，听到了曾国荃孤军深入太平军营的消息，恐怕被太平军算计，于是便急调水师前来策应，由烈山驶近头关。水陆结合，一举拿下头关。彭玉麟进攻江心洲，上面有坚固的石垒。水师用炮火攻击，太平军也藏在里面还击。最后逼得石垒中的太平军焚火自尽。清军乘胜追击，立马夺取了蒲包洲，于是

便停泊了金陵的护城河口。曾国荃率领三万多名水陆大军进驻雨花台，距南京城只有四里之遥。曾贞干驻扎在三汊河东桥一带，在江边修筑起堡垒以保护西路粮道。就这样开始了对南京的攻防战。初四日，鲍超进攻寒亭、管家桥逆垒，清军一举袭击了他们。十二日，二万太平军共同向雨花台的清军进犯，曾国荃设计埋伏将其攻破。十五日，鲍超在抱龙关击破了太平军，进攻宁国府。

十六日，驻扎在金陵的太平军大举向清军进攻，共分二十多支，对清军在南京的各处营垒都构成了极大的威胁，并集结重要兵力向雨花台长壕猛扑过来。曾国荃在长壕奋力防守，双方军队互有损伤。部将刘连捷英勇善战，一举斩了二千多人，太平军纷纷逃跑，曾国荃冒雨修墙。而宁国府尚有二万人驻守在雄黄镇，二十四日那天晚上与太平军勾结图谋袭击清军。二十五日曾国荃派部将易良虎、刘连捷将他们击退。

八月，长江以南疾疫盛行，于是曾国藩上书同治帝，要求派在京亲信大臣赶赴江南办理军务。同治帝马上下了道谕旨，处理此事：

大江南岸疾疫盛行，前据该大臣奏到，即深轸念，曾经寄谕，进攻金陵不必急求速效，惟求有以自立。伤亡战士并须加意拊循。兹据疏称，近日秋气已深，而疫病未息，宁国、金陵、徽、衢、上海、芜湖各军皆以疠疫死亡相继。猛将如黄庆、伍承瀚等先后物故，鲍超、张运兰、杨岳斌等均各抱病军中，甚至炊爨寥寥。此时战守均无把握，自属实在情形。惟恳请由京简派亲信大臣前往会办，以分责任之重大，挽气数之艰难，谅该大臣亦为忧劳焦灼所迫。朝廷信用楚军，以曾国藩忠勇发于至诚，推心置腹，倚以挽救东南全局。自诸军进逼金陵，逆匪老巢已成阱槛，惟以艰难时会，诚不易得。迭经寄谕。总以毋徒求效旦夕，惟当立足不败之地，以俊俟乘之机。刿兹疾疫繁兴，各军将士疲病之馀，讵忍重加督责？该大臣惟宜愈矢忠诚，拊循加意，使军心益固，沴气潜除。各营疾疫将士，其各传旨，优加存问。本应明降谕旨慰劳，诚以事关军务，或恐人心疑惧，且致奸宄从而生心，贼人转益张其凶焰。我国家深仁厚泽二百余年，当此艰危时势，又益以疾疫流行，将士摧折，深虞隳士气而长寇氛。此无可如何之事，非该大臣一人之咎。意者朝廷政事多阙，足以上干天和，惟当齐心默祷，以祈上苍眷佑，沴戾全消。我君臣当痛自刻责，实力实心，勉图禳救之方，为民请命，以冀天心转移，事机就顺。至天灾流行，必无遍及，各营将士既当其扼，贼中亦岂能无传染？想该大臣郁愤之馀未遑探询，刻下在京固无可简派之人，环顾中外，才力气量如曾国藩者，一时实难其选。该大臣素尝学问，时势艰难，尤当任以毅力，矢以小心，仍不容一息少懈也。"

这时，驻扎在这里的清军已经死亡了大半，而伪忠王李秀成率领苏、常两地的太平军二十多万人来援助金陵。十九日，开始围攻曾国荃的大营。太平军使用西洋的落地开花炮前后轰击，声动天地，清军各处布兵防御，共与太平军激战了十五个昼夜。

九月初三日，伪侍王李世贤从浙江率领十万大军来到这里，攻扑更加猛烈。清军伤亡很多，而太平军伤亡的更多。初五日，清军出濠击贼，攻破了十三座逆垒，杀了数千人。十二日，太平军埋伏在地道的两穴里，同时轰发，土石上飞，太平军逾过墙进去了。太平军白天并没有怎么进攻，反到了夜间轮番攻战起来，连续地在清军的营壕之外扎了一百多个营，相距仅二十丈，并在暗处挖地道，想乘着雨夜进行袭击。曾国荃下令各军开挖内濠、内墙进行防御，分兵连破了七处地洞。

十月初五日，清军出濠，攻破了太平军的十座营垒。太平军兵败逃跑，死伤无数。伪忠王、伪侍王无计可施便逃跑了。金陵大营才得以解围。

同治二年四月初二日，鲍超、刘连捷向六安州发起进攻，苗沛霖包围了寿州，公檄将凝学、毛有铭前去援助，使太平军败退。初七日，曾国荃、彭玉麟共同攻克了东关太平军的营垒，然后攻克了铜城闸。

这时曾国荃已经围攻了金陵很长时间，太平军想尽办法解围，太平军与捻军联合作战。这时同治帝颁布谕旨道："此时曾国荃雨花台之军自不能辄自移动，堕贼诡计；湖北为数省枢纽，诚不可稍有疏失，严树森出驻团风，当不至任贼窜入。群丑蓄谋纷窜，曾国藩所部各军几于应接不暇。该大臣素能镇定，惟当毅力精心，以图万全。浙、沪两军事机尚顺，左宗棠以杭城不难即克，而难于杜贼分窜，是以不急旦夕之效，固属老谋。此时贼既纷窜北岸及长江上游，浙、沪两军如能一克富阳以取杭州，一克昆山以取苏郡，则金陵之贼腹背受敌，或可即收捣穴擒渠之效。该大臣等必能因时审势，以赴事机也。"又谕："曾国藩现驻皖省，为中权扼要。其北自巢、含、舒、桐以至英、霍，贼氛密布，发、捻交乘；又值苗沛霖复叛、颖、寿、六安逆练纷纷扑扰，凶焰顿张；金陵逆党自九洑洲北渡，声言就食，不即扰及里下河等处，而直上和、含，且与捻、苗各匪均相勾结，殊恐贼之蓄谋，故为此包抄大举，势将围裹安庆，以解金陵之围。曾国荃之军逼城为阵，不能遽撤，曾国藩所部桐、舒守将仅能自固，鲍超一支劲旅往来策应，兵力已不甚厚。恐贼乘兵分备单之时，麕集群丑，四面围逼。该大臣驻扎江浒，实为东南大局安危所系，南顾弥增廑念。刻下皖事孔亟，计惟浙军尚属切近，左宗棠务与曾国藩声息相通，缓急可为援应，方为妥善。"

同治二年四月下旬，曾国荃待守城的太平军因几个月未作战而有所懈怠时，命令清军连夜袭击雨花台，最后一举攻下。在奏折中，曾国藩对战况的激烈大肆渲染，说是有六千名太平军被俘杀，其实不然。雨花台紧邻城墙，地势较高，上面筑有坚固的石垒，江南大营进攻了多年都未能拿下。李秀成听说了这一消息，极为震惊，便在五月初撤离了天长、六合，率领军马援救天京。杨载福、鲍超率水陆军乘胜追击，占领了两浦，并对准备渡江的太平军进行截击。杨载福、曾国荃原计划先把九洑洲对面南岸的下关、草鞋峡、燕子矶等地方攻下。五月十五日，清军向九洑洲发起了进攻，太平军进行了顽强的抵抗，使湘军遭到了惨重的损失。进行了一天激战，双方仍分不出胜负。这天晚上，狂风大作，湘军趁着风热发起猛攻，终于攻下九洑洲。

把雨花台和九洑洲攻下来后，曾国荃便准备进攻聚宝门、印子山，曾国藩也把鲍超、肖庆衍两队军马调到江南，以便对天京形成攻围之势。但由于鲍军中流行疾疫，江南一带军情危机，使曾国藩攻围天京的计划破产。但太平军的形势也好不到哪儿去，李秀成的军队此时已损失了十多万人，并且缺粮少响，对清军已无力反攻。曾国荃在六月到九月之间，先后猛攻南京城附近的印子山、上方桥、江东桥、高桥门、七瓦桥，最后全部占领了这些要地。十月，又派军队进驻孝陵卫。使太平军只能通过北神策、太平两门进行联络。十一月初五，湘军用地道火药，炸塌了十多丈城墙。

此时，天京已是岌岌可危。李秀成匆忙从苏州无锡赶了回来，但已于事无补，于是他在分析了整个形势后，建议洪秀全放弃南京，转移到江西。但洪秀全舍不得丢下南京城，使太平军的形势无以缓解。同治三年正月，左宗棠在浙江、李鸿章在江苏的胜利使得南京城的屏障尽失。但并没有对南京城的攻守造成太大影响。湘军此时又把钟山顶上的天保城攻下，然后在太平、神策两门外修筑上坚固的石垒，派军严加把守，形成合围南京之势。

曾国荃又增募和调拨了许多士兵，扩大了攻城湘军的力量。但李秀成也不甘示弱，他开城放出妇女，以节省粮食，然后下令全都去种小麦，使城中的粮食危机得以缓解。两方的攻守战成了激烈、持久的拉锯战。

三月初，曾国荃更加强了对南京城的进攻，他命令湘军在各城修筑起坚固的石垒，并开挖地道，但地道所起作用不大，大多数被太平军破坏。这时由于南京城久攻不下，清廷派李鸿章前来合攻。湘军全力攻击，守城的太平军无力反击，湘军终于攻下南京城。

正如一首诗中所写的"三日夜火光不绝，毙贼十余万人"。曾国藩在六月二十三日给朝廷的奏捷折中也是这样描述南京攻守战的。只是曾国藩在奏折中更加详细地把事实描述了一番，其中还有"十万余贼无一降者，至聚众自焚而不悔，实为古今罕见之剧寇"等这样的话。

四个多月的时间过去了，同治三年十月廿五日，曾国藩亲自撰就并书写了一篇碑文，把碑文刻在了碑石上，并竖在金陵城垣倒塌的龙膊子上。碑文是这样写的：

> 道光三十年，广西贼首洪秀全等作乱。咸丰三年二月十日，陷我金陵，据为伪都。官军围攻，八年不克。十年闰三月，师溃。贼势益张，有众三百万，扰乱十有六省。同治元年五月，浙江巡抚曾国荃率师进攻金陵。三年六月十六日，于钟山之麓，用地道克之。是岁十月，修治缺口工竣，镌石以识其处。铭曰：穷天下力，复此金汤；苦哉将士，来者勿忘！

这块碑无疑是为纪念湘军和曾氏兄弟南京之战的胜利的，但是事实上它却也是太平天国运动之悲惨壮烈的见证人。

在天京被攻陷前的5月25日，另有人说是5月30日，或6月1日、2日也说不定，天王洪秀全病逝，当然也有人说是服毒而死，葬于天王府的花园内。曾国藩至金陵后，令熊登武把他的尸体从坟里挖出来给烧了。他在七月廿八日的日记中还有记载："尸体被挖出来以后，扛来一验，胡须微白可数，头秃无发，左臂股左膀尚有肉，遍身用黄缎绣龙包裹。验毕，大雨约半时许。"另外还有这样的记载："旋有一伪宫女，呼之质讯。据称道州人，十七岁掳入贼中，今三十矣，充当伪女侍之婢，黄姓。洪秀全于四月甘日死，实时宪书之廿七日也。

黄氏女亲埋洪秀全于殿内，故知之最详。"洪天贵福是继位的幼天王，在天京被攻陷的当天夜晚，李秀成带着他从城南冲出重围。李秀成护主心切，让幼天王骑上了自己的壮马，却不幸与大队伍分散，一个人被俘虏了。洪天贵福在黄文英部的保卫之下，辗转奔逃于安徽、浙江、江西，最后还是在江西石城做了俘虏，于1864年11月18日被处死。至此，转战十余年的湘军总算完成了自己最初的使命。

2. 血洗南京城

湘军进入南京城后，对南京实行了"烧""杀""抢"的政策，如同二十世纪三十年代的南京大屠杀一样血洗南京城。首先对南京城进行焚烧。太平军大多依靠巷战，这时一幢幢房子就成了他们的据点，湘军为对付太平军，干脆把房子也都烧掉了。他们并且对城中财宝劫掠一空。赵烈文曾这样描述湘军在南京城大肆掳掠的情形，"萧孚泗在伪天王府，取出金银不赀，即纵火烧屋以灭迹"。甚至连曾国藩本人也认识到了这一问题的严重性，他说："至伪天王府一看，规模俱仿宫殿之别，而焚烧无一存者。"大火在南京城一共烧了八天，如若没有六月二十四日的大雨，大火不知道到何时得以平息。经过这番大火，南京城几乎成了废墟一片。曾国藩的女儿曾纪芬是这样描述的："九月朔日，全眷赴宁，初十日入督署，亦故英王府也。方师之入城也，搜捕余党，悉焚其巢穴，巨厦多为煨烬，洪秀全所居之天王府更为无论矣。惟陈玉成以先死，其府独空，遂未被灾，故暂以之为督署。"

湘军入城后大肆屠杀生灵百姓。曾国藩在奏折中这样写道："三日之内，毙贼十余万人，秦淮河尸首如麻。凡伪王、伪王将、天将及大小酋目约有三千余名，死于敌军之中者居其半，死于城河沟渠及自焚者居其半。"当然这里面包含有曾国藩为邀军功而虚报数字的可能性，但也从另一个方面说明湘军确实杀人如麻。湘军在把南京城攻下五天后，即六月二十一日，整个金陵城中，"尸骸塞路，臭不可闻"。在二十三日时，"精壮长毛除抗拒时被斩杀外其余死者寥寥，大半为兵勇扛抬什物出城，或引各勇挖窖，得后即行纵放"。"其老弱本地人民不能担又无窖可挖者，尽情杀死。沿街死尸十之九皆老者，其幼孩未满二三岁亦斫戮以为戏，匍匐道上。妇女四十岁以下一人俱无。老者无不受伤，或十余刀，数十刀，哀号之声达于四远。其乱如此，可为发指。"可见，湘军在南京城杀戮的很多都是平民百姓，并且其中的大部分是老、幼、病、残、孕者，极其惨无人道。

湘军在南京城还大肆强掳和奸淫妇女，使妇女的身心健康受到极大破坏。赵烈文曾说："妇女四十岁以下一人俱无"，可见湘军对待妇女之残忍。许多湘军将领都是好色之徒，总兵李臣典把南京城攻下一个月便一命呜呼，原因是"恃气壮气盛，不谨疾之由"。

由此可以看出曾国藩对于自己一手训练的湘军，是鼓励他们纵火杀人的，那么对于抢劫呢？他则是默许的。

早在咸丰十一年，当曾国荃攻破安庆，运送了大量的战利品到家里的时候，曾国藩就已经对他不闻不问了。唐浩明的《曾国藩》里是这样记载的：

在英王府前停下了一列轿队。"英王府"三字横匾早已被砸烂，而重新换上了黑底金字的两江总督衙门的竖牌。太平天国对绘画艺术非常喜爱。英王府里到处涂画着有关天父天兄的宗教画以及一些用来赞美天王、英王及歌颂太平军军事胜利的各种图画。现在，白石灰代替了一切，惟独保留着大门前照壁上的那幅画。画里有一株桃树，正盛开着红花，树干上爬着一只手拿木棍的猴子，戳着桃树杈上的一个蜂窝，被惊动的小蜜蜂飞得到处都是。曾国藩在照壁面前站立良久，问："为何把这幅画保留了下来？"

"大哥！"曾贞干走上前说，"这是封侯图。'封侯'是蜜蜂和猴子的谐音。九哥说这幅图留着倒还有些用处，预示着大哥日后加官晋爵。"

"这么乌七八糟的画扔了算了！"曾国藩一脸的不高兴，"长毛不学无术，拿猴子来比侯爷，真是太荒唐了！堂堂总督衙门哪能容此不伦不类的东西。赶快请人刷掉它，另写'清正廉明'将它换掉。"

"是！我立刻叫人办去。"

曾国荃把大哥带到卧室里，指着屋里摆的东西说："这里过去四眼狗住，大哥决定留什么不留什么，我叫人收拾好。"

曾国藩看了一下周围的环境，看到如此豪华奢侈的布置，不禁皱紧眉头说："屋子里的东西什么都别留下，统统给我搬走。把我的那几口竹箱抬过来，再找一张旧床给我睡；另外，再添几条旧桌椅板凳就行了。"

曾贞干说："九哥，大哥既不要，就都赏赐给我吧，让我也享受享受。"

"行，满崽后来福，你都拿去吧。"曾国荃笑着把手挥了一下，立时过来十几个亲兵，一窝蜂似地把这个屋子"打扫"得干干净净。

在英王府里曾国荃设下丰盛的宴席款待诸位将士。这顿饭到了夜里才结束。曾国藩正要解衣睡觉，却不想推门进来一个人，那人便是曾国荃："大哥，跟您商量件要紧事。"

"这深更半夜的，你有什么要紧的事？"曾国藩感到非常奇怪。

"大哥，等过几天城里的形势稳定一些的时候，吉字营先暂时交给厚二，我用两个月时间回荷叶塘去休养休养。"

"前些日子让你受累了，是应当回去休息一下。"曾国藩望着九弟黑瘦的脸，不由地产生了怜爱之情，"不过，我并不主张你现在就回去，你要乘攻克安庆的军威，东下无为、巢县、含山、和州，准备实施我们将来进军江宁的计划。"

"大哥的意思我明白，"沅甫压低声音说，"之所以我要现在回到荷叶塘，名为休养，其实是为了运英王府的财物回家去。"

"四眼狗聚敛了多少财宝？"曾国藩感到很吃惊。

"他的财产都在后院一间屋里封存着，少说也值十几万两银子。"曾国荃说着，脸上现出一丝喜悦之情。

"你打算把他们全部运回去？"曾国藩感到有点恼怒。

"全部运去。"曾国荃毫不含糊地回答，"用船运，这些都已计划好了。用旧木板钉五十口大箱子，装下它们应该没有问题，外面再放些旧书。别人问起，就说把书运回家去，回来时再沿途买几箱人参，作为对有功之臣的奖赐。"

"沅甫，你这样做是不对的。"曾国藩一脸的正气，"军中饷银现在还不够用，除吉字营、贞字营外，其他各部都好几个月没有发给士兵军饷了，你如何能将这笔巨款归自己所有？再说，别人迟早会知道这件事，你就不怕别人指责你私吞贼赃？你千万不可以这样做！"

"大哥，你何必这么认真呢？"曾国荃微微一笑，不把大哥说的话放在心上，"私吞贼赃？自从有了军队，不论是八旗兵，还是绿营，没有带兵的将帅不这么做的。即使是我们军队里面，又有几个将领不往湖南老家运点金银？迪庵还活着的时候，运回家的银子何止十万二十万！现在希庵在皖北，又是一船一船地把战利品运回家里。他家的田少说也有五千亩，还有记在别人名下的，这些我们还不知道呢。只有我们曾家，大哥管得严，我们几兄弟都没敢这么做。可别人是怎样看的，大哥你难道就没有想过？没有一个人相信我们不私吞贼赃，都说黄金堂怎么可能不是堆满黄金的呢？"

"这些没根据的话都是谁说的？"曾国藩心里非常气愤。

"那人可就多啦，不只是湘乡县，全湖南都这样说。前几天又有人告诉我说，湘乡县、长沙城没有人参买，就有人说，还不都是曾家干的好事！这次我可就真的不客气了，不但湘乡、长沙，连衡州、湘潭的人参都会被我买尽。"曾国荃越说越起劲，声音也越来越大。

"小声点，老九。"曾国藩说，"你这次功劳可不小，我想皇上一定会重重赏赐你，估计会放个臬司，也可能是藩司，你干嘛要给反对你的人留下把柄呢？"

"我可不这么想。"当过几年统帅的老九，已不像过去那样一切听从大哥的命令了。他做事会有自己的原则，只不过跟大哥说话，仍然用恭敬的口气和神态。"皇上是否让我升官，我看跟我运不运银子回家，别人攻讦不攻讦这些事一点关系都没有。在当今这样的乱世，皇上要的是早日平定太平军的叛乱，只要我的吉字营能打仗，他不升我的官是不可能的！"

曾国荃的话虽欠含蓄，但是却没有一句是假话。

"大哥，道光二十三年，你初次放了四川主考，得了二千两程仪，于是赶紧寄了一千两回家里，并附一张长长的清单，亲戚朋友、左邻右舍都写到了，我和四哥、六哥那时都不明白你为什么要那么做，自己家里很紧，有了一点点钱花，何苦要这样把银子都浪费给别人。大哥开导我们，说我们过去得到了不少亲朋好友的支持，有的已年老了，要是我们现在不这么做，以后想报答他们也不可能了；还深情地回忆起南五舅说要给你当伙夫的话。你的这封信感动了我们，我们都没有违背大哥的意思。大哥，或许你自己都不知道，这些年来，因为你要做清官，家里银子也没多少，致使许多亲戚都怨恨我们，说我们是有名无实。"

曾国藩感到有些好笑，说："当我曾家的亲戚，他们也够倒霉的。"

"大哥，我知道你是要做圣贤，不能给人留下任何错误的把柄，但家产不能不置，我们还要为子孙多多考虑，至亲好友的要求我们也要满足。这种事我会替大哥打点的。别人怎么说我无所谓，我也不想做圣贤，我只注重实在的利益。再说，安庆城里的财产弟兄们也拿到了不少，伪英王府的东西归我和贞干这又有什么错呢？"

"沅甫，你真是白白受了我的教诲。我们刚把省城攻下，你就这样急急忙忙置家产，摆阔气，倘若以后你真把江宁给打下了，你岂不要把伪天王宫里的金银都据为己有？"

看到大哥生气，老九也就不敢再说什么了。这时贞干进来，手里拿着一叠纸："大哥，这是保举单，各营将士都在催发，我还是想先让您看过再说吧！"

曾国藩接过来，翻看着一张张的名字。保举单上的名字，曾国藩没几个认识的，也弄不清谁有什么样的功劳，心里知道一定有什么不切实际的地方，他也无可奈何，正要提笔签字，有一个名字却突然闯入眼帘："厚二，这个金益民的父亲应该是金松龄吧？"

贞干点了点头。曾国藩却感到怒气冲冲："他这个孩子才只有十岁，就请以把总尽先拔补，赏戴蓝翎，别人知道了难道不觉得可笑嘛！"

曾贞干不慌不忙地向大哥解释说："大哥，自从金松龄被处死后，不免害苦了他的老母妻儿。我知道大哥也后悔做了这件事，但人已死，无可挽回，那只有对他的儿子好一点了。大哥不要忘记，金益民的爷爷是母亲大人的救命恩人。"

"到底是个小孩子，又远在湘乡，这样做未免有些不合适。"曾国藩说，口气缓和了好多。

"等他长成大人的时候，也就没有仗打了！"曾国荃凑过脸来，说了这样一句话。曾国藩沉吟片刻，再次提起笔来，写下了"照缮"两个字。

至于曾国荃把大量抢劫的财物运回家，这件事情并不是没有根据，因为曾国藩的女儿曾纪芬就曾经说得非常坦率："忠襄公［曾国荃］每克一名城，奏一凯战，必请假还家一次，颇以求田问舍自晦。"

曾国藩自己也不是对这件事情没有了解，但他并不因此就给曾国荃以处分，而只是睁只眼闭只眼地敷衍了事。他对曾国荃的掠夺行为只是做过这样的表示："沅弟昔年于银钱取与之际不甚斟酌，朋友之讥议菲薄，其根实在于此。去冬之买犁头嘴、栗子山，余亦大不谓然。以后宜不妄取分毫，不寄银回家，不多赠亲族，此'廉'字工夫也。"

正是因为曾国藩如此纵容，在攻破南京后，湘军才得以进行其极端的劫掠行为。赵烈文纪实说：酉戌间，看到城中冲天的火光。听说各军入城后，劫掠不断。又见中军各勇留营的人都去搜刮民财，甚至各棚厮役都去了。他们成担成捆，拿着大箱小笼的抢来的财物，肩挑背负，装载船上，溯江而上，运回湖南老家，整个金陵城都被搜刮干净了。七月二十四日，湘军入城已一个月零八天，然而城内的湘军仍乱作一团，抢东西的兵勇甚至互相撕杀，到了城破后的第七天，曾国荃虽然勉强张贴了告示，但诸将均相应不理，只知道抢劫，根本不奉行他的命令，曾国荃根本就不管他们。他本人不仅有部下来"孝敬"，得到了数千万资产，并且都把他们运回了家，而且席卷了太平天国的金库。这年七月十一日，清廷下令追查天京贮金的下落，这并不是没有根据的。赵烈文对于曾国荃等人的贪婪也明显感到有些不满意。

3. 领取战功，自愧故反

六月二十三日，湖广总督官文、陕甘总督杨岳斌、兵部侍郎彭玉麟，江苏巡抚李鸿章、浙江巡抚曾国荃等会衔，一起向朝廷奏请了攻克金陵之事。这一爆炸性消息，使清廷内外都感到欣喜异常。捷报发出后才刚刚有六天时间，即六月二十九日，曾国藩便接受了朝廷赏他的太子少保衔，封一等侯爵，并且是不更替的世袭制；赏给曾国荃太子少保衔，封一等伯爵。此外，主将李鸿章被赐予一等伯爵头衔，李臣典被授予一等子爵头衔，萧孚泗封一等男爵，彭玉麟、杨岳斌、鲍超、骆秉章等，均由朝廷赏赐一等轻车都尉世职，杨、彭二人还加太子少保衔。一共有一百二十多名湘军文武官员都得到加官晋爵。曾国藩及其湘军将领们个个都得到了晋升，同时他们还得到了太平军留下的无数金银财宝。

借助无数中国农民的生命，那些湘军将领们实现了升官发财的美梦。

曾国藩谋划多年的梦想终于成为现实，朝廷给了他无数的奖赏，抚今思昔，他知道今天的成功离不开无数将士效命疆场，尤其是众多幕僚朋友对他尽心皆力的帮助。于是不免想起了昔日曾给予他帮助的人。而他初创湘军时的合作者，如左宗棠、李鸿章均已高官厚禄，彭玉麟、曾国荃也都坐到了一省行政首脑的职位，而李元度则因为自己的阻碍一直都没有加官晋爵。在此种情况下，他于同治三年给朝廷上一密折，希望朝廷批准他对李元度重新任用：

> 李元度从臣最久，艰险备尝，远近皆知。其十年守徽之役，到郡不满十日，伪侍王大股猝至，兵力未厚，府城失陷，臣奏参革职拿问。其十一年援浙之役，参案未结，遽行回籍，沿途饰报胜仗，又不努力救杭，臣奏参革职留营。议者皆谓臣后参援浙最为允当，前参守徽失之太严。江、楚等省之公论，昭昭在人耳目。臣虽知公论谓臣太严，而内省尚不甚疚。所最疚者当咸丰六年之春，臣部陆军败于樟树，江西糜烂，赖李元度力战抚州，支持危局。次年臣丁忧回籍，留彭玉麟、李元度两军于江西，听其饥困阽危，蒙讥忍辱，几若避弃而不顾者。此一疚也。李元度下笔千言，条理周密，本有兼人之才，外而司道，内而清要各职，均可胜任，惟战阵非其所长。咸丰五年自请带勇，十年夏间臣又强之带勇，用违其材，致令身名俱裂。文宗有李元度失䘏可惜，人才难得之叹。皆臣不善器使之过。此又一疚也。此二疚者，臣累年以来，每饭不忘。兹因忝窃高爵，拜恩怀旧，惭感交并。

其实曾为藩对自己这样接连不断地打击李元度，也不是没有感到后悔过，他在不同时期的反省程度是不一样的，前期是歉疚中夹着怨恨，到后来则是觉得自己彻底对不起李元度。如在同治元年三月初二日，因为李元度给曾国藩写了一封贺禀，曾国藩想起以前自己和李元度的关系也非同一般，他对自己对李元度的参奏难免有一些后悔之意："旋与幕客久谈，因李次青来一贺票，文辞极工，言及前此参折不少留情，寸心怦怦，觉有不安。"但他只是在偶然间才有了这种想法，其时他还是有些恨李元度的，如他在同年三月二十八日给曾任自己幕僚的彭申甫的信中，就说他与李元度已经不可能再和好如初了，信是这样写的：

> 阁下拳拳次青，具征金石不渝之谊。弟于次青结契甚深，初不减于阁下。前岁被参之后，始作《小桃源记》，径自回籍，犹可曲谅。厥后脱卸未清，遽尔赴浙，则乖睽深矣。顷于二月二十二日遵旨复奏，仍参革职。至三月初六日接奉惠书，反复追维，耿耿不安。自问平生

不多负人，与次青许与之素，而乃由吾手三次参革，仆固寡恩，渠亦违义。今凤缘已尽，无颜再合。渠果发愤为雄，誓洒此耻，或遂切实建立事功，则虽默伤乎私谊，犹将裨益于公家。若更浮沉，不图自立，则非鄙人所敢知也。

　　到同治元年五月在他第三次向朝廷参劾了李元度之后，他逐渐改变了以前的那种心态，如他在五月二十八日在给彭申甫写信的时候，已称自己不可能忘了他与李元度之间的友情："次青仍留左营。抚今思昔，何能忘情？渠亦负弟，弟亦负渠，默伤而已。"而六月份的时候，他就彻底转变了自己的心态，他感到了完全的愧疚和后悔。如六月初二日，因他的弟弟曾国荃来信，不同意他参劾李元度，曾国藩感到没有人支持自己再这么做了，终于感到自己的行为是有些过分了，便在给曾国荃的回信中写道："次青之事，弟所进箴规，极是极是。吾过矣！吾过矣！吾因郑魁士享当世大名，去年袁、翁两处及京师台谏尚累疏保郑为名将，以为不妨与李并举，又有郑罪重李情轻，暨王锐意招之等语，以为比前折略轻。逮拜折之后，通首读来，实使次青难堪。今得弟指出，余益觉大负次青，愧悔无地，余生平于朋友中负人甚少，惟负次青实甚。两弟为我设法，有可挽回之处，余不惮改过他。"

　　闰八月二十四日曾国藩在给曾国荃写信的时候，曾国藩虽然知道自己参劾李元度是不对的，同时却又千方百计地找理由解释自己的参劾行为：

　　　　次青之案，竟是假信，亦殊可诧。余第三次引入他案作证，以郑魁士与次青相提并论，亦尚非拟不于伦。郑魁士在江南江北声名极好，翁中丞于十年奏力求名将以保皖北危局一折，袁午帅于十一年奏请起用宿将帮办军务一折，皆极言郑魁士忠勇冠时，至今郑告病在籍，尚食全俸。弟若见翁、袁二折，则知此人之享大名。余跻李于郑之上，片中颇有斟酌，弟试取原片而再阅之，当可释然。惟与我昔共患难之人，无论生死，皆有令名，次青之名由我而败，不能挽回，兹其所以耿耿耳。

　　曾国藩与李元度在官场上的恩恩怨怨，清楚地表明了曾国藩作官的一条重要的原则，对于顺应他的下属，他会加以提拔，而对于忤逆他的，他一定会严

加惩治。只是由于曾国藩历来崇尚理学家的天理良心学说，才使他不致于把人逼到绝路上。

四、李秀成之死

1. 擅自做主

封号为忠王的李秀成是太平天国后期的重要军事将领，咸丰十年，他带领着众湘军把清军的江南大营攻破，由此我们可以看出他的军事才能是非常杰出的。他与陈玉成一道，在杨秀清、石达开之后，成为太平天国军事方面的主要力量。同治元年，因南京告急，李秀成带领太平军回到南京进行援助。至同年六月十六日，南京城破，这个时候洪秀全已经去世了，李秀成护送幼天王洪天贵福从南京城里逃了出去，途中与部队失散，因而李秀成落入了清军手中。

李秀成同陈玉成一样是广西滕县人，因为他非常重信义而远近闻名，并擅长用兵，军中无人不佩服他，李秀成被捕后，被曾国荃审问，李秀成回答说：别再白费力气了，给我纸笔，我写出来就是。他坐在囚笼中，每天写七千多字，一共写了十天的时间。据说，曾国藩原来承诺若李秀成投降，就不杀他，而且，李秀成在他的供状中，也已经表示愿意投降，答应只要饶他不死，他可让太平军停止战斗："蒙九帅恩给饭食，中堂驾由皖来，当承讯问，我心悔已迟，是以将国中一切供呈。我为姓洪之将，外众将兵俱是我辖，我愿将部下两岸陆续收全投降，而酬高厚，以对大清皇上，以赎旧日之罪。在我主在邦，我为此事，是我不忠，今主死国亡，我兵数十万众在外，我不能卫天国，又听我兵害民，皆我之罪也。若我有此本事，收降我之部将，再有反复变心，仍正国法，如办不成，亦正国法。若中堂不信我有此本事，仍镇在禁，容我写信劝去。我在皖省居中，好办两岸之事，请示中堂，意下如何。"但他最终还是没有逃脱凌迟处死的命运。

这究竟是为什么呢？理由很简单，有如下几点：

首先是因为李秀成太有名望了，洪秀全死后，李秀成实际上已经代替了洪秀全的地位，如果不把他给杀了，脱逃掉的他依然会领导几十万仍在各地战斗的太平军，这对朝廷是不利的。而且，对于这位太平天国的重要领袖，曾国藩也不可能掌握对他生杀予夺的大权，而只有朝廷才有做出决定的权利。

其次是由于太平军将士对李秀成的拥戴。《太平天国战纪》中曾经有这样的记载："松王陈得风已降国荃，见秀成在房，向之拜。国荃叱之，得风曰：'吾为母而降，事泄当死，蒙王不杀，今无以为报，故拜耳。'秀成被杀，年四十。"李秀成虽然已经落入了敌人手中，其手下将士依然非常地恭敬他，由此我们可以看出李秀成对将士的影响力。

第三个原因也非常重要，就是李秀成对于南京之战的一切都了解得很详细，而曾国藩的奏折大都偏离事实，在诸如南京城守兵多少、财富多少、湘军的奸杀掳掠等问题上，李秀成都了解得非常清楚，一旦他将这些事实泄露给朝廷，曾国藩将不可避免地面临灾难。这是曾国藩杀李秀成最重要的原因。因为李秀成写了十天的供词，每天写七千多字，然而才有两万多字保存了下来，主要是因为曾国藩的删节和修改。

清军在抓到了李秀成后，曾国藩在《奏报攻克金陵尽歼全股悍贼并生俘逆酋李秀成洪仁达折》中这样写道："至伪忠王李秀成一犯，城破受伤，匿于山内民房。十五夜，提折萧孚泗亲自搜出，并搜擒王次兄洪仁达。二十日，曾国荃亲讯，供认不讳。应否槛送京师，抑或即在金陵正法，咨请定夺。"六月二十九日，朝廷在给曾国藩的上谕中说："其逆首李秀成、洪仁达等，均系内地乱民，不必献俘；第该逆等罪恶贯盈，自应槛送京师，审明后尽法惩治，以泄神人之愤。着曾国藩遴派妥员，将李秀成、洪仁达押解来京，并咨明沿途督抚，饬地方文武多派兵役小心护送，毋稍大意。"

朝廷的命令应该是一点也不含糊的。然而，曾国藩却玩了一个小小的把戏，即在朝廷的谕旨下达前就处死了李秀成，根本没有等朝廷的命令。

因朝廷谕旨虽是六月二十九日发出的，但路上却耽搁了一些时候，曾国藩七月初十日才接到这份谕旨。而曾国藩却在七月初七日向朝廷上了一份奏折，那份奏折就是《洪秀全逆部验明焚化洪福瑱下落尚待查明李秀成等已凌迟处死抄送供词汇送并粗筹善后事宜折》：

> 窃臣于六月二十三日具奏克复金陵详细情形，于伪天王、幼主之实在下落，李秀成等应否献俘，声明续奏在案。拜疏后，臣即乘坐轮船，于二十五日驶抵金陵，周历各营，接见诸将，均有惟悴可怜之色。盖自五月三十日攻破各地堡城后，连攻十五昼夜未尝少休。四面之兵，

挑集龙膊子一隅，但出行队未支帐篷，昼则日炎，宵则露居。又出入地洞之中，面目黧黑，虽与臣最熟之将，初见几不相识。其论功居首之李臣典，因冒暑受伤，督工过急，克城后一病不起。诸将士亦伤病山积，死亡相属。臣弟曾国荃前病业已痊愈，近因随从露处过久，又复遍发泾毒。臣带兵多年，克城数十，罕见如此次之劳苦者。臣宣道皇仁，多方抚慰，既奖其可悯可敬之功，复勖以忘劳忘死之义。

至伪天王洪秀全逆尸，将士积愤之余，皆欲得而甘心。直至六月二十七日，始从伪宫内掘出，二十八日扛至营次。臣与臣弟国荃验看。臣所带委员中有曾任刑部秋审处之勒方锜、庞际云、孙尚绂等，暨各文武公同相验。该逆尸遵尚邪教，不用棺木，遍身皆用绣龙黄缎包裹，虽裤脚亦系龙缎。头秃无发，须尚全存，已间白矣。左股右膀肉犹未脱。验毕戮尸，举烈火而焚之。有伪宫婢者，系道州黄姓女子，即手埋逆尸者也。臣亲加讯问。据供洪秀全生前，经年不见臣僚，四月二十七日因官军攻急，服毒身死，秘不发丧。而城内群贼，城外官兵，宣传已遍，十余日始行宣布。等语。

伪幼主洪福瑱，绕室积薪，为城破自焚之计，众供皆合。连日在伪宫灰烬之中，反复搜寻，茫无实据，观其金、玉二印，皆在巷战时所夺，又似业已逃出伪宫者。李秀成之供，则称："曾经挟之出城，始行分散。"然此次逃奔之贼，仅十六夜从地道缺口逸出数百人，当经骑兵追至湖熟，围杀净尽。自十七日后，曾国荃即将缺口封砌，关闭各城，搜杀三日。洪福瑱以十六岁童骏，纵未毙于烈火，亦必死于乱军，当无疑义。所有伪玉玺二方，金印一方，臣当专差赍送军机处，俾方略馆有所考焉。

李秀成之就擒也，各营之降卒，附城之居民，人人皆识，观者如堵。臣二十五日甫至金陵，亲讯一次，旋派候选道庞际云、候补知府李鸿裔、候补同知周悦修等，鞫讯累日，令写亲供多至数万字，叙发逆之始末，述忠酋之战事，甚为详悉。臣复询以江西李世贤，湖北马融和，湖州黄文金各股贼情，据李秀成供："湖州、广德之贼，即可不攻自遁。马融和一股贼，本由陕西调援金陵，因长江阻隔，久无来信。李世贤系李秀成堂弟，与之约定八月以前，则掳江西之粮以救侍堂之饥。八月以后，全数回窜，图解长围，则据宁国之粮，以救金陵之饥。"等语。又力劝官兵不宜专杀两广之人，恐粤贼愈孤，逆党愈固，军事仍无了日。其言颇有可采。日来在事文武，皆请将李秀成槛送京师，即洋人戈登，雅妥玛等来贺者，亦以忠逆解京为快。臣窃以圣朝天威，灭此小丑，除僭号之洪秀全外，其余皆可不必献俘。陈玉成、石达开即有成例可援。且自来元恶解京，必须诱以甘言，许以不死。李秀成自知万无可逭，在途或不食而死，或窜夺而逃，藩恐逃显戮而贻巨患。与臣弟国荃熟商，意见相同。辄于七月初六日将李秀成凌迟处死，传首发逆所到各省，以快人心。

其伪福王洪仁达一犯，系洪秀全之胞兄，与其长兄洪仁发皆暴虐恣横，多行不义，为李秀成等所深恨，亦于初四日凌迟处死。

李秀成之供词，文理不甚通话，而情事真确，谨抄送军机处，以备查考。

臣既将各逆酋分别处治，即应料理善后事宜。历年以来，中外纷传洪逆之富，金银如海，百货充盈。臣亦尝与曾国荃论及城破之日，查封贼库，所得财物，多则进奉户部，少则留充军饷，酌济难民。乃十六日克复以后搜杀三日，不遑他顾，伪宫、贼馆一炬成灰。逮二十日查询，则并无所谓贼库者。讯问李秀成，据称："昔年虽有圣库之名，实系洪秀全之私藏，并非伪都之公帑。伪朝官兵，向无俸饷。而王长兄次兄且用穷刑峻法，搜括各馆之银米。苏州存银稍多于金陵，亦无公帑积贮一处。惟秀成所得银物尽数散给部下，众情翕然。此外则各私其财，而公家贫困。"等语。臣弟国荃以谓贼馆必有窖藏，贼身必有囊金，勒令各营按名缴出，以抵欠饷。臣则谓勇丁所得贼赃，多寡不齐，按名勒缴，弱者刑求而不得，强者抗令而遁逃，所抵之饷无几，徒损政体而失士心。因晓谕军中，凡剥取贼身囊金者，概置不问。凡发掘贼馆窖金者，报官充公，违者治罪。所以悯其贫而奖其功，差为得体。然克复老巢，而全无货财，实出微臣意计之外，亦为从来罕闻之事。而且下筹办善后，需银甚急，为款甚巨，臣统军太多，即拟裁撤三四万人，以节縻费。应撤者欠饷无着，应留者口粮无措。江宁生灵，荼毒甚于他省，欲抚恤此八属灾民，经费亦无所出。自上年五月起，周岁之久，官军常有数百人开挖地道，纵横计之，城脚空虚约二十余里，贼自内挖出者，不在此数，理宜赶紧修筑。驻防满营，亦

宜修理，均难筹此巨款。凡此，皆善后之大端。其余百绪繁兴，左支右绌，臣欣喜之馀，翻增焦灼。总督衙门即系伪天王府之地，片瓦无存。现择房屋之稍完者，量加修茸，为臣衙署。臣当回安庆一次，料理上游军事，八九月间再来金陵，经画一切。除李臣典应得恤典，另行专折具奏外，所有洪秀全、李秀成二酋分别处治，并粗筹善后事宜，恭折由驿六百里驰奏，伏乞皇太后、皇上圣鉴训示。谨奏。

从以上奏折我们可以看出，曾国藩一方面在询问朝廷关于对李秀成的处置问题，一方面还没等朝廷的谕旨下来，就擅自把李秀成处死了，从六月二十三日至七月七日的十多天时间里，曾国藩的思想经过了一百八十度的大转弯，而且竟敢不遵从朝廷的旨意，其中必定是有原因的。

2. 瞒天过海

当然，曾国藩知道这样做冒了很大的风险，于是，又于七月二十日补了一份《复奏李秀成等因未能槛送京师已先就地处决情由及洪逆三印已早解送军机处片》，在这篇奏折中解释了自己的所做所为：

再，臣于七月初十日，钦奉六月二十九日寄谕："逆首李秀成、洪仁达等，均系内地乱民，不必献俘，第该逆等罪恶贯盈，自应槛送京师，审明后尽法惩治，以泄神人之愤。着曾国藩遴派妥员，将李秀成、洪仁达押解来京，并咨明沿途督抚，督饬地方文武多派兵役，小心护送，毋稍大意。"等因。钦此。臣于六月二十三日报捷折内，声明李秀成、洪仁达应否解京，俟到金陵后察酌具奏。旋于二十五日驰抵金陵，询及李秀成权术要结，颇得民心。城破后，窜逸乡间，乡民怜而匿之，萧孚泗生擒李逆之后，乡民竟将亲兵王三清捉去，杀而投诸水中，若代李逆报私怨者。李秀成既入囚笼，次日又擒伪松王陈德风到营，一见李逆，即长跪请安。臣闻此二端，恶其民心之未去，党羽之尚坚，即决计就地正法。厥后鞫讯累日，观者极众。营中文武各员始则纷纷请解京师，继则因李秀成言能收降江西、湖州各股，又纷纷请贷其一死，留为雉媒，以招馀党。臣则力主速杀，免致疏虞，以贻后患。遂于初六日正法，初七日录供具奏。其洪仁达一犯，虽据李秀成供在贼中暴虐专横，而如醉如痴，口称天父不绝，无供可录。因其抱病甚重，已于初四日先行处死矣。初十日始奉将二酋解京之旨，扣算日期，臣处应于初六日接到批旨，乃驿由安庆转递江宁，致迟四日之久。臣查军机处封面及兵部火票，皆注明递至江宁字样，不知驿站何处错误？应即行文，挨站查办。又钦奉六月二十九日谕旨："洪秀全尸身觅获后，剉尸枭示，仍传首被害地方，以雪众愤。"钦此。臣于六月二十八日验明洪逆正身，即行戮尸焚化，未将首级留传各省，是臣识见不到之咎。钦奉谕旨训示，不胜惶悚。至军机处交片查取伪玉玺二颗，金印一颗，臣于十六日专差赍送谢恩折件，并将三印附送军机处矣。理合附片覆奏，伏乞皇太后，皇上圣鉴。谨奏。

朝廷当然是对曾国藩擅做主张的行为感到很不满，并由此更加不信任曾国藩的为人，但人都死了，事情就无可挽回，也只好作罢了，在七月十四日的上谕中要求曾国藩呈上李秀成所写的供词：

前谕曾国藩将江宁首逆洪秀泉〔全〕剉尸枭示，并将生擒之逆酋李秀成、洪仁达二犯，派员槛送就师。兹览曾国藩奏，各将士于六月二十七日，在伪宫内掘出洪秀泉〔全〕逆尸，经该大臣等验毕戮尸焚毁。该逆虽逃显戮，于生前难免极刑，于身后亦足以大快人心。其李秀城〔成〕等被擒时，各营降卒及附城居民人人皆识，并据供发逆始末，甚为详悉。等语。李秀成、洪仁达二犯，本拟解京讯明，处以极刑。惟此等跳梁小丑本无所用其献俘，且恐沿途派兵递送，骚扰驿传，重累吾民。既据供认明确，着曾国藩无庸派员解京，即于江宁省城将该二犯凌迟处死，并传首发逆所到各省，以伸天讨而儆凶顽。钦此。

曾国藩奏讯取洪、李二逆供词，就地正法，并筹办善后一切事宜一折，览奏均悉。洪仁达、李秀成二逆，前虽有旨解京，惟此等内地叛民，本与献俘之例不合，且究非洪秀泉〔全〕可比。该大臣于讯明后，即在江宁省城将该二逆极刑处死，免致沿途种种棘手，骚扰地方，所办甚是。惟京外皆知二犯解京，兹忽中止，恐视听不明，转生疑窦，且恐各处逆匪因而造言煽惑。故本日明降谕旨，令该大臣将二逆就地正法，着该大臣仍将洪、李二逆首级传示被扰地方，以快人心而息浮议。仍着该大臣将李秀成供词及夺获伪印等物，赍送军机处

备查。

逆掳金银，朝廷本不必利其所有。前据御史贾铎具奏，故令该大臣查明奏闻。今据奏称，城内并无贼库，自系实在情形。惟帑藏空虚，兵饷匮竭，而善后应办之事尚多，应如何筹策万全之处，该大臣仍当悉心经画。此时回安庆一次，布置上游军事，曾否启行？俟八九月间仍须回驻金陵筹办一切事宜。彼时曾国荃湿疾谅可全愈，即遵前旨，令与彭玉麟分驻九江、安庆，以固长江门户。

但是，曾国藩递给朝廷的李秀成的供词中，删改了其中很大的一部分，朝廷觉察到了这一点，于是，又于七月二十三日令曾国藩补上他所删掉的部分：

> 曾国藩咨送李秀城［成］供词一本，昨由议政王军机大臣呈进，均已览悉。末段所载该逆宛转求生，乞贷一命，请招降江西、湖北各贼。言招降事宜有十要，言洪逆有十误，均归删节。着将原供仍详细抄录咨送军机处，无须节录。至李秀城［成］供词内称，张国梁遗骸系伊用棺木收埋在丹阳宝塔根下等语，着曾国藩传知曾国荃派员寻觅，即饬该故员家属认领改葬，以示追念荩臣之意。将此由六百里各谕令知之。

这个命令让曾国藩感到极为难堪，正是因为供词中有些部分不便给别人看他才把它删除的，他岂能保留？于是，没有办法的他也就只好装聋做哑，在奏折中不提到任何有关于此的事情，好在朝廷也没有就此事做更进一步的调查，使他终于逃过了此劫。

第八章　剿捻无功

一、推辞剿捻

1. 事与愿违

捻党，也称捻子，这种民间组织一直都与清廷对抗。于康熙年间起自山东一带，后来河南、安徽等地也有了这样的组织，太平天国定都南京后，捻党的势力发展得极快。太平天国北伐败北后，捻党把大部分的北伐军余部都吸收了过去。当时，张乐行是捻党首领，以安徽雉河集为中心，召集了将近数十万民众，严重威胁了清廷的统治。

清廷为了彻底消灭捻党，把他们认为最得力的将领派了出去，于是僧格林沁被派去平反。僧格林沁是世袭的蒙古科尔沁郡王，咸丰五年，僧格林沁把太平天国的北伐军击溃了，被清廷封为宗王。同治元年，僧格林沁奉朝命督军山东、河南，到直隶、山西负责防卫工作，此四省的督抚提镇皆受其节制。僧格林沁是个骄横自负的人，但打起仗来却是非常的勇猛。因此，他在剿捻中击溃了不少的捻军。同治二年正月，僧格林沁率军攻破雉河集，将张乐行残杀，在剿捻之战中取得了胜利。

此时，南京城的形势非常危急。同治三年，僧格林沁攻破了南京，太平天国将领赖文光等加入了捻党，赖文光做了捻党首领。赖文光自从领导捻党后，极大地调整了捻军的战略战术，以太平军的成功战术为基础，充分利用了捻军灵活机动的马队，四处出击，使僧格林沁疲于奔命，难以应付，因此他发出了这样的感叹："捻众繁多，其出掠，伺空隙，避官兵，以焚掠胁俘良民，党众日增，马步数万，列队百里。兵少贼多，众寡悬殊，如欲攻其巢，则相距一二百里外，井埋地赤，裹粮携水，不能持久，迢为所蹑，往往失利。十年以来，未

有能进军接仗者也。"

在这样的情形之下，同治三年十月，朝廷命令曾国藩北上帮助进行剿捻的工作。

当时，曾国藩正感到踌躇满志，因为南京刚破，曾国藩成为了万众瞩目的所在，而各种有利条件也使他想重新施展自己的抱负。他的如意算盘是：把湘勇裁撤后，他就不再负责有关军事的事情，好好当他的两江总督，把他早年经世治国的理想一一付诸实现。然而朝廷偏偏不给他清闲的机会，在他攻破南京后的四个月，他就接到了朝廷的谕旨，请他北上剿捻，而两江总督职务则暂时交给李鸿章：

　　新疆各城自库车、喀喇沙尔、叶尔羌、乌鲁木齐汉城被陷后，回氛四起，势极蔓延。本日又据保恒奏，乌鲁木齐满城亦已失陷，并闻巴里坤、哈密一带均有回匪扰乱，是新疆情形极为吃紧。边疆重地，亟应及早廓清，惟该处向来用兵必须内地筹调大支劲旅，宽拨饷需，方能布置裕如，大张挞伐。现在甘肃军务尚无就绪，道路亦未通畅，而湖北贼氛未净，碍难腾出兵力赴甘援剿。是欲剿关外之贼，必须先清甘省。欲清甘省，非将窜扰楚、豫、皖三省之贼迅速殄除，则兵力悉为牵制，不能鼓行而西。前谕曾国藩调派刘连捷一军，已由官文檄调赴鄂，此起官兵皆系曾国藩旧部，即鄂省水陆各营，亦系楚勇居多，若得曾国藩前往调度，则兵将相习，必可收指臂之效。现在江宁已臻底平，军务业经蒇事，即着曾国藩酌带所部，前赴皖、鄂交界督兵剿贼，务期迅速前进，勿稍延缓。第恐曾国藩之兵由东路进逼，贼必避兵西窜，武、汉一带，防守亦关紧要。官文候曾国藩到后，即可回驻省垣，会同吴昌寿妥筹防范，并将各营饷需源源接济，毋令缺乏。

　　僧格林沁现驻黄冈之上巴河，第恐深入楚境，难保贼匪不伺隙窜扰北路，着酌量情形，扼要驻扎，力固豫疆。贼或北窜，即着督率马步迎头夹击，以期聚而歼旃。

　　僧格林沁、官文、曾国藩均系威望素著，似此三面扼扎，必能将此股贼匪悉数歼除，克期蒇事。至江南甫经肃清，所有抚缉地方一切事宜，均须妥为筹办。即着李鸿章前赴江宁，暂署总督篆务，曾国藩候李鸿章到后，即行交代起程。江苏巡抚着吴棠暂行署理，并着迅速起程赴苏，将地方应办事件认真筹办。富明阿着兼署漕运总督，所有淮、徐一带防守事宜，即着妥筹兼顾。应否移扎清江，着富明阿斟酌情形奏明请旨。至李鸿章籍隶安徽，该省系总督兼辖，固应回避。惟此时军情紧要，不能不权宜变通。李鸿章着毋庸奏请回避，即行前往江宁接替，以便曾国藩迅速出省。曾国藩、李鸿章皆系朝廷有功之臣，素能不分畛域，此进虽系暂时任事，于庆剿庆防一切机宜，均当以大局为重，力戒满盈，不可稍涉大意，以副委任。

穆图善一军，本日已谕令出关剿贼。甘肃兵力不敷调拨，杨岳斌前已奏明回籍募勇赴甘，着即赶紧选募成军，克日起程、毋稍迟误。

温德克西等及苏伦保等马步各队，前经官文奏请暂留楚省，现在西路需兵孔急，仍着官文、曾国藩饬令迅赴穆图善军营，不得藉词奏留。

本日亦已寄谕雷正绾，令其酌量募雇本籍川勇，未知能否有成？前谕骆秉章挑选兵勇数千赴都兴阿营调遣。本日据奏，须候北路防务稍松，再行调派赴甘。此进甘省军情万紧，四川系属邻疆，派兵直援较为迅速，仍着骆秉章无论如何总须抽调一军，派员统带前往，听候都兴阿调遣，毋许再有推诿。前放之宁夏镇总兵即系他季昌，仍着骆秉章催令迅赴新任；巴里坤镇总兵成发翔，着李鸿章催令迅速赴任。将此由六百里各谕令知之。钦此。

接到这道上谕的曾国藩真是感到非常的不痛快。一是因为他又即将重操旧业，而他早已厌倦了兵事，特别是变幻莫测的战场，没有人知道谁胜谁负。作为一个五十多岁的老人，实在是觉得再上战场未免有些劳神劳力。二是让他暂时交出两江总督的职务，这是他特别不愿意的。做官必须拥有实权才可以调动地方，而如果领兵打仗则会失去这份实权。三是协助僧格林沁剿捻，这也是他很不愿意做的事。因为曾国藩从心底里就对僧格林沁格外讨厌。僧格林沁仗着亲王的势力，看不起汉人，对湘军则更是瞧不起，多次称湘军没有战斗力，特别是他始终认为湘军是和自己为敌的，当湘军攻克南京后，僧格林沁却以剿捻为名，率大军南下，其目的则是为了防范湘军。

2. 讨价还价

由于种种原因，曾国藩对这道上谕给予了坚决的抵抗。但在对朝廷的上奏

中，他却不能以此为理由，而是以自己年老体衰、剿捻用不着三位钦差大臣做为自己不能出征的理由。

对于曾国藩这种抵抗的态度，朝廷经过长时间的考虑之后，觉得曾国藩所言有几分道理，因此也就不得不照他的意思办了。

然而，到了同治四年，形势却和以前完全不一样了，僧格林沁在与捻军的交战中，以失败的次数居多。于是，急想打胜的僧格林沁跟在捻军其后穷追不舍，好像是不达到目的决不肯罢休的样子。但僧格林沁此举却是兵家的忌讳，不但没有达到目的，反而多次被捻军出其不意地伏击。如他在河南邓州、南阳所遭的伏击，不仅使多员大将命丧黄泉，而且士卒死伤无数。但僧格林沁并没有得到多少教训，反而一意孤行，做得比以前更甚，终于在同治四年四月二十四日在曹州得了个兵败身亡的下场。

僧格林沁一死，清廷在华北的军事力量马上就失去了支柱，于是形势马上变得危急起来。清廷因为考虑到捻军可能会北犯天津、北京，华北军事危局急需有人控制。然而，清廷再三考虑应该选什么人，除了曾国藩，别人都担当不了这种重任。于是，在僧格林沁死后五天，朝廷就马上发出了让曾国藩北上的命令，让他代替僧格林沁以前的职务。

而早在四月二十七日，即僧格林沁的死讯还没有传到朝廷时，朝廷已再次向曾国藩发出了北上与僧格林沁协同剿捻的谕旨，但曾国藩与以前的态度没有两样，对于朝廷的谕旨他是能拖则拖。这一方面是出于他极为痛恨僧格林沁，另一方面是他想坐山观虎斗，看僧格林沁败北，因为假如他很早就领兵北上，或许事情就不可能发展到今天这种地步。

朝廷也正是考虑到曾国藩曾经拒绝接受朝廷的命令，因此，在继四月二十九日的上谕后，又于五月初一、初三、初九日连续三次发出谕旨，不断请求曾国藩能够马上带兵北上从事剿捻工作。

但是，曾国藩在接到朝廷不断而来的谕旨后，还是没有听从朝廷的命令，而是向朝廷上了两道奏折，它们分别是《遵旨赴山东剿贼并陈万难迅速缘由折》及《请另简知兵大员督办北路军务片》：

遵旨赴山东剿贼并陈万难迅速缘由折

奏为遵旨前赴山东剿贼，并沥陈万难迅速情形，恭摺仰祈圣鉴事。

窃臣钦奉同治四年四月二十九日上谕："钦差大臣协办大学士两江

总督一等毅勇侯曾国藩，着即前赴山东一带督兵剿贼。两江总督着李鸿章暂行署理。江苏巡抚着刘郇膏暂行护理。"钦此。又准军机大臣字寄四月二十九、五月初一等日迭次上谕，饬臣赶紧赴援，保卫畿疆各等因。臣部署一切，拟于月内起程，先赴徐州。以徐州为老营，派一良将驻扎济宁。臣亦当亲赴济宁一带察看形势。惟僧格林沁以督师重臣猝尔捐躯，震远近之人心，长逆贼之凶焰。朝廷责臣讨贼，至切且速，即山东官民，亦望臣星速北上。臣踌躇再四，有万难迅速者数端，请为我皇上缕晰陈之。

臣自江宁启程，不能不酌带楚勇数营以资护卫。查臣部现有之勇，除刘连捷等新调江西，易开俊等分防皖南、皖北外，金陵未撤之兵仅存十六营，人人思归。三月间，因御史朱镇参奏，谕旨饬令裁撤，当即宣示各营，饬将秦淮淤土挑竣，一律撤遣。此次闻有山东之行，各勇纷纷求归，不愿北征。劝谕三日，始定议裁撤者十二营，北征者仅四营，又新募两营，合三千人，作为随臣左右之亲兵。此外惟刘松山宁国一军相距较近，现已飞檄往调，等候刘松山前来。如其部卒不愿北征，臣亦不复相强。当酌带楚军将弁，另募徐州勇丁，仿臣处之营制而约束之，存楚师之规模，开齐兖之风气。李鸿章所部之淮勇，已稍习于北方矣，然尚专食稻米，不惯麦面。若徐、兖间能另出劲旅，则北路数省，到处相宜。臣鉴于金口叛兵之祸，不敢强楚勇以远征。现仅刘铭传、周盛波两军归臣调遣，淮勇虽称劲旅，人数尚少，不敷分拨。不得已为此迂缓之谋，添募徐方之士，约须三四月乃能训练成军。此其不能迅速者一也。

捻匪积年掳掠，战马极多。此次蒙古马队溃散，恐亦为贼所得。现闻贼马多至万余匹，驰骤平原，其锋甚锐。臣处昔亦有马二千，除拨交左宗棠、李榕共三百匹外，余皆拨交曾国荃、鲍超两处。数月以来，其隶曾国荃、李榕部下者，业已全数遣散。其隶鲍超部下者，即系上杭饥噪之军，尚未安抚就绪。刘铭传一军添募马队，甫经李鸿章于三月间奏请出口买马。臣亦拟在徐州添练马队，派员前赴古北口一带采买战马千匹，约计往返程途，至速亦须三月。加以训练，非再得两月断难集事。若竟不佐以马队，而强驱步兵以当骑贼，虽有贲育之勇，亦将不战自靡。此其不能迅速者二也。

扼贼北窜，惟黄河天险最为可恃。防河之策，自为目前第一要义。臣上次折内即拟由河南、山东抚臣另造舡板战船，现在事机尤紧，直隶、齐、豫三省，均须迅速造船，分列河干，以壮声势。据吴棠所奏，江南之船，于黄河水性不合，与臣前奏相符。所有斟酌船式，采办木料，招募水勇，应由该三省督抚悉心筹画，因地制宜。惟炮位一宗，北省较少，金陵存留尚多。臣拟拨炮三百尊，分济三省，派船解至济宁州，由该三省派船前来迎接。黄河水师办成，畿辅可永无捻匪之患，其事虽缓，其利甚大，然非有四五月工夫难期就绪。此其不能迅速者三也。

请另简知兵大员督办北路军务片

再，臣精力颓惫，不能再任艰巨，业经五次具奏在案。近则衰态更增，说话至二十句，舌尖辄木强塞涩，不能再说，以接见人客为苦。前闻霆营金口溃变之信，忧心如焚，彻夜不寐。近闻贤王郓城殉节之信，弥加焦灼，寸心无故惊怖。更事愈久，心胆愈小，公事应了之件，积压甚多。所部兵勇，除霆营及已撤者外，余存尚近三万，均属强弩之末，不堪驱策。本日奏疏中所称专力十二府州者，臣自问能言之而不能行之。惟有仰恳天恩，另简知兵大员督办北路军务，稍宽臣之责任。臣愿以闲散人员在营效力，不敢置身事外，忘尽瘁之大义。亦不敢久绾兵符，自知将致偾事而不预为一言。区区愚忱，伏乞圣慈垂鉴训示。谨奏。

但是，清廷当时除曾国藩外，根本没有其他的人可以任用，所以清廷根本不理会曾国藩的请求，只是表明理解了他所说的种种难处，命曾国藩仍然遵守谕旨，马上带兵北上，以等候朝廷的调派。

3. 无奈从旨

经过多次协商之后，曾国藩才于同治四年五月二十五日在没有办法的情况下带领军队北上。可见曾国藩此次带兵是极不情愿的，然而更让他难受的是他的弟子李鸿章，明知自己根本不想再带兵打仗，然而，李鸿章在得知朝廷要把两江总督的职务交给他的时候，竟然忘了要注意谦虚拘让的礼节，迫不及待地来到了南京接曾国藩的印授。关于这件事的经过，唐浩明在《曾国藩》中是这样描写的：

"大人，李中丞已经赶到江宁来了，现住在妙香庵里，在等着大人接见他。"孔巡捕推门进来向曾国藩报告了此事。

"他这么着急来接替我的工作？"曾国藩心里马上就感到非常不痛快，他挥手对孔巡捕说："知道了，你先下去！"

对于自己的得意门生、江苏巡抚一等肃毅伯李鸿章，曾国藩竟然是这样的态度，使孔巡捕大出意外。他什么也没敢说，悄悄退了下来。刚从门里走出来，又被曾国藩给喊了回去："你到妙香庵去禀告李中丞，让他今天下午等候我的拜访。"

这种变化来得如此突然，更使孔巡捕不知道是怎么回事。他答应一声，便飞马奔出总督衙门。孔巡捕永远都不会知道，就在转瞬之间，曾国藩的脑子里掠过了多少想法：他想到自己虽不情愿再上战场，当然把两江总督这个职务让出来他也不乐意。去年十月，朝廷命他带领部队到安徽、湖北一带协助僧格林沁平捻，当时也叫李鸿章代理了江督一职。门生兴冲冲地从苏州赶到江宁，自己却一脸的不高兴，对于交印之事只字未提。李鸿章是个何等乖觉的人物！他见此情景，便什么都没说，只是说来看看恩师，问问恩师什么时候走。几天之后又一道上谕下来，内容是说安徽战事有起色，曾国藩可以不用再出征了。李鸿章空欢喜一场，只好败兴而归。曾国藩从中看出李鸿章对官瘾和权力欲望太过看重，又联系到他杀降的往事和贪财的传闻，几年以来自己都把他做为自己的传人，对他下了很多功夫，现在才觉得是个错误。

曾国藩观人用人，一向主张德才兼备，但他更为注重的还是德这方面。认为德若水之源，才若水之波；德若木之根，才若木之枝。德而无才，就和愚人没什么差别；才而无德，那么跟小人也就没有两样了。二者不可兼时，与其无德而近于小人，倒不如没有才而有德的愚人。李鸿章倒不是没有才干，曾国藩甚至认为他的随机应变以及与洋人交往等方面的才干比自己要强得多，李鸿章所患的正是他的德。他后悔自己没有将一贯的用人准则用到选传人替手的这一重要关头，曾国藩为此感到有些痛心。而这次，他居然又迫不及待地赶来接印，曾国藩真想避而不见，让他在城外冷落几天再说。然而他把这个刚出现的想法扼杀了。因为李鸿章已被扶植起来，他现在的地位也非常显赫，用五万洋枪洋炮武装起来的强悍淮军的控制权也在他手中，正所谓"羽翮已就，横绝四海"，今后继承自己名位事业的，除了李鸿章，已经没有别人了。德再差，只要不走到起兵谋反的地步，他现在的地位也不会受到任何的影响。曾国藩已不能再得罪自己的门生了，更何况这次离江宁交督篆是迟早的事情，而剿捻的主力还得要靠淮军，怎么可能他想怎么样就怎么样呢？不但不能冷落他，还要对他加倍礼待呢！

下午，曾国藩正准备换好衣服去拜访李鸿章，孔巡捕来报："李中丞来了！"

"请！"

一会儿，李鸿章迈着大步，来到了签押房。自他们上次分别已有几个月了，四十三岁的淮军统领似乎更显得神采焕发，再看看自己，日益消瘦下去，曾国藩更觉得昔日的门生，给他造成了一种威胁感。他笑着打招呼："少荃最近身体好吗？"

"托恩师洪福，门生贱躯尚可。"李鸿章同往常没有两样，一脸谦恭的样子，他暗喜老师这次对他和上次可不一样了，但他仍然不敢说自己为什么要来找老师。"这两天在镇江查看城防，想起有好些日子没有来拜会恩师了，放心不下，特来看望。"

"少荃，我也正好有事要找你。"李鸿章这几句假话哪里能躲得过曾国藩的耳朵，但现在他对这些也不再多加计较。"明天就在这里举行仪式吧，我要把督篆交给你！"

"明天？恩师已经准备好一切了吗？"李鸿章的喜悦之情有点隐藏不住。

"准不准备好，我也不可能再在江宁待下去了，催行的上谕昨天又来了一道。"曾国藩一脸的苦笑，感到非常无奈。

"僧王新殒，镇压捻军的部队失去了主帅，皇上也很着急，一切都靠恩师了。恩师受命誓师，大家才能感到安心啊。"李鸿章非常诚恳地说。

"少荃，我这根砥柱可是离不开你和淮军的，有你和淮军作为基础，砥柱方可立于中流。"曾国藩目视李鸿章，习惯性地抬起了右手，在胡须上来回梳理着。

"恩师可千万别这么说。"李鸿章诚惶诚恐地说,"当初恩师之所以让我组建淮军,就知道事情会发展到这步田地。如今恩师尽可随意使用淮军,这不只是门生个人的荣幸,对于整个淮军来说也是荣幸之至的。"李鸿章说到这里,似乎动了真情,连眼角都变得红了。

曾国藩听到这些话,感到非常欣慰。是的,自己当年并没有做出错误决定,李鸿章毕竟争了气,淮军被他训练得井井有条。这就是他的大过人之处,这样的人才在眼下的世界可真不多了。

"少荃,我有几句话一直都想跟你说,你千万不要误会。"曾国藩安详地望着英俊豪迈的门生,口气异常的平静。

"不知恩师有何赐教?"李鸿章的心里感到一些不安。心想:一定是老头子又知道他干了什么不合适的事,少不了一顿严厉的训斥。他作好准备,现在这个时候,即使老头子说的不是事实,也要全部接受过来,他不能有任何的还嘴和抵抗。

"少荃,我要趁这个机会奏准太后、皇上把两江总督的职务正式交给你。"

曾国藩的眼光分明昏花多了,但是李鸿章却依然认为,这昏花的眼光背后,昔日的犀利、阴冷却依然存在!他不由自主地颤抖了一下,不明白老师这句话的真正含义是什么,赶紧说:"恩师,门生奉圣命暂且护理督篆,两江总督这一职务还是应该您来负责。等着恩师出征胜利之后,门生跪迎郊外,恭还督篆。若有自作主张之处,任凭恩师处罚。"

李鸿章毕竟是聪明人,这些话虽然没有说到点子上,却也的确使曾国藩的某些顾虑消除了。他微笑着说:"少荃,你领会错了,我不是怕你在署理期间对我的章程进行修改。我有哪些不妥当的地方,你随便修改也没有关系。长江后浪推前浪。我和你的父亲忝列同年,又曾和你一起探讨过作文章之道,你能超过我,我哪有不高兴的道理!"曾国藩端起茶杯,轻轻地呷了一口,郑重地说,"我也对这件事情思考很久了。我近来精力越来越不济,舌端塞涩,会见客人也不能长时间谈话,公事常有废搁。右目一到夜晚,就什么都看不到了。左目视物,亦是非常模糊。两江重地,朝廷期望甚大,不能由我这样的老朽尸位,迟早我都要把这个职位让出来。我带兵前敌,粮草军饷都出自两江,且两江乃淮军的家乡，我怎么放心让别人接这个位子？我环视天下督抚，也只有你最合适不过了。"

李鸿章终于知道了老师的用意何在，他非常坚决地说："恩师只管放心前去，不要有任何的担心。粮糈银钱，供给方面决对不会跟不上去，决不会使恩师再出现客寄虚悬的现象。至于刘铭传、潘鼎新、张树珊、周盛波，门生也都严厉教训过他们了，要他们恭恭敬敬地听从恩师的命令。若有不服之处，请恩师以军纪国法处置，不用过问门生的意见。老三、老四一向敬恩师如同父亲一般，他们将会代替我监视淮军。军中情况，我也会随时听他们的禀报。淮军就是湘军，就是恩师的子弟，恩师想怎么用都可以。两江重地，也只有恩师才可以镇压得住。漫说恩师精力过人，就是真的累了病了，仅仅靠您多年过人的威望，两江亦可以坐而治之。前代有汲黯卧榻而治。汲黯根本什么都算不了，他都可以做到这种地步，您自然要胜于他了！"

李鸿章真会说话，曾国藩的心里舒服起来，顾虑也去掉了许多，上午的不快，也早就消失殆尽了。

"少荃，明天上午如期举行交印仪式，后天一早我就要乘船出征去了！"

在接下来的剿捻中，年老体迈的曾国藩在前线折腾，忙得不可开交。李鸿章坐镇南京，为曾国藩提供源源不断的粮食和军饷，表面看来，两人融洽地配合着，可事实上，其中的苦衷除了曾国藩谁也不知道。

二、攻捻之败

1. 竭力攻捻

曾国藩自同治四年奉旨北上剿捻，在怎样剿灭捻军的问题上，比起僧格林沁来，曾国藩确实要高明和深谋远虑得多。首先是表现在了解捻军这个方面，僧格林沁是个既骄横又狂妄的人，捻军既然属匪，他就觉得自己很有优势，过于轻敌，也就谈不上去对捻军的作战特点全面分析和仔细研究了。而曾国藩却和他完全不一样，他知道战争中最重要的就是知己知彼，正是因为他对捻军有这样的认识，他在剿捻问题上，依次划分了三个阶段，这就是重点设防、清查民圩、设置河防，把这三步控制在"以静制动"的战略思想指导之下。

关于重点设防，主要是考虑到捻军的特点是灵活机动，来去迅速。曾国藩认为，针对捻军机动迅速的奔突，如果和僧格林沁一样用兵，无异于让自己处于被动的位置，最后的下场和僧格林沁不会两样。因此，剿灭捻军的首要任务，不是要把自己处于被动地位，而是要变被动为主动，最好的办法就是在捻军活动的各重要城镇设置重兵，派兵严加防守，等待捻军的进攻，然后集中优势兵力把他们一一消灭。因此他决定在华北的四省十二府，也就是江苏的徐州、淮安、安徽，海州的凤阳、庐州、泗州、山东的兖州、曹州、沂州、济宁，河南的陈州、归德等地设置重兵，并且在那里建立营堡，聚集辎重，企图以点制面，一省的情况紧急，可以得到来自三省的援助，四省可以首尾相应，将士也不用再疲于奔命了。

曾国藩的这一整套战略计划，在他与同治四年闰五月二十一日给朝廷的《贼众全窜皖境拟先赴临淮折》中有非常集中的反映：

奏为群贼全革皖境，臣应先驻临淮，后赴徐州，恭折仰祈圣鉴事。

窃臣行抵清江，即将皖军被围，拟派重兵援剿各缘由，于本月十一日驰奏在案。十四日罗麓森等金陵六营齐抵清江。刘松山宁国一军，老勇在途苦求假归，挑选募补，行程稍滞，甫于二十日全队到齐。臣在此小驻十二日，迭闻留防徽州各军索饷滋闹，力筹拨银镇抚，昼夜忧灼。本拟步队到齐，即日驰赴徐州，相机调度。连日接据安徽布政使英瀚来禀，该军团于雉河集，已先带二十馀骑退至西洋集，其部将史念祖等尚能相约死守以待援兵等语。又据寿春镇总兵易开俊来禀，该军进扎西洋集，拟先攻高炉以解雉河之围。惟该总兵目疾增据，势将瞥废，请派员接统该军各等情。臣查英瀚出重围而救援，易开俊临大敌而婴疾，均属万分危急。臣若先赴徐州，则去贼愈远，诸军无所秉承。适接抚臣乔松年咨函，亦称贼聚皖北，官兵正可合围会剿，为一劳永逸之计。臣与吴棠熟商，遂定议亲率金陵六营、宁国六营先赴临淮关驻扎。皖事稍松，再行进驻徐州。

臣初次奏称，专力于四省十三府州之地。今既由临淮进兵，将来安徽既以临淮为老营，江苏既以徐州为老营，山东以济宁为老营，河南以周家口为老营，四路各驻大兵，多储粮草、子药，为四省之重镇。一省有急，三省往援，其援军之粮药，既取给于受援之地，庶几往来神速，呼吸相通。就目前诸将而论，刘铭传、潘鼎新均可独当一面，张树声、周盛波两军相合可当一面，刘松山、易开俊两军相合可当一面，四路专汛之兵，颇敷分布。此外须另筹游兵一枝，拟派候选郎中李昭庆训练马队，合之亲王僧格林沁旧部马步各军，同为游击之师。臣私衷区画如此。军情瞬息千变，不知将来能成规模否。至粮运为用兵第一要义，周家口、临淮两军以淮河、颍河为运道，济宁、徐州两军以运河为运道，拟趁有水之时，先将米粮、子药悉数分运四处，存储备用。已在清江设立转局，派淮扬道吴世熊专司其事。如四路军食充足，则四省有首尾相应之象，而诸军疲于奔命之虞，或可以速补迟延，徐图功效。所有群贼萃皖，微臣先赴临淮缘由，谨缮折由驿五百里驰陈，伏乞皇太后、皇上圣鉴训示。谨奏。

当然，曾国藩的这一策略重点在于严加设防，这种严防死守并不是呆板而机械的。在严防的基础上，他又精选了拖住敌人的几千人的骑兵队伍。动静结合这一策略支撑着他整个的剿灭捻军的计划。至于清查民圩，目的是不想让捻军拥有广泛的群众基础。因为捻军采用的是游击作战的方式，绝对不可能携带过多的粮食辎重，每到一地，后勤保障都是靠当地百姓提供的。因此，曾国藩就想从此入手，严密组织各地居民，让捻军无法联系他们，使捻军的后勤失去了保障，目的就是要围死、饿死那些捻军。至于清查民圩的手段和效果，唐浩明的《曾国藩》中曾经这样描述到：

文的方面，主要在查修圩寨。曾国藩责令各省巡抚在捻军经常出没的地方修筑圩寨，设立圩长。当捻军到的时候，须将所有人丁、牲畜、粮草都集中到圩寨中，由民团把守，实行坚壁清野，不给捻军留下一点给养。又制定查圩法，彻底清查了各个圩寨。把与捻军关系深的人列入莠民册，按册稽捕捉拿正法。其他的列入良民册。五家人都归圩长管理，有事则五家连坐。圩长在各地州县的控制之下，有事则圩长连坐。这样就使捻军与百姓失去了联系。曾国藩派薛福成代他巡视各处，监督州县执行。薛福成临走之时，曾国藩对他交代得很清楚："你出身于书香门弟，长期受诗礼熏陶，我怕的是你姑息纵容，执法不严，你擅自做主倒没有什么关系。当年胡文忠公送给九帅一副对联：以霹雳手段，显菩萨心肠，这句话显示了严慈之间的关系。乱世当用重典，除暴才能安良，这也就是治国的不易。我授与你生杀予夺之大权，你可以放心使用。"

薛福成受此器重，决心要有所作为。他带着一批像他一样的年轻书生，在捻军的家乡蒙县、亳县一带，雷厉风行地清查圩寨，大开杀戒，有时候一次就在寨里杀十多人。薛福成这一手真可谓是厉害非凡。蒙、亳一带百姓人人自危，谁也不敢联系捻军了。从此，捻军不能回家乡，变成了一支流亡大军，东奔西闯。

在此，我们附上一份曾国藩于同治五年八月二十三日给朝廷的一封奏折，名为《查办蒙亳阜民圩擒斩著名积捻折》及所附的一份多达一百多人的死亡者名单，由此可以看出曾国藩在平定捻军之乱时进行了怎样残酷的杀戮：

　　奏为汇陈查办民圩，擒斩著名积捻，恭折仰祈圣鉴事。

　　窃自捻逆扰乱以来，奔窜无常，而时恋蒙、亳老巢，以为归宿。其节次回窜，皆有莠民为之勾引。居则为民，出则为捻，若商贾之远行，时出时归，恬不为怪。臣于雉河解围以后，即拟查为民圩，以清其源。曾于上年七月初八日具奏，并抄告示进呈御览。旋即遴选各员，先从蒙城、亳州等属分途试办。蒙城派委安徽候补知县桂中行、朱名璪；亳州派委即补同知李炳涛、补用知县薛元启；宿州派委本任知州张云吉，而佐以龙山营游击吴峻基；阜阳派委候补直隶州知州尹沛清，而佐以颍州营游击翁开甲；饬令会同地方正印各官，简择绅者，照臣所拟四条告示，认真稽查。于被胁从捻者，则多方劝诚，许以自新，于甘心从捻者，则悉力搜拿，立予正法。计自各该员任事之日起，至本年六月底止，蒙城擒获积捻五十九名，亳州擒获积捻四十六名，阜阳五名。其间或系著名捻首，聚党竖旗，或系勾捻破圩，杀伤多命，或已降而复叛，或阳顺而阴逆，均属莠民之尤，法无可贷。臣恐拿获

后有劫犯逃逸等弊，预行颁发大令，由各该员讯明，即行正法，录供具禀。蒙城、亳州二属，擒斩尤多，办理最善。

本年四五月间，任、赖等逆由泗、宿而入怀远，牛落红一股由永城而窜亳州，皆欲回到老巢纠合党羽。该二属圩寨，迭经各员先期开导，良民知所愧悟，颇以从逆为非，莠民亦知畏法，不敢装旗勾引。以故该逆大股徘徊于怀远，几及一月，竟不能向蒙、亳境内肆行盘踞，盖为前此所未闻。该员等劳力劳心，著有成效，臣拟于黄陂案内择尤保奖。其正法各犯，相应缮列清单，作为第一案，恭呈御览。以后续获积捻，再行逐案开单汇奏。所有查办民圩、擒斩著名积捻各缘由，理合附驿驰陈。伏乞皇太后、皇上圣鉴训示。谨奏。

附蒙亳宿阜四属积捻正法名单

谨将蒙城、亳州、宿州、阜阳四属查办民圩，擒斩著名积捻汇缮清单，恭呈御览。计开：

蒙城

胜瞎刚、戴凌汉、胜新安、戴黑鸦、胜憨子、侯一清、葛游珠、文生贾桂林、梁万福、黄仲、王大青、邹学礼、梁小有、李叶、梁三麻子、李大好、江八、赵殿勋、江宽、姚立桂、邹老金、胜文、李作梅、胜憨、李青选、胜小海、李刚怀、徐老柏、陆彭和、马士立、王小青、马凤遥、李广生、马恒子、赵永烈、袁化、王清周、张振干、赵式仲、李广友、陶玉泰、李振官、许义、郭富、郭大套、张锁、郭诚修、葛开孜、邓心全、潘士典、刘举、王子成、尚登先、丁羊、尚丁孜、刘大禄、郭云骧、捻首江广俊之妻沈氏并其子江尿。

以上蒙城县，共擒斩五十九名，均系勾捻装旗攻破圩寨，贼退后仍横行乡里，伙众抢劫。其中如文生贾桂林，领旗聚众，杀其堂弟贾得一，夺侄媳为妾。胜瞎刚首先迎牛落红进圩，葛游珠为姜台凌谋士，李广生、李青选为苗沛霖死党，赵式仲曾领千人攻陷颍上县城，尤为久稽法纲，罪不容诛。江广俊系捻中巨魁，人人思食其肉，屡拿未获，戮乃其孥，万口称快。

亳州

赵宿、王卯、张从仁、王潮、张景、唐克明、刘黑贝、孙玉、刘二能、程有道、刘刚、程辰、程黑、管现庭、许清、管永勤、朝鸭、管龙羔、张相、孙壮、孙常、姚景、孙利、王旺儿、訾有、王三存、孙成凡、刘栋、纪俊、王泽、郭春、于章、胡步生、王文、胡思明、王全、纪光辉、王凤翔、王房、程大川、梁引柱、刘三顺、刘登云、周三麻孜、韩佩、胡彩。

以上亳州，共擒获四十六名，均系通捻掳人，竖旗聚众，投诚复叛，无恶不作。其中如张从仁杀死耿凤山一家四命，许清杀死许华堂全家七口，胡彩以蠹役扰害乡里，从菁诬良，尤为积年巨憨，此次先后正法枭示，足除地方之害。

宿州

单东才、李士成、张殿魁、李得全、魏文太、李得银、邰尚、刘幅、李冠湘、张朝纲。

以上宿州，擒斩十名，均系出入捻中积恶窝匪，内张朝纲一犯，先于咸丰二年以火器伤人致死，例应归入情实办理；三年，安徽省城陷后，投入发逆多年，又回家窝藏捻目。张憨孜拿获旋逃，本年又诬良为匪，擅坐凤颖同知公堂，笞责平民，尤骇听闻，经查圩委员查明正当。署凤颖同知李锟，办事颟顸，亦经安徽抚臣乔松年奏参，撤任查办在案。

阜阳

马闹、王鸿彦、郭守田、冷在成、王连会。

以上阜阳县，擒斩五名，均系历次行劫，甘心从捻。内马闹一犯，随孙葵心、赖文光等扰乱多年，情节尤重。

很明显，曾国藩为了剿捻而实施的杀戮行为是非常残酷的。尤其是他为了断绝捻军和群众之间的联系，实行清查民圩的政策，为此杀害了很多无辜的百姓。

曾国藩在剿捻问题上采取的最重要的步骤便是河防。所谓河防，就是一方面在黄河设置水师，防止捻军从北面渡过黄河；一方面在运河西岸建筑堡垒、长墙，这样捻军就会被控制在黄河以南和运河以东一带。

2. 攻捻失误

曾国藩采用河防之策，是因为他的重点防守的策略没有收效。因为重点防

守主动进攻的程度不够，虽避免了像僧格林沁那样处于被动地位，但同时又只能被动地静待捻军，因此，当时有很多人讥笑曾国藩的重点防守是要避免与捻军的正面作战。而事实上，曾国藩在日记中也多次反映了重点防守没什么效果。如同治五年三月十六日记中他这样写道："闻后股任、赖等贼已入东境，过曹县，焦灼之至。"三月十九日记："本日恐贼匪抢渡运河，寸心悬系，如负重疚，终日钦钦。"三月二十四日记中却又是这样写的："闻贼匪全数南窜，吾所调刘、周诸军甫经到齐，未及接仗，而贼已他遁，深为可虑。"四月十八日记："闻贼复窜曹县、定陶，在曹、单攻破民寨多处，甚为猖獗，忧灼之至！"五月初八的日记中是这样写的："是日闻河南诸军四月二十八日在归德打仗败挫，宋庆、蒋希夷两军伤损尤多，为之焦愤，盖官兵挫一次，则贼焰长一次，势将燎原矣。"五月十三日的日记如下："闻捻匪张、牛、任、赖两股集于徐州城外，各军熟视而无如之何，焦灼无已！"六月二十日他又这样写道："流寇纵横，制敌无术，体衰目昏，学问无成，则又深为忧灼之境也。"

正是出于对这种状况的考虑，曾国藩在同治五年三月二十一日给朝廷写了一份奏折，名为《密陈重视捻匪博贮将才核实奏报力戒虚浮以正风气片》，一方面为自己的战场无功感到特别遗憾；一方面也预先要给朝廷提个醒，申述自己剿捻无功的一个重要原因是因为捻军真的有过人之处，可对于此点朝廷及地方许多官员根本没有认识到：

　　再，密陈者，臣窃观此股捻匪，奔突六省，攻剿十年，久成流寇之症，虽人众不及发逆，而马队则数倍过之，其凶狠之性、狡诈之谋，亦不亚于发逆。而中外论者轻视此贼，以为殆不足平。古称恐则致福，骄则致败，若人人轻视剧寇，则骄气遍于数省，岂有奏功之理？明季流贼，初亦或聚或散，时盛时衰，终遂至于不可收拾。殷鉴不远，能无惴惴？

　　臣愚以为欲求众心之警惧，须先戒奏报之虚浮。奏报之于兵事，关系最重。所奏果实，则一军之是非悉公，朝廷之赏罚亦当；所奏若虚，则劳苦多功者从而寒心，巧伪偾事者反以得志。近日各路奏报，颇多粉饰，河南、湖北两省尤甚。河南今春屡报胜仗，查询实无战事。湖北报正月二十八日鄂军合同铭军攻克黄陂，查询是日午刻，刘铭传率师克城追贼，酉刻收队，并未见别有一反来会。至二更后，鄂军蓝斯明、刘维桢等始至西门外驻扎。今铭军与鄂军均准开单请奖，有功者与无功者毫无区别，实不足以彰公道。

凡疆臣奏事，皆据各将领原禀入告，本不能免于虚饰，但须略加考察，稍为删改，俾黑白不甚颠倒，庶中材知所劝惩。伏乞皇上不咎既往，警示将来，于鄂、豫暨各省奏报，俯赐鉴察，殷勤训诫。其屡报胜仗毫无实际者，严旨诘责。风气一振，不特疆吏悚惧，即幕僚草奏者，亦不敢率尔命笔，大局幸甚。

同治三年八九月后，亲王僧格林沁之师疲劳过甚，邓州吕堰驿、罗山等处之败，失去战马三千余匹，精锐伤亡太多，本不可以再战，使皇上灼知实情，或令该亲王回京休息数月，或令在山东、河南停兵养锐，亦何至有曹南之祸？乃各省奏报皆称捻匪最畏僧格林沁，不敢与之交仗；或称残孽无多，歼除在即，朝廷不得确耗，早为之所，遂至陨丧贤王，忠良短气，遐迩震惊。臣痛念及此，未尝不归咎奏报失实，有误大局也。

自臣接办此贼，设四镇驻防之卒，筹大支游击之师，意谓且战且守，或可渐有头绪。及此次入齐，与张总愚股匪相遇，本月初旬三次接仗，两次挫衄。张逆人数较少，即已骁捍若此，况益以任、赖等逆之众，尤觉难操胜算。总缘贼马逾万，数倍我兵，旷野平原，步不敌骑，臣屡思多练马队，不特湘、淮各勇骑射非其所长，且臣所派两起买马之员，均据禀称去冬大雪苦寒，口外马瘦且少，不敷购办，臣处欲添千余骑而不可得，鲍超欲买三千余匹，未知成军更在何日。臣受命剿捻已满十月，制寇之方尚无把握，终夜以思，且忧且愧。外间不察，或以迅速成功相期，每日所接宾僚，无非誉言；所阅文牍，无非谀词，不曰旦夕可灭，即曰贼无长技。此等浮言虚誉，既恐传播行间，长部曲骄矜之气，亦恐上达天听，弛朝廷就业之心。

臣因此次小挫，将各军痛加警戒，尤愿我皇上弗轻视此贼，常以流寇难治为虑；博贮将才，以求为可继；稽核奏报，以戒其勿欺，庶凭圣主朝乾夕惕之怀，终救中原火热水深之阨。区区微忱，谨据实附片密陈。伏乞皇太后、皇上圣鉴训示。谨奏。

关于曾国藩采用河防之策，他也是思考了很长时间才决定的。因为要用长堤、堡垒围困捻军，并不是一件很简单的事情。而且，一旦捻军在千里长围中打开一个小小的缺口，那所做的一切都白费了。但当初僧格林沁大破太平天国北伐军靠的就是长围之策，曾国藩了解此事之后，就做出了决定，于同治五年四月初七日给朝廷上了一份奏折，名为《近日调度剿捻各军情形并拟在运河增堤置栅防堵片》：

再，臣接据各路禀报，捻党大股自二十三日与铭军接仗后，即分股南趋。张、牛等逆被周盛波二十七日击败，连日窜往归德、虞城。旋又由丰县折回单县，徘徊不去，似有回窜曹、濮之意。刘铭传一军初三日由虞城驰抵单县之黄冈集，紧蹑其后。臣檄饬李昭庆一军由金乡驰赴单县，与铭军会同剿办，而仍以潘鼎新之军留防济宁、长沟一带，备贼回窜。刘松山一军，前已调至济宁，因贼众回窜，又令赶回湖团。周盛波一军已于二十九日赶回归德，因闻贼有分窜雎河者，又于初四日拔赴亳州。究竟蒙，亳是否有贼？系何酋分股？臣尚未闻其详也。

至任柱等一股，则先由永城、砀、萧窜至睢宁境内之双沟。初二日，马贼已扑近皂河、洋河等处，距宿迁不远。该县现有襄办军务侍讲学士刘秉璋一军驻防，与上游窑湾等处吴棠派出之军，韩庄、八闸杨鼎勋之军，声势尚为联络。该学士昨来济宁，〈与〉臣晤商一切，闻警后，即日驰回宿迁，布署一切。将来即移所部驻扎徐州，居四镇适中之地，仍作一路游击之师。臣本早拟查看黄、运两河，因贼踪去而复返，盘旋不定，迟迟未行。臣以东北则畿辅为天下之根本，东南则江苏为臣军之根本，屡经奏明注重东路，既以东路为重，不得不借运河衣带之水，以为流寇阻截之界。惟河浅且窄，汛长千有余里，防不胜防。臣拟会同阎敬铭等大加修浚，增堤置栅，能否确有把握，俟查勘后续行具奏。谨先附片陈明。伏乞皇太后、皇上圣鉴训示。谨奏。

朝廷同意了曾国藩的决定，在四月十一日的上谕中就表示了这一点。

3. 奉旨回任两江

结果，曾国藩的河防之策根本防范不了迅猛而来的捻军。同治五年八月十六日，这个夜晚极为安静，在开封城南十余里的芦花冈，突然几万捻军蜂拥而来，迅速地攻破堤墙冲将而出，此后，那些捻军就经常突击豫东和山东的守军，让他们防不胜防，千里之堤，毁于蚁穴，这句话果真是正确得很。为此，万分惶恐与羞愧的曾国藩便于同治五年八月二十三日向朝廷连上三份奏折。有一份是为了向朝廷请罪，另外两份则是描述了河防之战的失败情况。

曾国藩河防之策失败，一时之间激起了很多人的议论。有许多官员上书朝廷指责曾国藩无能，并且说他兴师动众，指挥不当。朝廷对曾国藩的败绩也不能说什么，只能表示遗憾。在这种情况下，曾国藩觉得根本没有脸面再居此高位了，便主动向朝廷提出辞去他的官职和爵位。

朝廷确实也知道年迈力衰的曾国藩因为在剿捻过程中受挫，再让他担此重任，恐怕也很难成功，因此于同治五年十月初一日下旨，把曾国藩和李鸿章给调换了个位置：

> 李鸿章奏剿贼大略情形，并刘铭传等军节次胜仗，请调察哈尔等马匹各折片。本日已明降谕旨，令曾国藩回两江总督本任，授李鸿章为钦差大臣，专办剿匪事宜。该大臣膺此重任，自当益加奋勉，以竟全功。曾国藩回任后，可暂缓来京陛见，即在江宁安心调理，候贼势稍平再行奏请。该督在省坐镇前敌军饷及中外交涉事宜，自不难从容办理，李鸿章必不致有掣肘之虑。李鸿章办理通商钦差大臣关防，着交曾国藩署理。

> 刘铭传等军已于金乡等处各获胜捷。贼虽逸去，其胆已寒，着李鸿章督饬诸军认真追剿，勿任旁窜。此次总兵方有道、守备袁正泰、千总侯风德、记保把总刘日清，均着交部照阵亡例分别从优议恤，以慰忠魂。

> 贼窜郓城，距河甚近，难保不乘间北窜，着刘长佑、阎敬铭严饬在事文武各员弁认真防守，勿令一贼偷渡。阎敬铭并须派队拦截，与刘铭传等追师互为联络声势，以资得力。李鸿章候此股贼匪剿尽，再行酌量移营进扎。

> 吴棠谅已痊愈，着赏假二十日回籍省墓，即赴新任。吴棠所部兵勇，均着归李鸿章节制调遣，以一事权。东贼恐由郓城、曹州仍窜豫境兰考一带，李鹤年饬军迎截。河南省城防务，着李鹤年督同藩司卞宝第等妥办。如该抚须出省督师，省城防务即交卞宝第督同在省司道

认真经理，不得有名无实。

西疆之贼仍在华阴一带盘踞，逼近省门，据刘蓉、穆隆阿等迭次陈奏，请兵援剿，是以令鲍超一军入关。该提督不知已抵何处？刘蓉虽系知兵，所辖各营亦复不少。而此大股悍贼一意西行，回、捻交乘，兵分力薄，实属支持不易。鲍超已否入关，抑或另派援军入秦助剿？即令鲍超待于楚、豫境上防贼回窜。着李鸿章酌度情形，仍与曾国藩随时筹商妥办，务其万全无失，未可谓陕西省有备，遂可置之膜外也。乔松年谅已到陕，即着与刘蓉妥筹防剿之策。刘蓉须俟此股贼众击退，陕防无恐，方准卸肩。

李鸿章请调察哈尔等马匹，已谕知理藩院、察哈尔都统等照数调拨矣，将此由六百里各谕令知之。钦此。

曾国藩于同治五年十一月初六日，准兵部火票递到。同治五年十一月初一日内阁奉上谕："曾国藩着回两江总督本任，暂缓来京陛见。江苏巡抚一等肃毅伯李鸿章着授为钦差大臣，专办剿匪事宜。"钦此。

然而，曾国藩觉得这样无功而返很没有颜面，再次为自己找了一个台阶，让自己退回到两江总督的本职，于十二月二十一日上奏，请求允准李鸿章"以西路为主，臣驻扎徐州防剿，惟以东路为主。一以为李鸿章后路之助，一以为微臣补过之资"。但清廷却没有答应这件事，于是他也就没有台阶可下了。在他回到徐州后仅十二天，即同治六年正月二十七日，令他赶快回到省城去，负责筹备军饷等事务。这个上谕下达十一天后，曾国荃又因他率领的新湘军郭松林部和彭毓桔部接连好几次都败给了捻军，以致全部覆没而只能交给部议处置。二月初八日，曾国藩收到寄谕，夜不成寐，到了晚上三点钟才睡。他在这个月的家信中，对于这场政治风波和他的心情谈到了很多："沅弟近日迭奉谕旨，谴责严切，令人难堪！固由劾官、胡二人激动众怒，亦因军务毫无起色，授人以口实；而沅所作奏章，有难免于讪笑者。计沅近日郁抑之怀，如坐针毡之上！""沅叔屡奉寄谕，严加诘责。劾官之事，中外多不谓然。湖北绅士公呈请留官相。……沅叔近日心绪极不佳，而捻匪久蹂鄂境不出，尤可闷也！""余以精力日衰，屡劾参劾，官兴索然。"

虽然曾国藩并没有为政治上的挫折感到气馁，他仍然要求曾国荃接受这一切，要始终把"悔字诀、硬字诀"记在心里，"须将劾官相之案，圣眷之隆替，言路之弹劾一概不管"，"从前种种譬如昨日死，以后种种譬如今日生，另起炉灶，重开世界"，但事实上，不管是曾国藩本人还是曾国荃，都已从攻夺金陵之日的政治顶点，逐渐地走上了自己的下坡路，两人也再不可能"重开世界"了。

三、失败之故

1. 指挥不灵

曾国藩从同治四年五月初接受朝廷的命令进行剿灭捻军工作开始，到第二年八月中旬东捻军攻破河防的时候为止，整整用去了一年零五个月，当然其中还有同治四年的闰五月。然而最终却以失败告终。对于他的失败，我们不难看出曾国藩还是长于策略，短于指挥，因此，他每次亲临指挥的战争结果却都失败了。其次在于曾国藩的年龄已经大了，感到有些力不从心，斗志也锐减了好多。本来他在南京破后是应该退居二线的了，可他却舍不得高爵厚禄，心怀侥幸。第三是因为他的指挥不得力。湘军在攻打太平军中能够取得成功的原因，主要因为湘军的主创者是曾国藩，所以他才能够自如地加以指挥，旁边的人也给了他很多的帮助；而他在剿捻时所依靠的主要力量大部分是淮军，还有地方部队，这便屡屡让他感到指挥不灵，军队的战斗力也不够。关于这点，在剿捻过程中很明显：曾国藩于同治四年五月由南京出发时，他带领了九万左右的湘军，主力主要是李鸿章手下的淮军。淮军虽然和湘军有着很深的渊源，但毕竟还是归李鸿章控制的。曾国藩当初也不是没考虑到这些，因此决定调李鸿章的弟弟李鹤章处理营务方面的工作，同时，曾国藩又将李鸿章的弟弟李昭庆也调到了剿捻的部队里去，用来表明曾国藩对于淮军和李鸿章都特别重视。在同治五年三月十六日曾国藩给李鸿章写了一封信，在信中他公开说明："吾二人视剿捻一事，须如李家、曾家之私事一般"：

> 此间军情自初七以后琴、幼与贼相持未战，至十二日贼自黑虎庙引退回窜，似有返豫之意。幼泉遵檄于十三回扎长沟，琴轩追至郓西之红川口，十四日获一小胜。该逆折回北窜，十五日前队已近运河，而任、赖一股亦于十五日过曹县境矣。此时可虑者：一恐琴军夹于两

股之间，前后受敌；一恐两股猛扑运河，东军不能御之。本日檄令琴军径渡运东，会同防运，不知不落后着否。幼军距济宁仅四十里，尚是稳着。来示欲令潘琴轩军作游击之师，鄙人尝有此意，以书告之，渠复信似不甚愿。兹将两信抄寄一阅。至幼军作防济之师，目下风波危险，不能遽改。以私事而论，君家昆仲开府，中外环目相视，必须有一个常在前敌担惊受苦，乃足以折服远近人心。而幼泉之才力器局，亦宜使之发愤自强，苦战立功，不必藉诸兄之门荫以成名。以公事而论，目下淮、湘诸军剿捻，颇似秀才考经策两场之时，视之无关得失，潦草塞责。若非仆与阁下提振精神，认真督率，则贼匪之气日进日长，官兵之气日退日消，若淮勇不能平此贼，则天下更有何军可制此贼？大局岂复堪问！吾二人视剿捻一事，须如李家、曾家之私事一般。

舍沅弟抵鄂任后，已定议驻扎襄阳，出境剿贼。若六七月毫无起色，国藩当奏请阁下北征剿捻，盖鄙人不能上马督战不特不能临阵，兼近来胆气太弱太快，则调度必乖，但不敢置身事外耳，阁下能匹马当先，不过倡率一二次，而士气振兴百倍矣。届时或由阁下自行奏请，另当函商。季泉战守之才度越时流，如可出山独当一面，国藩当专疏陈请。区区微忱，非强贤昆仲以所难，实见捻匪非淮勇不能灭，淮勇非君家不能督率，筹维至熟，敢布一二。诸希心鉴，即问台安。

这封信包含着极其丰富的内容。首先，曾国藩在剿捻时已发现他是不能控制淮军的，只有李鸿章才能够控制它。所以说："淮勇非君家不能督率"，这句话难免泄露了他心中的怨气；其次，他劝李鸿章应该减少各自的区别，湘军和淮军本来就是一家人，为什么不能够互相帮助呢？可是李鸿章却并没有把曾国藩的劝告当一回事，因为他当时迫不及待地想出人头地，曾国藩因为在平定太平天国的时候立下大功，已经封侯，他自己则才封伯。而且，两江总督这个职务也只是暂时交给他，一旦曾国藩平定捻军，这两江总督的位子恐怕他李鸿章就保不住了，所以他希望自己能直接走上剿捻战场，依靠淮军把捻军打败，而不希望曾国藩平定捻军后重新把两江总督的职位抢走。李鸿章的这一心态，在曾国藩给曾国荃十一月初七日的信中可以看出来：

二十日之寄谕（令余入觐者），初二日之复奏，均于初三日交专差带去，想已收到。顷又得初一日寄谕，令回江督本任。余奏明病体不能用心阅文，不能见客多说，既不堪为星使，又岂可为江督？即日当具疏恭辞。余回任之说，系小泉疏中微露其意。兹将渠折片并来信抄寄弟，余回信亦抄阅。

弟信云宠荣利禄利害计较甚深，良为确论。然天下滔滔，当今疆吏中不信倚此等人，更有何人可信可倚？吾近年专以至诚待之，此次亦必以江督让之。余仍请以散员留营，或先开星使、江督二缺，而暂留协办治军亦可，乞归林泉亦非易易。弟住家年余值次山、筱泉皆系至好，故得优游如意。若地方大吏小有隔阂，则步步皆成荆棘。住京养病尤易招怨丛谤。余反复筹思，仍以散员留营为中下之策，此外皆下下也。

不仅如此，李鸿章还对剿捻也进行了非常明显的干预。如曾国藩调李昭庆原是为了把他调到徐州去训练马队，以备将来游击战争之用，而李鸿章则要求把李昭庆派到济宁去负责驻防工作，而想把潘鼎新部训练为游击之用。对此，曾国藩也没有办法不听李鸿章的，他在六月初七日给李昭庆的信中也体现了这种非常无奈的心态：

近日军情调度，初四日一檄行尊处。如果任、赖全数南窜，则当以全力防守沙河。潘军、刘军具宜在沙河之北办防，惟琴轩二十七日来信，已拟即日渡沙追剿，而铭军西去，又不能不调数营接徐州之防，因韩庄一带水深可恃，调贵部四五营赴徐接防。贵军两分三分，无人统理，极不相宜，而此外竟无他营可调。又以防兵、游兵，阁下须与令兄少泉宫保详细商议，乃有定计，故姑如此权宣调之。

再如这年七月，李鸿章又建议暂时撤消刘铭传的工作。刘铭传部在曾国藩的剿捻工作中发挥着非常重要的作用，若撤消刘铭传的职务，曾国藩的剿捻工作根本无法进行下去。此事终于让力主忍、恕的曾国藩无法继续忍耐下去，他在七月十八日给李鸿章的信中给了他一个提醒："目下淮勇各军既归敝处统辖，则阁下当一切付之不管"：

国藩以初六日自宿迁开行，初九日自清江扬庄换船，入湖溯淮，十六日至临淮。十五日酉刻，恶风暴起，顷刻翻炮船八号，鄙人所坐长龙船亦万分危急，头篷、大篷均被风裂断绳索，飏去江中，而后船势稍定，乃庆更生。大水成灾，千余里民居荡析，本已伤心惨目，而又逢此酷暑，受此大惊，衰年之身体意绪两非所堪。幸闻刘寿卿在上蔡、郾城等处四获胜仗，张总愚一股大受惩创；琴轩在太康、扶沟等处亦获三捷，任、赖已至洧州、郑州一带，防守沙河之议或可办成，差为一慰。

来示欲令省三回家休息，则断不可。现在苦无大枝劲旅，惟霆、省二军较为可恃，若省三归去，则刘盛藻、唐殿魁又分两枝，亦不能当一路矣。省三自元年夏赴沪，今仅四年有奇，三年冬曾回籍小住数月，亦不为甚劳甚久。凡教人，当引其所长，策其所短。如省三之所长在果而侠，其所短在欠渟蓄；琴轩之所长在坚而慎，其所短在欠宏达。国藩责令省三主持防守沙河一事，而教之以坚忍，正所以勉其海量，进之于渟蓄也。今若听其告假回籍，则沙河必办不成。在大局无转机，在省三无恒德矣。目下淮勇各军既归散处统辖，则阁下当一切付之不管。凡向尊处私有请求者，批令概由散处核夺，则号令一而驱使较灵。以后鄙人于淮军，除遣撤营头必先商左右外，其余或进或止、或分或合、或保或参、或添募、或休息假归，皆散处径自主持。如有不妥，请阁下密函见告。自问衰年气弱，但恐失之过宽，断无失之过严。常存为父为师之心肠，或责之，或激之，无非望子弟成一令名，作一好人耳。

昔麻衣道者论《易》云：学者当于羲皇心地上驰骋，无干周孔脚跟下盘旋。前此湘军，如罗罗山、王璞山、李希庵、杨厚庵辈，皆思自立门户，不肯寄人篱下，不愿在鄙人及胡、骆等脚下盘旋。淮军如刘、潘等，气非不盛，而无自辟乾坤之志，多在台从脚下盘旋。岂阁下善于制驭，不令人有出蓝胜蓝者耶，抑诸公本无远志，激之而不起耶？淮勇自成军后，多遇顺境，未经大挫，未殉奇节。不因厄则不能激，无诋毁则不自愤。愿阁下愤之、激之、劳之、教之，俾诸统将磨折稍多，成就更大，而鄙人藉以少靖捻氛，免于咎责，受惠多矣。诸希心鉴，顺问台安。

到同治五年十月，因为曾国藩的河防策略没有成功，剿捻的工作也没有进展，朝廷打算让曾国藩继续担任两江总督的职务，由李鸿接替他的工作继续剿灭捻军，此时的曾国藩承受着失败的压力，心中涌起无限感慨。他心中当然明白无法自由地指挥淮军是造成他目前尴尬局面的主要原因，但事情已经发展到这个地步，就没有什么好说的了。他在二十六日给李鸿章去了一信，用极为低沉的语调写道：

> 日内未接来信，不知十七以后刘、潘续有战状否？顷奉二十日寄谕，令鄙人调理一月，进京陛见，阁下暂署钦差关防，仲仙办淮徐防务。如江督一席不归阁下，则淮、湘各军立就饥饿，而大局行且糜烂，拟于日内复奏。鲍军不能入秦，附片陈明。阁下若离江督、苏抚之任，则淮、湘勇饷无着，现当群疑众谤之际，言之未必见听，亦尽吾心而已。启行入京之期，拟俟调理稍瘥，舌端不甚蹇滞，再行北上。

不过，曾国藩不可能永远沉浸在愧疚和悔恨之中。既然当初把湘军裁撤了大部分，是为了使朝廷不再怀疑他，而且既然已经达到了这个目的，就不可能再依赖自己组建的湘军去剿捻。而且，他也已明确看到自己终将是要被李鸿章取代的。因此，他不可能和李鸿章之间有一点恩怨，只有彻底地正视现实，把和李鸿章的关系处理好，才能保住自己的地位。因此，他在同治五年十一月十七日主动向朝廷上了一份名为《复陈病状艰难请准不回江督本任仍命李鸿章暂行兼署折》的奏折。

2. 压力重重

除上述原因之外，则还有来自朝廷的重重压力。尤其有一事令曾国藩寝食难安。这就是趾高气盛的曾国荃参劾湖广总督官文。曾国荃自从太平军手中夺下金陵之后，一直以生病为理由待在家里。同治四年六月十六日，他被朝廷任命为山西巡抚。七月初八日，曾国藩为他上了一份奏折，只说他的病还没有复原，不能担任山西巡抚的职务。即使是在这样一份奏折里，曾国藩也没有忘了向朝廷表明他此时的心境："值时事之多艰，念门庭之太盛，盛极而惧，若涉春冰。"到第二年正月，因为捻军大部分都集中到了湖北，清廷"为地择人"，又把曾国荃派去担任湖北巡抚，这一职务原本是由郑敦谨担任的。曾国荃于三月十六日到武昌赴任，但他虽为一省巡抚，毕竟还是处于湖广总督官文的控制之

内，所以，曾国藩在命令曾国荃的时候，也劝他一定要熟谙官场之道，要他一方面礼貌谦恭，另一方面要善于用银钱打点。

然而，这一年五月份的时候，曾国荃与官文之间的矛盾却特别深了，起因是曾国荃拿招收的士兵太多为借口，把由官文招募的五千名士兵都裁撤了，却没有给裁撤的兵勇发全饷。对此，曾国藩在五月初三日给曾国荃写了一封信提醒了他：

> 弟现募步队万二千人、马队千余人，与余初次函商相符，以后不必再行添募，恐饷项不继。所裁官相之勇仅发数成，所添弟部之勇必须全饷，一撤一招之际，厚薄悬殊，相形见绌，营头太多，必生怨望。厚庵之优待楚勇，薄视甘兵，遂有三月三日之变，可为前车之鉴。

果然，官文对曾国荃此次的举动感到非常不满，他想，好你个曾国荃，置我的颜面于不顾，那我索性也就不留你了。但是若直截了当地把曾国荃赶走，他觉得事情也比较难办，便想到了玉皇大帝封孙悟空为弼马温这个故事，受此启发，他因而也想到了一个比较阴险的主意，由朝廷出面把曾国荃给调走。他给朝廷上了一个折子，称鄂北捻情严重，希望能够使曾国荃以帮办军务的名义把他的军队带离武昌。果然，朝廷中了官文的计，于七月二十六日下渝旨，办成了这件事。

对于只会在战场上打打杀杀的曾国荃而言，帮办军务究竟属多大的官他当然不知道，因此他不知道该不该向朝廷谢恩。好在他的哥哥精于官场之道，他便去信向曾国藩询问了这件事。曾国藩在八月十二日的回信中对他的弟弟讲明了此事，帮办军务这个职务根本算不了什么，不少很一般的官员都得到过这样的官衔：

> 八月以内连接弟六月二十七日、七月初九、十四、十七、二十五、八月初二、三等日信。本日又接初五之信，询及帮办应否疏谢。余意似可不必具疏。近年如李世忠、陈国瑞等降将皆得帮办，刘典以臬司、吴棠以道员得之，本属极不足珍之目，本朝以来亦无此等名目。若具摺，则不可辞，亦不可有微辞。疏忽则可，不平则不可也。余于弟之衔不署，弟于公牍似亦可不署。奏疏结衔，则不可不书帮办字样，

酌之。

　　荫云申来，并非依违为顺斋地步，原折系请作为访闻。谕旨昭示
天下，断无称访闻者。我辈作折须预为军机拟旨者设想。申夫力求请
假回籍，弟可设法成其本志。渠平日深服弟之功大，以为李、左苏浙
之易，皆由悍贼全在金陵而占便宜。又深悉顺斋之恶，决不至与弟隔
阂，特眼高手低，或与同事者难水乳耳。

　　曾国荃接到曾国藩的这封信后，心中的火气不打一处来，非常痛恨官文戏
弄了自己，便决定参劾官文。当时，曾国藩的军队在周家口驻扎，八月十九日
他还约曾国荃来会一会他，听到曾国荃有这样的想法，立即便不让他来了。

　　曾国藩于八月二十三日听到消息，知弟弟即将有如此惊人的举动，第二天
晚上便写了一封长达六页的信，信中对"顺斋排行"一事还专门提及，提醒曾
国荃在参奏一个人时万分慎重是应该的。

　　他又于九月初二给曾国荃去信，在信中曾国藩再次对曾国荃说道，参劾别
人应该非常慎重，因为曾国荃的奏稿，别人难免会认为他们兄弟二人之间会有
所商榷，这封奏折也一定是他们二人合写的，所以对这件事情的影响一定要充
分考虑：

　　顺斋一案，接余函后能否中辍？悬系之至。此等大事，人人皆疑
为兄弟熟商而行，不关乎会晤与否。譬如筱泉劾官，谓少泉全不知情，
少泉劾余，谓筱泉全不知情，弟肯信乎？天下人皆肯信乎？异地以观，
而弟有大举，兄不得诿为不知情也。审厚庵告病，季高调调督陕甘，
仲山升督闽浙，子青督漕，鹤侪抚秦，环视天下封疆，可胜两湖之任
而又与弟可水乳者，殊难其选。朝廷亦左右搜索，将虽器使，良具有
苦心耳。

　　然而，曾国荃还是没有把曾国藩的劝告放到心里去，他把劾章发了出去。
曾国藩因为没有别的办法，便于九月十二日写了一封信给曾国荃，劝他做人是
不能一味争强好胜的，认为作为一个君子，去追求强横是不合适的：

　　顺斋一事业已奏出，但望内召不甚着迹，换替者不甚掣肘，即为

至幸。弟谓命运作主，余素所深信；谓自强者每胜一筹，则余不甚深信。凡国之强，必须多得贤臣工；家之强，必须多出贤子弟。此亦关乎天命，不尽由于人谋。至一身之强，则不外乎北宫黝、孟施舍、曾子三种。孟子之集义而慊，即曾子之自反而缩也。惟曾、孟与孔子告仲由之强，略为可久可常。此外斗智斗力之强，则有因强而大兴，亦有因强而大败。古来如李斯、曹操、董卓、杨素，其智力皆横绝一世，而其祸败亦迥异寻常。近世如陆、何、肃、陈亦皆予知自雄，而俱不保其终。故吾辈在自修处求强则可，在胜人处求强则不可。福益外家若专在胜人处求强，其能强到底与否尚未可知。即使终身强横安稳，亦君子所不屑道也。

接下来，曾国藩于九月十七日又给曾国荃写信，再一次劝告他，劾章既已发出，想太多的事情也没有必要了，而且从目前的情况看，胜算的把握还是有的，余下来的接连不断的制约和报复才最让人顾虑：

> 弟回省待罪之说，断无可虑。目下军势方盛，主眷方隆，官司可赢。余所虑者，严谴顺斋讼太胜，则后患方深。又或军事旁午之际，钦差来鄂数月不得安宁；又或继之者反更掣肘。故日来望此信极切。

十一月初二日，他又给曾国荃写了一封信，再次提到了弹劾官文之举并不正确，还说强横如左宗棠之人，都不会去做弹劾官文之事，劝告曾国荃不要这么做。

事实上，曾国藩有这样的顾虑也是有一定道理的。朝廷在收到曾国荃的劾章后，果然将官文湖广总督的职务给罢黜了，把他调回了京城。但这种胜利只是表面上的，曾国荃也没有因此得到多少收益，其中一个直接后果就是把一些和官文要好的官员给得罪了，这件事所带来的影响，我们可以从曾国藩十一月初七日给曾国荃的信中看到一些端倪：

> 弟开罪于军机，凡有廷寄，皆不写寄弟处，概由官相转咨，亦殊可诧。若圣意于弟，则未见有薄处，弟惟诚心竭力做去。吾尝言"天道忌巧，天道忌盈，天道忌贰"，若甫在向用之际，而遽萌前却之见，

是贰也。即与他人交际，亦须略省己之不是。弟向来不肯认半个错字，望力改之。顺问近好。

紧接着，在十二月初一和十二月初九的上谕中，对曾国荃给予了非常严厉的斥责，指责他调度无方，根本不知道自己的职务是什么：

> 官文奏，发、捻突窜黄陂，逼近武汉，现筹布置情形各折片。发、捻各逆假冒官兵，突窜麻城及黄冈之新洲、仓子埠等处肆扰，距省城仅数十里。近省一带无兵可调，势甚危害。官文现饬谭仁芳移扎溵口，姜玉顺绕前迎截，左光培炮船赴汉川新沟，力保江面。着谭廷襄、曾国荃即饬该将等认真防剿，并由曾国荃营添拨兵勇，严防汉镇及黄州等处。曾国藩、李鸿章即饬周盛波等军尽力穷追，李鹤年饬宋庆一军跟踪追赴鄂境。贼即窜至水田较多之处，马力难于驰骋，正可调集各路主客各军四面兜剿，聚而歼旃，务当严申号令，督饬诸将并力齐心，认真剿办，倘有观望迁延贻误事机者，即着严参治罪。曾国荃前拟诱贼入险，本系正办，惟该抚驻扎武胜关，距贼甚近，贼踪窜绕后路，震动省垣，该抚毫无布置，且近省各军俱已调拨赴营，致令后路空虚，实属调度无方，倘掉以轻心，不能速筹防剿，就地殄除，致令窜出本境，坐失机会，恐不能当此重咎也，懔之。黄州毗连安庆，并着英翰分布兵勇，严密堵遏，毋任发、捻东窜。将此由六百里各谕令知之。钦此。

> 正在寄谕间，复据官文、鲍超驰奏东西军情，任、赖等逆窜至云梦等处，相继失守。曾国荃驻扎德安，统领兵勇不少，调度无方，致令该逆〈如〉入无人之境，不知所司何事！着传旨严行申饬。现在贼势将趋枣、襄，仍回豫境，着谭廷襄、曾国荃严饬郭松林等军认真堵剿，毋许任其肆扰。曾国荃身临前敌，责有专司，尤不得稍涉推诿，致干重咎。鲍超已由新野趋鄂，该提督数月以来从未接仗，此次统军赴鄂，距贼甚近，若与湘、淮诸军前后夹击，即可就地殄除，断不准徒托空言，复任他窜。该逆飘忽靡常，豫境亦宜预为防范，并着李鹤年派兵迎剿，毋令稍定喘息。豫省兵力本单，即着曾国藩、李鸿章派兵兼顾，免致蔓延。

　　这对曾国荃来说实在是一个致命的打击，因为这非常明显地表示了：朝廷是不会为你们曾家兄弟顾全面子的，只要你做错了事情，就必须接受严厉的惩罚。面对这样一种情况，曾国荃的情绪一下子降到了最低点，意志也非常消沉。曾国藩见此情景，知道即使再对弟弟怎样指责也无法挽回局面了，只有振作起来，努力把政事、军事办好，这样才能够避免即将到来的祸患。对于此事，曾国藩的无奈心情也是可想而知的，因为对于曾国荃之参劾官文，他虽然并没有支持曾国荃，但从内心来说，像官文这样的人被参他认为也是罪有应得，想不到的是，引发出的刁难和斥责竟有这么多。在无奈的情况下，曾国藩也只有忍一忍了，他不断地规劝曾国荃一方面要总结教训，努力去忍，同时知道对自己所做的事悔过，但更重要的是剿灭捻军，在军事上立了功，再怎样困难的局面也就可以挽救了。

　　由于曾国荃参劾官文时，曾国藩的儿子曾纪泽正在曾国荃军中，预闻了参劾官文之事，曾国藩甚至去信指责自己的儿子当初为何不加拦阻：

　　　　沅叔劾官相之事，此间平日相知者如少泉、雨生、眉生皆不以为然，其疏者亦复同辞。闻京师物论亦深责沅叔而共怨官相，八旗颇有恨者雨生云然。尔当时何以全不谏阻？顷见邸抄，官相处分当不甚重，而沅叔构怨颇多，将来仕途易逢荆棘矣。

　　由此可见，曾国藩对参劾官文这件事情真的感到非常后悔。当时曾国藩认为自己做得最不成功的，便是剿捻无功，即使是皇帝，对他的恩宠也越来越少了。在此情况下，曾国荃的奏章无疑是对曾家目前的困境火上浇油。

第九章　推行洋务

一、发展造船工业

同治六年，曾国藩重新担任两江总督的职务后，认为制造轮船，在当时是救亡图存的一个很重要的手段。当时，上海开设铁厂，以及在沪和外国购买机器的事情，大致上都准备的差不多了，而造船一事，则因为没有经济来源，所以没有兴办成功。因此，他于四月初七日，奏请将江海关洋税"解部之中成酌留二成"，把其中的四分之一专门用来建造轮船。他向友人说明，之所以这样做是因为虽然现在还急需枪炮，但是轮船的制造也非常有必要。轮船造成之后，国人定会信心倍增，外国人的不轨图谋也不能得逞。又说："中国自强之道，或基于此。"曾国藩是为了自强救国、抵抗列强侵略才准备造船的。

当时，华蘅芳和徐寿父子二人也同时到达江南机器制造局，二人共同支撑了这里的局面。但该局不但机器设备来自外国，主材料的供应来自外国，同时也是外国雇员掌握造船的技术。处于白手起家的近代工业的最初阶段，这个过程是必须经历的。但清廷的封疆大吏牢牢掌握着制造局的主权，曾国藩对它的经营与人事都进行过非常周密的安排。同治七年闰四月十一日，他与江苏巡抚丁日昌等专程来到上海南门外高昌庙新建的铁厂。第二天，又对机器局进行了视察，观看了所有的制造机器。虽然房屋不大，机器却很多。接着他又观看了新造的轮船，轮船的形状被描述如下"长十六丈，宽三丈许。最要者惟船底之龙骨，中间龙骨，夹层两边，各龙骨三根。中骨直而径达两头，两边骨曲而次第缩短。骨之下板一屋，骨之上板一层，是为夹板，板厚三寸。龙骨之外，惟船肋最为要紧，约每肋宽厚三寸有奇，皆用极坚之木。计此船七月可下水"。他亲自到造船厂去观看，实在是细微之至。

这年七月初，总算完成了中国近代史上第一艘大型兵舰。曾国藩把这艘船命名为"恬吉号"，意思是"四海波恬，厂力安吉"。"恬吉号"有十八丈五尺之长，阔有二丈七尺二寸。"汽炉、船壳两项，均系厂中自造，机器则购买旧者修整参用。"先从吴淞口外试船，试船的时候由铜沙直开至浙江的舟山。接着于八月十三日把船开到了金陵，曾国藩于当天由汉西门坐小轮至下关，非常高兴地坐在"恬吉号"上，开驶到采石矶，然后回到下关。该轮每小时逆水行七十多里，顺水行一百二十多里，并且船体坚硬灵活，可以跨洋越海。曾国藩在日记中所写的话表现出一种自豪感："中国初造第一号轮船，而速且稳如此，殊可喜也！"

九月初二日，他上《奏陈新造轮船及上海机器局筹办情形折》。这篇报告详细讲述了上海机器制造局从同治二年冬开办到同治七年约五年间艰苦创业的事迹，记录了中国近代工业诞生的光辉历程。在这份奏折中，曾国藩把自己的新计划公布于世："原议拟造四号，今第一号系属明轮，此后即续造暗轮，将来渐推渐精，即二十余丈之大舰，可伸可缩之烟囱，可高可低之轮轴，亦或可苦思而得之。"

曾国藩在其政治生涯中开始制造洋船，源于咸丰十一年六月，当时英国人赫德、法国人哥士耆愿意协助清政府从国外购买火轮，当时任议政大臣的恭亲王奕䜣等呈上奏折，请求清廷购买十几艘洋船，从长江堵剿驶进来。事下曾国藩及两广总督劳崇光等人妥善地安排了此事。曾国藩乃于七月十八日上《复陈购买外洋船炮折》，对此事发表了很多议论：

> 恭亲王奕䜣等奏请购买外洋船炮，则为今日救时之第一要务。凡恃己之所有、夸人之所无者，世之常情也；忽于所习见、震于所罕见者，亦世之常情也。轮船之速，洋炮之远，在英法则夸其所独有，在中华则震于所罕见。若能陆续购买，据为己物，在中华，则见惯而不惊，在英法，亦渐失其所恃。康熙、雍正年间，云南铜斤未曾解京之时，皆给照商人，采买海外之洋铜，以资京局之鼓铸。行之数十年，并无流弊。况今日和议既成，中外贸易，有无交通，购买外洋器物，尤属名正言顺。购成之后，访募覃思之士、智巧之匠，始而演习，继而试造，不过一二年，火轮船必为中外官民通行之物，可以剿发逆，可以勤远略。

这段话表明了在引进西方物质文明的问题上曾国藩本人的态度，归结起来不外乎三个方面：一、主张拿来主义，引进我们没有而西方有的东西，从而增强我们的实力，使"独有者"不再独有，"罕见者"也变成常见的东西；二、主张仅仅购买是不够的，应该自己来建造，隐隐约约地产生了我国新式的造船工业；三、主张与国外进行贸易，互通有无，发展对外贸易往来。

"洋船"的进一步引进是于咸丰十一年十一月，在刚夺得的安庆城内，曾国藩设立了中国第一家军械所，用于生产近代化的武器。这家军械所的前身是曾国藩大营里面的内军械所。

军械所贯彻曾国藩开始时演习、后来慢慢试着制造的意图，于是中国的第一台蒸汽机由此产生了，中国的第一艘轮船也在此基础上应运而生。负责这项工作的是徐寿、华蘅芳以及龚芸棠、吴家廉、徐寿之子徐建寅等人。他们借助物理和数学知识的指导，详细观察了 1855 年上海墨海书馆出版的《博物新编》上的一张轮机简图和仔细观看了在长江上船行的外国轮船。虽然军械所的设备非常简陋，但他们克服重重困难，"潜心研究，造器制机，一切事宜，皆由手造，不假于外"，最后终于使中国近代史上这一惊人的举动得以成功。曾国藩在同治元年七月初四的日记中曾有这样的记录："中饭后，华蘅芳、徐寿所作火轮船之机来此试演。其法以火蒸水，气贯入筒，筒中三窍，闭前二窍，则气入前窍，其机自退，而轮行上弦，闭后二窍，则气入后窍，其机自进，而轮行下弦。火愈大，则气愈盛，机之进退如飞，轮行亦如飞。约演试一时。"根据曾国藩所描述的火轮结构，这部轮机同往复式蒸汽机很相似，而那是当时世界上的先进水平才能达到的。曾国藩接着又这样描述："窃喜洋人智巧，我中国人亦以为之，彼不能傲我以其所不知矣！"在中国日益遭受外国侵略的时候，华、徐二人所制造的轰隆响的蒸汽机，大大增加了国人的自信心！其后，华、徐二人又陆续设计并制造完成了船体，并把这船交给了水师蔡国祥营。同治二年十二月二十日，曾国藩出门到河下看蔡国祥新造的小火轮。这艘被曾国藩赐名"黄鹄号"的木壳小轮船，大约有二丈八九尺长。曾国藩等人登上轮船，走了八九里的路程。它大约一小时可以走二十五六里，时速不快，但曾国藩相信此举的前途是光明的，在当天的日记中他写下了这样的话："试造此船，将以次放大，续造多只。"华蘅芳、徐寿制造的蒸汽机轮船虽比英国晚出了将近六十年的时间，但他们是在没有雇佣一个洋人，又无多少借鉴的情况下自己摸索出的成果。这一事实，不但开辟了中国的造船工业和机械工业，而且证明，中国人自己是完全可以造自己的船的，"人之所有，我须有之，人之所无，我亦有之"的壮志豪情也并不是没有可能实现。然而曾国藩清醒地认识到，虽然造成了一艘小轮船，但是它行驶却非常迟钝，造船技术也不得要领；加上碰到了"阿思本舰队事件"，这件事情使他的思想受到了极大的震撼。曾国藩本来是做购买外洋轮船的打算的，因而遵旨派水师总兵蔡国祥负责统领从英国购进的七艘兵轮。但是令人想不到的是，居间购买的总税务司英人李泰国（Horatio Nelson Lay），竟然自称是清政府的代表，同英国海军大佐阿思本（Sherrard Osbom）私下订立了期限为四年的协定，规定把这支舰队交给阿思本全权指挥，即使清政府也无法直接命令他。这就迫使清廷于同治二年十月把舰队给解散了，把全部兵轮也都遣返了回去，买价银二十一万三千两仍由英国交还，另外阿思本也得到了一万两的赔金。这件事使曾国藩感到，购买外洋轮船，很难不在外人的控制之下，难以把从外国拿来的东西为自己充分利用，只有依靠自己才可以自立自强。他在事件发生时即写信给毛鸿宾，把自己对这件事情的认识进行了说明："弟前年初次复奏购买轮船折，本欲访募覃思之士，智巧之匠，演习试造，以勤远略，未敢遽问九世之仇，亦欲稍蓄三年之艾。今所购七船既已化为乌有，不得不另求造船之方。"曾国藩走上自力和自立的道路也并不是他自己所心甘情愿的，他下决心立即建设一个初具规模的铁厂。在曾国藩的支持下，李鸿章把随阿思本舰队带来的制造军火的机器设备全都购买了过来，在上海和苏州这两个地方也开设了洋炮局。一个叫马格的外国人也参加了洋炮局建设，他说："这是一件很有意义的事情，因为它标记着外国的机器在中国人倡议之下，最先出现在了中国的土地上；它又标记着中国政治家们也开始使用机器。"

与此同时，曾国藩又派容闳带着六万八千两的白银，到西洋去买制造机器的母机。他告诉李鸿章说："容委员闳，原名光照，号纯甫，往来花旗最久，熟悉语言文字，饬令前往购买机器。"容闳于同治二年十月二十六日启行，经过了两年的时间，于同治四年十月回到国内，将一百几十种机器都采购了回来。这是中国有史以来第一次大规模地把西方的先进设备引进到国内。当时，安庆军械所已经和总督府同时迁到了金陵，同时改名为金陵制造局。接着，金陵制造局把地址又迁到了上海，与原在上海、苏州的三个炮局以及李鸿章责成江海关道丁日昌购买的美商上海虹口旗记铁厂合并到了一起，于是中国第一所近代军工企业江南机器制造局建成。容闳购回的机器，也使这个以制造枪炮弹药为主的机器制造局的内部设备得到了进一步的充实。

二、引进西方文明

曾国藩除把制造枪炮弹药和轮船的任务交给江南机器局以外，同时翻译馆也在局内成立，西方文明由此进入了中国。翻译馆多由外籍人傅兰雅（John Fryer）、金楷理（C·L·Kreyer）、林乐知（Young DJ·Allen）、伟烈亚力（A·Wylie）这些人进行口头的翻译，由华蘅芳、李善兰、徐寿、徐建寅、赵元益、李凤苞等人再记录下来。据傅兰雅统计，该馆在建立后的十二年内，翻译成书的已有九十八部之多，二百三十五本，没有编成书的有四十五部，未译全者十三部。翻译的内容从天文到地理，非常广泛，几乎涵盖了科学技术的各个领域，基本上集结了西学的优秀成果，其中主要包括的内容有物理、数学、化学和工艺，历史和公法方面的书籍也占了少数的一部分。李善兰翻译、徐建寅续补的《谈天》，把哥白尼的天文学说首先介绍到国内；李善兰、华蘅芳所翻译的多种数学著作，把代数、微积分、概率论等数学方面的西方成果也介绍到国内，开辟了中国的近代数学领域；华蘅芳翻译的《金石识别》与《地学浅识》也奠定了中国近代矿物地质学的基础；徐寿则潜心于化学，把有机化学、无机化学及化学的定量分析、定性分析等等都介绍给了中国读者，他翻译的《化学鉴原》，确定了许多化学元素的中文名称，这些名称还沿用到今天。他们在翻译之外，自己也写了很多著作——华蘅芳刊出了他的数学著作，《行素轩算稿》六种二十三卷，其中《算学笔谈》对数学知识进行了普及教育，在几年时间里，这本书重新印刷了数十次，东南地区的学子几乎人手一册；他的《几何原本》，曾国藩特地在金陵重新刊印了好多份，并命其子曾纪泽为这本书作序，以达到推广这本书的目的。翻译馆对于政治、经济书籍并没有多加翻译，因为在十九世纪八十年代，清朝廷或社会上的先进人士都远远没有认识到进行政治制度的改革是非常必要的。梁启超后来进行了非常准确的总结："制造局首推工艺，而工艺必本格致，故格致请书，虽非大备，而崖略可见。"翻译外国科技书籍，是从明末开始的，明代徐光启、李之藻等翻译算学、天文、水利之类的书籍，这标志着欧洲的书籍从此进入了中国，而曾国藩却把这项翻译工作的规模进行了前所未有的扩大。

建立翻译馆，是徐寿首先倡议的，徐寿负责江南机器制造局的事务。他说："将西国要书译出，不独自增识见，并可刊印传播，以便国人尽知。"同时还说了以下的话："书成后可在各省设院讲习，使人明此各书，必于国家大有裨益。"曾国藩比较合时宜地接纳了这个意见。因为，他已深刻地认识到制造枪炮、轮船与翻译、学习外国书本知识两者之间的关系非常密切，他说："翻译一事，系制造之根本。洋人制器，出于算学，其中奥妙皆有图说可寻。特以彼此文义扦格不通，故虽日习其器，究不明夫用器与制器之所以然。"所以他设立翻译馆，并立即选择聪明子弟在馆中学习，设立各门课程，先从研究图说入手，差不多能够将那些理论融会贯通，就不必再借助于洋人。曾国藩本人有着远大的目光，向西方科学技术学习的态度也非常坚定，字里行间充溢着独立自主的民族自尊心和民族自信心。

曾国藩的远大眼光在他的认识中更有所表现，他认为单纯依靠购买外国机器是不行的，必须要徐图自强。他说："中国欲取其长，一旦遽图尽购其器，不唯力有不逮，且此中奥密，苟非遍览久心，则本原无由洞彻，而曲折无以自明。"因此他派出了中国历史上的第一批公费留洋生，在此，有一个人我们是不能不说的，那就是容闳。他从小学到大学都是在西方资产阶级的教育之下，1847 年 1 月求学去了美国，在耶鲁大学完成了学业，1854 年 11 月始回国，他个人的观点是"借西方文明之学术以改造东方之文化，必可使此老大帝国，一变为少年新中国"。他于同治二年入曾国藩幕府后，亲自到美国采购机器，任务完成的非常圆满，进一步受到曾国藩的赏识。同治七年，容闳建议在江南机器制造局附设兵工学校，招中国学生在其中学习，把工程上的理论与实践交给他们，以便使中国将来对外国机械及外国工程师不再有所依赖。曾国藩非常赞同他的意见。这使满怀教育救国思想而到处不被人赏识的容闳感到兴奋异常，他写道："于江南制造局附设兵工学校，向所怀教育计划，可谓小试其锋。"于是，他趁机借助江苏巡抚丁日昌之手向朝廷上了一个条陈，建议把一些天资聪颖的青年送出去留学，为国家培养所需的人才。

曾国藩、李鸿章在留学生章程中作出了如下规定：留学生要在学习西学的同时兼顾中国的学问，"课以《孝经》、小学、《五经》及国朝律例等书，随资高下，循序渐进，每遇房、虚、昴、星等日，正副二委员传集各章宣讲圣谕广训"，从而使中国传统的尊君亲上之义得以发扬，不被西学所束缚。

中国在近代化的最初时期，在许多至关紧要原应由本国人从事的职业上，被迫任用外国人，假手客卿，极易忽视或出卖国人的权益，中国的要害——军舰、军队、海关大部分大权旁落。曾国藩率先公派留洋学生，用"西学"培养出了一批人，回国后使得某些方面的权力得以收回到国人手中，以图祖国的自强，从此以后，国人逐渐走向了世界。这是一个永远不可磨灭的功绩，他的识略不能不让人感到敬佩。

三、创建近代化水师

为了创建中国的近代化水师，曾国藩也付出了许多的艰苦努力。还在同治元年与太平军进行酣战的时候，他就详细安排了湘军水师的前途："将来事定之后，利器不宜浪抛，劲旅不宜裁撤，必须添设缺额若干，安插此项水师，而即以壮我江防，永绝中外之窥伺。"夺取金陵之后，曾国藩裁撤了大批陆勇湘军，唯独保留了几乎全部的水师，并且改成了经制之师。这是由于国内的农民战争已经基本平息，曾国藩已认识到搞好海防非常重要。同治八年正月十七日，慈禧太后接见他时，还问他最近外省督抚有无谈及海防之事，他回答说："近来因长毛、捻子闹了多年，就忽略了洋人的事。"慈禧说："这是一件大事，却总是没有办成。"曾国藩则回答说："这件大事最为重要。不定哪一天他就翻了，练兵是非常有必要的，哪怕一百年不开仗，练兵进行防备也是必须的。"同治四年十二月，他与彭玉麟共同主稿，制定了《长江水师事宜》三十条及《长江水师营制》二十四条，开始了对水师的整顿工作。同治七年四月，他更明确提出，水师应该按照西洋之法改革营制，每一船上设专门的官员，这样才有可能在海上取得胜利。同年十一月，他又制定了《江苏水师事宜》十四条及《江苏水师酌改营制及拟裁官兵清单》，并向朝廷上了奏折。

曾国藩的"略仿西洋之法"以改"制"的设想，包含了很广泛的内容，有衙署的设置、内洋外海里河三支水师的不同职责、各营各船的人员配备、粮饷的多寡与报销、设药弹局与船厂等后勤供应等，还包括另外根据外国炮台的样式进行修造，及完全用洋人的规则以操练士兵等。这说明他有着非常周密的思路，而且，与他仿造西洋的方法制造枪炮等器械比较起来，他的"师夷智"在他晚年则得到了更为纵深的发展，这种变化标志着一种质的飞跃。当然，他只

是在"船政"这个具体问题上提出了一些比较细微的建议。

然而，由仿制机器轮船从而发展到为某些制度进行改革，由翻译外国科技书籍进而发展到派人出国留学，他对中国近代化的历史进程做出了非常大的贡献，无论对中国近代的物质文明建设，或者是对于拓展中国人的眼界，转变观念，他的影响都是非常深远的。

总之，曾国藩为抵制外国侵略者的坚船利炮，从"学作炮弹、学造轮舟"入手，发展到从国外购买制造机器所需的母机，再发展为把国外的科学技术知识介绍到国内，再发展为直接把生员派到国外学习，他逐步开始了对"西学"的引进。中国的近代化，正是起步于此。虽然刚开始并不是十分顺利，但他创办的安庆军械所和江南机器制造局，在相当闭塞的中国引起的影响却是不同凡响的，1865年李鸿章创金陵制造局、1866年左宗棠创福州船政局、崇厚创天津机器局，所有这些都是由于他的影响。在他的倡导下，不但出现了中国近代的第一家军事工业企业，第一部蒸汽内燃机和第一艘轮船也由此问世，他所创建的第一个现代化的学校培养了第一批科技人才，并第一次把外国机器引进到国内，聘请了第一批外国专家和工匠，办起了第一个翻译馆，主要翻译用以介绍科技的书籍，派出了中国第一批公费留学生，难能可贵的是，他在中国近代史上第一个提出了引进外国的科学技术，以"勤远略"，从而使中华民族获得长远的利益、自立自强的办"洋务"的总方针。所以说，曾国藩完全继承并且亲身实践了林则徐、魏源的"师夷长技以制夷"思想和官办船炮局设想，是中国近代史上以自己的行动打破清朝的闭关状态、认真向西方学习并且取得了真正效果的第一人，是十九世纪六十年代起在中国大陆上勃然兴起的所谓"洋务运动"的先行者和开拓者，这样的称号他是当之无愧的。

第十章　天津教案

一、奉旨赴津

外国列强在侵略中国的鸦片战争中两次都取得了胜利，于是他们开始在中国设置天主教堂，进行教义的传播。天主教主张仁爱，但骄傲自大的洋人根本不把中国人放在眼里，加上他们总是不分青红皂白就对教民加以维护，干扰地方政府，因此，教堂与中国民众之间存在的隔膜与仇视一直都是很深的。

天津望海楼教堂是在咸丰十年建成的，教堂建成后，因教士强行占领了许多农民的土地，仗势欺人，因此附近的百姓都很痛恨他们。同治九年五月，在法国天主教堂设立的仁慈堂里，教堂收养的三四十个孩子一下子全都死了，附近的百姓都感到非常震撼。纷纷传言这些孩子是受了教堂的迷拐，被挖出眼睛、掏出心肝致死的。同时，百姓们又逮住了用药迷拐孩童的武兰珍，并送他到官府去，武兰珍承认他迷拐幼童是在教会的指使之下干的，五月二十三日，天津地方官便领着他和教堂进行对质，当时有数万名民众都聚集在教堂门口。法国驻天津领事丰大业在听到了这个消息之后，蛮横地要求三口通商大臣崇厚派兵镇压，因崇厚并没有同意他的要求，他便当着崇厚的面开枪恫吓。崇厚无奈，只得让几个人去教堂劝阻。丰大业走出崇厚衙门的时候，恰好碰上天津知县刘杰要到教堂去维持秩序，丰大业便前去辱骂刘杰，并且掏出枪来把刘杰的随从高升打死了。旁观的百姓再也忍耐不下去，当场将丰大业和他的秘书西蒙打死。同时焚毁了法国的领事署、天主教堂和仁慈堂，甚至毁坏了英、美设在天津的几座教堂，还打死了另外二十名外国人，这就是当时令中外震惊的天津教案。

这件事情发生之后，法国把各国的外交官都联合起来，向清政府提出抗议，并且在天津、烟台一带集结兵舰，扬言说，如果不按照法国的要求把这件事情

处理好，天津将会被夷为平地。

清廷闻知此事后，感到事态已经发展到了很严重的地步，便于五月二十五日令身为直隶总督的曾国藩前往天津和崇厚一起把这件事情处理好：

同治九年五月二十五日奉上谕：

崇厚奏，津郡民人与天主教起衅，现在设法弹压，请派大员来津查办一折。据称天津地方有匪徒迷拐人口，牵涉法国教堂情事，经崇厚与法领事丰大业等约定于五月二十三日，今天津道府县带同匪犯武兰珍亲往天主堂面见教士谢福音，并带该犯指勘所历地方房屋与该犯原供不符，亦即带犯而回。旋据教士谢福音至崇厚处商量以后，查办之法商妥去后，是日未刻忽闻教堂之人与观看之人口角争殴，正在派委武弁前往弹压，法领事丰大业忽来署中神气凶悍，带有洋枪二杆，后跟一外国人，手执利刃，出言不逊，将洋枪向崇厚施放，幸未被中。该领事将桌上物件信手砍损，咆哮不止。崇厚以其时民情汹汹，恐激成事变，劝令该领事不可出去，丰大业竟飞奔出署。天津县知县在彼弹压，当面劝阻。该领事即对其放枪，将该县知县家人打伤。百姓激于众怒，将该领事群殴致死，并焚毁教堂等处房屋，现在民情稍戢等语，仍着崇厚督同地方文武将该民人等设法开导，妥为弹压，毋令聚众再滋事端。曾国藩病尚未痊，本日已再行赏假一月，惟此案关系紧要，曾国藩精神如可支持，着前赴天津与崇厚悉心会商，妥筹办理。匪徒迷拐人口，挖眼剖心，实属罪无可逭。既据供称牵连教堂之人，如查有实据，自应与洋人指证明确，将匪犯按律惩办，以除地方之害。至百姓聚众将该领事殴死，并焚毁教堂拆毁仁慈堂等处，此风亦不可长，着将为首滋事之人查拿惩办，俾昭公允。地方官如有办理未协之处，亦应一并查明，毋稍回护。曾国藩务当体察情形，迅速持平办理，以顺舆情而维大局。原折着抄给曾国藩阅看，将此由五百里各密谕知之。钦此。

矛盾已经发展到复杂尖锐以致不可收拾的地步，五月二十六日谕旨下到了河北保定，命接任直隶总督才十五个月的曾国藩去天津把这一案件处理好。当时，他肝病眩晕，正请假在进行调理治疗。他手捧谕旨，既感到紧张，又拿不定主意。

　　然而接旨后的曾国藩即于五月二十九日给朝廷上奏，把他处理此案的初步看法提了出来，认为该案最关键之处在于确定武兰珍是否真的受王三指使，王三是否真的是被教堂收养的孩童以及挖眼剖心这种说法是不是真的。其时曾国藩虽是老朽不堪，但是因为舍不得丢下手中的权势，所以还在勉强支撑着。

　　他向朝廷表示，虽然自己年龄大了，身体也不好，他仍然会不辞辛苦前往天津处理此事：

　　　　臣查各省打毁教堂之案层见迭出，而殴毙领事洋官则为从来未有之事。此次法国领事丰大业以激犯众怒，群殴毙命，案情较为重大。外国于各省教案稍为辑辑者，往往挟制多端。如七年扬州、台湾之案，该国均派兵船前往；八年贵州、四川之案，亦带兵船溯江上驶。闻该公使回京之时，颇以携带兵船为得计。此次领事伤毙，该使尤为忿急，其由香港、上海等处调派兵船来津，乃意中之事。惟该使将调兵船必先与总理衙门商论及之，如总理衙门多方劝阻令其不调兵船自为上策，如不能先事阻止，则臣等在津亦必无能阻之势，但立意不欲与之开衅，准惰酌理持平结案。彼即调派兵船不过虚疑恫吓之举，无所容其疑惧。现闻罗淑亚声称此案必需请示本国君主，固系张大其事、推波助澜之词，然此等重案，该使未曾经历，其言不敢自主，或亦实情。总此或调派兵船，或请示国主，计该辗转需时，非一两个月间所能速了。目下二者未露端倪，如何办结之法，未暇骤行议及。惟此案起衅之由，系因匪徒迷拐人口，牵涉教堂，昨据天津镇道来牍，武兰珍所供之王三业经弋获，必须讯取确供，武兰珍是否果为王三所使，王三是否果为教堂所养，挖眼剖心之说是否凭空谣传，抑系确有证据，此两者为案中最要之关键。审虚则洋人理直，审实则洋人理曲。即使曲在洋人而公牍亦须浑含出之，外国既毙多命，不肯更认理亏，使在彼有可转圈之地，庶在我不失柔远之道；若其曲不在洋人，则津民为首滋事者尤须严查究惩，推求所以激变之由，底里不能不从此两层悉心研鞫，力求平允，以服中外之心。至传教习教之人伤毙若干，中国外国之人无故被害者若干皆须切实查明，严拿凶手以惩煽乱之徒，弹压士民以慰各国之意，皆系目前要务，想通商大臣崇厚必能妥为料理。

谕旨饬臣前往，仍谆谆垂询臣病。臣之目疾系属根本之病，将来必须开缺调理，不敢以病躯久居要职。至眩晕新得之症，现已十愈其八，惟脾胃亏弱饮食减少，月余以来在署登阶降阶需人扶掖，因医者言眩晕之症恐一跌辄半身不遂也。此等重要案件臣不敢因病推诿，略加调理，练习行步，数日内稍可支持，即当前赴天津与崇厚悉心商办。其刻下急宜查讯各事，仍一面先派候补道员博多宏武陈重迅速赴津，会同天津道府详讯办理。而法国之在津者丰领事、谢教士既已毙毙，尚无主持之人，各道府趁此时查讯衅端，当易就绪，至该公使将来如何举动，是否调派兵船，臣等随时请旨遵行。所有微臣奉旨饬赴天津缘由，谨缮密折复陈，伏乞皇太后、皇上圣鉴训示。谨奏。

这封奏折发给朝廷以后，曾国藩左思右想，都认为要想把这件事情妥善处理好是很难的。且不管事实的情况到底怎么样，就目前情况而言，要是把法国给得罪了，则中法之间的战争是不可避免的事情，这种结果朝廷不可能会满意，也是他曾国藩承受不起的；若得罪天津百姓，那么百姓们难免会骂他是"卖国贼"。处于这等矛盾的核心，曾国藩甚至有一种感觉，认为自己在处理案件时甚至可能丢掉性命。于是，他于六月初四日写了一封信给曾纪泽和曾纪鸿，信的内容类似遗嘱。信中他是这样写的：

余即日前赴天津，查办殴毙洋人、焚毁教堂一案。外国性情凶悍，津民习气浮嚣，俱难和叶，将来构怨兴兵、怨致激成大变。余此行反复筹思，殊无良策。余自成丰三年募勇以来，即自誓效命疆场，今老年病躯，危难之际，断不肯吝于一死，以自负其初心。恐邂逅及难，而尔等诸事无所秉承，兹略示一二，以备不虞。

余若长逝，灵柩自以由运河搬回江南归湘为便。中间虽有临清至张秋一节须改陆路，较之全行陆路者差易。去年由海船送来之书籍、木器等过于繁重，断不可全行带回，须细心分别去留。可送者分送，可毁者焚毁，其必不可弃者，乃行带归，毋贪琐物而花这费。其在保定自制之木器全行分送。沿途谢绝一切，概不收礼，但水陆略求兵勇护送而已。

余历年奏折，令夏吏择要抄录，今已抄一多半，自须全行择抄。

抄毕后存之家中，留于子孙观览，不可发刻送人，以其间可存者绝少也。

余所作古文，黎莼斋抄录颇多，顷渠已照抄一分寄余处存稿，此外黎所未抄之文寥寥无几，尤不可发刻送人，不特篇帙太少，且少壮不克努力，志亢而才不足以副之，刻出适以彰其陋耳。如有知旧劝刻余集者，婉言谢之可也。切嘱切嘱。

余生平略涉儒先之书，见圣贤教人修身，千言万语，而要以不忮不求为重。忮者，嫉贤害能，妒功争宠，所谓忌者不能修，忌者畏人修之类也。求者，贪利贪名，怀土怀惠，所谓未得患得，既得患失之类也。忮不常见，每发露于名业相侔、势位相埒之人；求不常见，每发露于货财相接，仕进相妨之际。将欲造福，先去忮心，所谓人能充无欲害人之心，而仁不可胜用也。将欲立品，先去求心，所谓人能充无穿窬之心，而义不可胜用也。忮不去，满怀皆是荆棘；求不去，满腔日即卑污。余于此二者常加克治，恨尚未能扫除净尽。尔等欲心地干净，宜于此二者痛下工夫，并愿子孙世世戒之。附作忮求诗二首录右。

历览有国有家之兴，皆由克勤克俭所致。其衰也，则反是。余生平亦颇以勤字自励，而实不能勤。故读书无手抄之册，居官无可存之牍。生平亦好以俭字教人，而自问实不能检。今署中内外服役之人，厨房日用之数，亦云奢矣。其故由于前在军营，规模宏阔，相沿未改，近因多病，医药之资漫无限制。由俭入奢易于下水，由奢反俭难于登天。在两江交卸时，尚存养廉二万金。在余初意，不料有此，然似此放手用去，转瞬即已立尽。尔辈以后居家，须学陆梭山之法，每月用银若干两，限一成数，另封秤出。本月用毕，只准赢余，不准亏欠。衙门奢侈之习，不能不彻底痛改。余初带兵之时，立志不取军营之钱以自肥其私，今日差幸不负始愿，然亦不愿子孙过于贫困，低颜求人，惟在尔辈力崇俭德，善持其后而已。

孝友为家庭之祥瑞。凡所称因果报应，他事或不尽验，独孝友则立获吉庆，反是则立获殃祸，无不验者。

吾早岁久宦京师，于孝养之道多疏，后来展转兵间，多获诸弟之助，而吾毫无裨益于诸弟。余兄弟姊妹各家，均有田宅之安，大抵皆

九弟扶助之力。我身殁之后，尔等事两叔如父，事叔母如母，视堂兄弟如手足。凡事皆从省啬，独待诸叔之家则处处从厚，待堂兄弟以德业相劝、过失相规，期于彼此有成，为第一要义。其次则亲之欲其贵，爱之欲其富，常常以吉祥善事代诸昆季默为祷祝，自当神人共钦，温甫、秀洪两弟之死，余内省觉有惭德。澄侯、沅甫两弟渐老，余此生不审能否相见。尔辈若能从孝友二字切实讲求，亦足为我弥缝缺憾耳。

这封信有一千多字，详细说明了如何安排他的后事，以及嘱咐儿子如何为人处世！从这封信中足以看出曾国藩当时是抱着大义凛然的心态去处理这个案件的，信中也显示了他对此事感到诚惶诚恐，为他的天津之行增加了浓厚的传奇色彩。后来的事实证明，曾国藩在办理天津教案的全过程中，和常人想象的完全不一样，处处都显示着他的与众不同。

二、违心断果

曾国藩于六月初十日到了天津之后，看到事态就在他的预料之中，天津城内人心浮动，大家都等着看朝廷如何处理此事。同时，洋人与当地居民之间的矛盾也越来越激化。曾国藩在十一日给他儿子写了一封信："天津士民与洋人两不相下，其势汹汹。缉凶之说，万难着笔，办理全无头绪。"虽然不知道事情该从什么地方下手，但正事也是必须要办的。在曾国藩看来，目前最重要的任务就是要安定人心，因此他于十一日向天津城内的百姓发出了《谕天津市民》的告示：

自咸丰三四年间，本部堂即闻天津民皆好义，各秉刚气，心窃嘉之。夫好义者，救人之危难，急人之不平，即古所谓任侠之徒是也。秉刚气者，一往直前，不顾其他，水火可赴，白刃可蹈之类是也。斯固属难得之质，有用之才，然不善造就，则或好义而不明理，或有刚气而无远虑，皆足以偾事而致乱。即以昨五月二十三日之事言之。前闻教堂有迷拐幼孩，挖眼剖心之说。尔天津士民忿怒洋人，斯亦不失为义愤之所激发。然必须访察确实。如果有无眼无心之尸实为教堂所掩埋，如果有迷拐幼孩之犯实为教堂所指使，然后归咎洋人，乃不诬枉。且即有真凭实据，亦须禀告官长，由官长知会领事，由领事呈明公使，然后将迷拐知情之教士、挖眼剖心之洋人，大加惩治，乃为合理。今并未搜寻迷拐之确证、挖眼之实据，徒凭纷纷谣言，即思一打泄忿。既不禀明中国官长，转告洋官，自行惩办；又不禀明官长，擅杀多命，焚毁多处。此尔士民平日不明理之故也。我能杀，彼亦可以杀报；我能焚，彼亦可以焚报。以忿召忿，以乱召乱，报复无已，则天津之人民、房屋，皆属可危。内则劳皇上之忧虑，外则启各国之疑衅。十载讲和，维持多方而不足；一朝激变，荼毒万姓而有余。譬如家有子弟，但逞一朝之忿，而不顾祸患入于门庭，忧辱及于父兄，可乎？国有士民，但逞一朝之忿，而不顾干戈起于疆场，忧危及于君上，可乎？此尔士民素无远虑之故也。

津郡有好义之风，有刚劲之气，本多可用之才，然善用之，则足备干城；误用之，则适滋事变。闻二十三日焚毁教堂之际，土棍游匪，混杂其中，纷纷抢夺财物，分携以归。以义愤始，而以攘利终。不特为洋人所讥，即本地正绅，亦羞与之为伍矣。

本部堂奉命前来，一以宣布圣主怀柔外国息事安民之意。一以劝谕津郡士民，必明理而后可言好义，必有远虑而后可行其刚气，保全前此之美质，挽回后日之令名。此后应如何仰体圣意，和戢远人，应如何约束同侪，力戒喧哄，如何而惩既往之咎，如何而靖未平之气。仰读书知理君子悉心筹议，分条禀复。特谕。

当时三口通商大臣崇厚同曾国藩一起负责这件事情的处理，此人已经有了多年和洋人打交道的经验，由于对洋人的惧怕，养成了卑躬屈膝、卖国求荣的秉性。曾国藩虽然在官场上混了很多年，但并没有多少机会和洋人打交道，所以在处理案件时较多听从崇厚的建议。据崇厚的意思，还是尽最大努力不要把洋人得罪了。曾国藩在进退维谷的情况下，也只好试一下崇厚的方法了："天津人心汹汹，拿犯之说，势不能行，而非此又不能交卷。崇帅欲余撤道、府、县三官以悦洋人之意，余虽知撤张守即大失民心，而不得不勉从以全大局。"从这段话中我们可以看出，曾国藩在民心与洋人二者的选择中，无疑是选择了后者。

但这么做和曾国藩平时的为人是不一致的。所以他的内心也承受了许多矛盾。在六月十七日的家信中他是这样写的："天津事尚无头绪，余所办皆力求全和局者，必见讥于清议。但使果能遏兵，即招谤亦听之耳。"至六月二十一日，曾国藩不满崇厚过分崇洋媚外的做法，他在给儿子的信里又写道："天津洋案，罗公使十九日相见，虽无十分桀骜要挟之象，然推诿于提督，为兵船到后要挟地步。目下洋船到者已八九号，闻后来尚且不少，包藏祸心，竟不知作何究竟。崇帅事事图悦洋酋之意以顾和局，余观之殊不足恃。死生置之度外，徐俟其至而已。"

虽然如此，曾国藩的主意已定，在处理此案的时候，不惜将国人得罪，也要偏向洋人。

为天津教案，同治帝在六月二十三日下了一道谕旨："有人奏，风闻津郡百姓焚毁教堂之日，上教堂内起有人眼人心等物呈交崇厚收执，该大臣于奏报时并未提及，且闻现已消灭等语。所奏是否有其事，着曾国藩确切查明据实奏闻。至所称传教有碍通商一节，应如何设法弭衅之处，并着详察情形妥筹具奏。原摺着抄给阅看，将此密谕知之。"同日又下了一道谕旨："前据曾国藩奏，本月初六日启程赴津，现抵该处已逾多日，此案启衅根由想该督必已详细查明妥为筹办矣。迷拐一案究竟有无确据，此系紧要关键，即着该督迅速具奏以慰廑系，并将现在筹办之法及该处近日民情一并奏闻。崇厚已派出使法国自应及早启行，着曾国藩体察情形，如崇厚此时可以交御，即着该侍郎先行来京陛见，以便即日起程，其通商大臣事务着曾国藩暂时接办。成林现已病痊销假，不日亦可驰赴天津，俟该京卿到时，曾国藩即可将通商事务交卸。将此由五百里各密谕知之。"因此曾国藩于六月二十三日上奏朝廷，向朝廷汇报了他办理此案的经过。并在奏折中非常明确地指出，"挖眼剖心则全系谣传，毫无实据"，"英法各国乃著名大邦，岂肯为此残忍之行"，他在奏折中写道：

> 臣等伏查此案起衅之由，因奸民迷拐人口，牵涉教堂，并有挖眼剖心作为药材等语，遂致积疑生愤，激成大变，必须确查虚实，乃能分别是非曲直，昭示公道。
>
> 臣国藩抵津以后，逐细研讯教民迷拐人口一节，王三虽经供认授药与武兰珍，然尚时供时翻，又其籍在天津，与武兰珍原供在宁津者不符，亦无教堂主使之确据。至仁慈堂查出男女一百五十余名口，逐

一讯供，均称习教已久，其家送至堂中豢养，并无被拐情节，至挖眼剖心则全系谣传，毫无实据。

臣国藩初入津郡，百姓拦舆递禀数百余人，亲加推问挖眼剖心有何实据，无一能指实者，询之天津城内外亦无一遗失幼孩之家控告有案者。惟此等谣传，不特天津有之，即昔年之湖南、江西，近年之扬州、天门及本省之大名、广平，皆有檄文揭帖，或称教堂拐骗丁口，或称教堂挖眼剖心，或称教堂诱污妇女。厥后各处案虽议结，总未将檄文揭帖之虚实剖辨明白。此次详查挖眼剖心一条竟无确据，外间纷纷言有眼盈坛亦无其事。盖杀孩坏尸、采生配药，野番凶恶之族尚不肯为，英法各国乃著名大邦，岂肯为此残忍之行？以理决之，必无是事。

天主教本系劝人为善，圣祖仁皇帝时久经允行，倘戕害民生若是之惨，岂能容于康熙之世？即仁慈堂之设，其初意亦与育婴堂养济院略同，专以收恤穷民为主，每年所费银两甚多，彼以仁慈为名，而反受残酷之谤，宜洋人之怏怏不平也。至津民之所以积疑生愤者，则亦有故，盖见外国之堂终年扃闭，过于秘密，莫能窥测底里，教堂、仁慈堂皆有地窖，系从他处募工修造者。臣等亲履被烧堂址细加查勘，其为地窖不过隔去潮湿庋置煤炭，非有他用。而津民未尽目睹，但闻地窖深邃，各幼孩幽闭其中，又不经本地匠人之手，其致疑一也。中国人民有至仁慈堂治病者，往往被留不令复出，即如前任江西进贤县知县魏席珍之女贺魏氏，带女入堂治病，久而不还。其父至堂婉劝回家，坚不肯归，因谓有药迷丧本心，其致疑二也。仁慈堂收留无依子女，虽乞丐、穷民及疾病将死者亦皆收入。彼教又有施洗之说。施洗者其人已死，而教主以水沃其额而封其目，谓可升天堂也。百姓见其收及将死之人，闻其亲洗新尸之眼，已堪诧异。又由他处车船致送来津者动辄数十百人，皆但见其入而不见其出，不明何故，其致疑三也。堂中院落较多，或念经，或读书，或佣工，或医病，分类而处，有子在前院而母在后院，母在仁慈堂而子在河楼教堂，往往经年不一相见，其致疑四也。加以本年四五月间，有拐匪用药迷人之事，适于是时堂中死人过多，其掩埋又多以夜，或有两尸三尸共一棺者。五月初六日河东丛冢有为狗所发者一棺二尸。天津镇中营游击左宝贵等曾经目睹

死人皆由内先腐，此独由外先腐，胸腹皆烂，肠肚外露。由是浮言大起，其致疑五也。平日熟闻各处檄文揭帖之言，信为确据，而又积此五疑于中，各怀悲恨。迨至拐匪牵涉教堂，丛冢洞见胸腹，而众怒已不可遏。迨至府县赴堂查讯王三，丰领事对官放枪，而众怒尤不可遏。是以万口哗躁，同时并举，猝成巨变。其浮嚣固属可恶，而其积疑则非一朝一夕之故矣。

并且，他在奏折中写明了天津市民对此时存有疑惑的原因，他写道：

> 天津风气刚劲，人多好义，其仅止随声附和者不失为义愤所激。自当一切置之不问。其行凶首要各犯及乘机抢夺之徒，自当捕拿严惩以儆将来。在中国戕官毙命尚当按名拟抵，况伤害外国多命几开边衅，刁风尤不可长。惟当时非有倡首之人预为纠集，正凶本无主名，津郡人心至今未靖，向来有曰混星子者结党成群，好乱乐祸，必须佐以兵力，乃足以资弹压。顷将保定铭军三千人调扎静海，此军系记名臬司丁寿昌统带。该员现署天津道缺。一候民气稍定，即以缉凶事件委之，该署道督同府县办理，当可胜任。至武兰珍犯供既已牵涉教堂，经臣崇厚饬令地方官赴堂查验，实为解释众疑起见。近日江南亦有教堂迷拐之谣，亦即如此办理。其后丰大业等之死，教堂公馆之焚，变起仓猝，非复人力所能禁止，惟地方酿成如此巨案，究系官府不能化导于平时，不能预防于先事。现已将道、府、县三员均行撤任，听候查办，由臣国藩拣员署理。
>
> 同日另片具奏，其杀毙人口现经确查姓名实数，惟仁慈堂尚有女尸五具，未经寻获，其余均妥为棺验，交英国领事官李蔚海收存。俄国三人，已由该国领事官孔气验明掩埋。谨开列清单，恭呈御览。法国公使罗淑亚业经到津议及赔修教堂事，宜臣等拟即派员经理。余俟议有端绪续行陈奏，其误毙俄国之人命、误毁英美两国之讲堂，亦俟议结另行具奏。

至六月二十八日，曾国藩又两次向朝廷呈上奏折，再次明确表示像挖眼剖心这样的事情是绝对不可能的，并认为对此事的处理委曲求全才是解决问题的上策，处理要以不引发战争为原则：

　　臣于二十三日业将查明大概情形会同崇厚恭摺具陈在案，洋人挖眼取心之说全系谣传，毫无确据，故彼族引以为耻，忿忿不平。焚毁教堂之日众目昭彰，若有人眼人心等物，岂崇厚一人所能消灭？且当时由教堂取出，必有取出之人，呈交崇厚收执，亦必有呈交之人。此等异事，绅民岂有不知？臣抵津后查讯挖眼取心有无确据，绅民无辞以对。内有一人言眼珠由陈大帅自带进京，大帅者俗间称陈国瑞之名也。其为讹传已不待辨。原其讹传所起，由崇厚前月二十四日专弁到京，向总理衙门口称有搜出眼珠盈坛之说。其时仓卒传闻，该弁未经考实致有此讹。其实眼珠若至盈坛，则堂内必有千百无目之人，毁堂之时何无一人见在？即云残害其尸具又将何归？此可知其妄者。

　　谕旨垂询迷拐一案究竟有无确据。臣查挖眼剖心决非事实，迷拐人口实难保其必无。天津之王三、安三，河间拿获之国领事官孔气商酌，每伤一人给予恤银五千两。该领事当以请示国主为辞。昨经臣处动用公牍再为询商。惟法使罗淑亚必欲将天津府县及陈国瑞三人拟抵，经臣照复该使，府县并非有心与洋人为难，陈国瑞不在事中，仍复曲徇所请将该府县奏交刑部治罪。昨据该使照会仍执前说，必令该三员抵偿，又适翻译官德伟力亚来臣处面称，必如照会所言方不决裂。臣与辩论良久，问该使称府县主使究有何据，德伟力亚不能指出，然其辞气始终狡执，未就范围。臣查府县实无大过，送交刑部已属情轻法重，该使必欲拟抵实难再允所求，由臣处给予照复，另录送军机处备查。彼若不拟构衅，则我所断不能允者，当可徐徐自转，彼若立意决裂，虽百请百从仍难保其无事。

　　谕旨垂询近日民情，虽经臣迭次晓谕，而其疾视洋人尚难遽予解化。良民安分畏事，每欲自卫身家；莠民幸灾乐祸，辄欲因乱抢夺。浮动之意至今未定，故有邀集家绅往见罗使者，亦有撕毁教堂告示者，现有铭军二千人在此弹压，当可无虞。但臣举措多不惬舆情，堪内疚耳。

　　谕旨询及崇厚如可交卸，即着先行来京。现在办理虽有端倪，罗使尚未应允。臣于夷务素未谙悉，且病势久深，崇厚与洋人交涉已久，无事不熟，应请饬令该侍郎暂缓赴京，留此会办，俾臣不致偾事，于

大局实有裨益。所有微臣奉旨查询缘由，谨缮折复陈，伏乞皇太后、皇上圣鉴训示。谨奏。

六月二十五日，同治帝再一次颁布上谕："曾国藩、崇厚奏查明天津滋事大概情形一摺，另片奏请将天津府县革职治罪等语，已均照所请明降谕旨宣示矣。曾等此次陈奏各节，固为消弭衅端委曲求全起见，惟洋人诡谲性成，得步进步，若事事遂其所求，将来何所底止？是欲弭衅而仍不免启衅也。该督等现给该使照会于缉凶修堂等事，均已力为应允，想该使自不至再生异词。此后如洋人仍有要挟恫喝之语，曾国藩务当力持正论，据理驳斥，庶可以折敌焰而张国维。至备预不虞，尤为目前至急之务，曾国藩已委记名桌司丁寿昌署理天津道篆，其驻扎张秋之兵，自应调扎附近要隘，以壮声威。李鸿章已于五月十六日驰抵潼关，所部郭松林等军亦已先后抵陕。此时甯陕回匪屡经官军剿败，其焰渐衰，若移缓就急，调赴畿疆似较得力，着曾国藩斟酌情形，赶紧复奏再降谕旨。日来办理情形若何？能否讯就了结？并着随时驰奏。总之，和局固宜保全，民心尤不可失，曾国藩总当体察人情向背，全局通筹，使民心允服，始能中外相安也。沿江沿海各督抚本日已有寄谕，令其严行戒备。陈国瑞当时是否在场，到津后即可质明虚实？已令神机营饬令该提督赴津听候曾国藩查问矣。将此由五百里各密谕知之。"

对此曾国藩在奏折中回复道：

臣查此次天津之案，事端宏大，未能轻易消弭。中国目前之力，断难遽启兵端，惟有委曲求全之一法。臣于五月二十九日复奏折内，曾声明立意不与开衅，匝月以来，朝廷加意柔远，中外臣民亦已共见共闻。臣等现办情形，仍属坚持初议，而罗酋肆意要挟，卒未稍就范围。谕旨所示，洋人诡谲性成，得步进步，若事事遂其所求，将来何所底止？是欲弭衅而仍不免启衅。确中事理，洞悉敌情，臣等且佩且悚。目下操纵之权主之自彼，诚非有求必应所能潜弭祸机。此后彼所要求，苟在我稍可曲徇，仍当量予转圜。苟在我万难允从，亦必据理驳斥。惟洋人遇事专论强弱，不论是非，兵力愈多，挟制愈甚。若中国无备则势焰张，若其有备和议或稍易定。现令张秋全队九千人拔赴沧州一带，略资防御。李鸿章前在潼关，臣已致函商谕，万一事急，恐须统率所部由秦入燕。此时陕回屡受大创，若令李鸿章入陕之师移缓就急，迅赴畿疆办理，自为得力。英法两国水师提督顷已均在大沽，其请示国主旬日内当有复信。法国若仅与津人为难，则称兵必速；若要求无厌，直与国家为难，则称兵较迟。李鸿章若于近日奉旨移军东指，当不嫌其过缓。

臣于洋务素未研求，昨二十一日眩晕之病又复举发，连日心气耗散，精神不能支持，目光愈蒙。二十六日崇厚来臣处面商一切，亲见臣昏晕呕吐，左右扶入卧内，不能强起陪客，该大臣已有由京另派重臣来津之奏。

臣自咸丰三年带兵，早矢效命疆场之志，今兹事虽急、病虽深，而此志坚实，毫无顾畏。平日颇知持正理而畏清议，亦不肯因外国要挟尽变常度。朝廷接崇厚之奏是否已派重臣前来，应否再派李鸿章东来，伏候圣裁。抑臣更有请者，时事虽极艰难，谋画必须断决。伏见道光庚子以后办理夷务，失在朝和夕战，无一定之至计，遂至外患渐深，不可收拾。皇上登极以来，外国盛强如故，惟赖守定和议，绝无改更。用能中外相安，十年无事，此已事之成效。津郡此案因愚民一旦愤激，致成大变，初非臣僚有意挑衅。倘即从此动兵，则今年即能幸胜，明年彼必复来，天津即可支持，沿海势难尽备。朝廷昭示大信，不开兵端，此实天下生民之福。虽李鸿章兵力稍强，然以外国之穷年累世专讲战事者尚属不逮，以后仍当坚持一心曲全邻好。惟万不得已而设备，乃取以善全和局。兵端决不可自我而开，以为保民之道；时时设备，以为立国之本。二者不可偏废。臣此次以无备之故，办理过柔，寸心抱疾而区区愚虑不敢不略陈所见，伏乞皇太后、皇上圣鉴训示。

曾国藩上此奏折后，已经预感到会有许多人谴责他对此事的处理不公，他在二十四日给曾纪泽的信中也表明了这一点，他认为自己的做法对内有负于神明，对外也会挡不住舆论的压力：

字谕纪泽儿：

二十三日接尔二十二日禀。罗淑亚十九日到津，初见尚属和平，

二十一二日大变初态，以兵船要挟，须将府县及陈国瑞三人抵命。不得已从地山之计，竟将府县奏参革职，交部治罪。二人俱无大过，张守尤洽民望。吾此举内负疚于神明，外得罪于清议，远近皆将唾骂，而大局仍未必能曲全，日内当再有波澜。吾目昏头晕，心胆俱裂，不料老年遭此大难。兹将渠来照会及余照复抄去折片另札行总局，嘱诸公密之。尔可交与作梅转寄卢、钱及存之一看，以明隐忍，为此非得已也。

日来服竹茹药，晕症已减。惟目蒙日甚，断难久支，以后亦不再治目矣。余自来津，诸事惟崇公之言是听，挚甫等皆咎余不应随人作计，名裂而无救于身之败。余才衰思枯，心力不动，竟无善策，惟临难不敢苟免，此则虽耄不改耳。此谕。

在六月二十九日的信中，他给自己的儿子写下了以下的话："以前为崇公所误，失之太柔。"

自己的行为愧对天地良心，愧对天下国人，这些曾国藩都是非常明白的，但他为何又执意要这么做呢？一言以蔽之，就是：怕！怕如果这件事得罪了法国人，就会引发战争，那么清政府就一定会在战争中失败。曾国藩的这种对洋人的恐惧，在他同治九年十一月初一日给彭玉麟的信中表现得非常明显：

国藩办理津案之时，诸多棘手。缉凶一层，已于九月间奏结，共得正法之犯二十人，军徒等犯二十五人，其赔偿、抚恤等事由总署议定，约给五十万金，洋人始就范围，全案业已议结。大抵此事在局中者皆以中国兵疲将寡，沿海沿江毫无预备，而诸国穷年累世但讲战事，其合从之势，狼狈之情则牢不可破。我能防御一口，未必能遍防各口；能幸得一时，未必能力持多年；能抵敌一国，未必能应付各国。在今日构衅泄愤，固亦匪难，然稍一蹉跌，后患有不堪设想者。故夏秋间办理此事，不惮委曲迁就，躬冒不韪，冀以消弭衅端。惟仆初赴津门，力疾前往。精神不能遍照，布置多有未周。六月二十三日一疏袒护天主教，既乖正理，并违本心，而发抄时内阁又删去"五疑"一层，遂致物议沸腾。八月二十八日曾陈一密片，稍救前疏之失。法布构兵，法国为布人所围，几致破灭，而布使在京，仍与法使联络一气，坚持津案，仍不肯稍有异议。英俄各国亦复彼此勾结，其交甚固。刻下虽暂无事，而中国既无术自强，彼族环伺，后患方长，实深隐虑。

正是因为受制于这样一种恐惧心理，曾国藩再一次向人民举起了屠刀，重新变成了他以前做"曾剃头"时的模样。八月二十三日和九月十三日，他两次向朝廷呈上奏折，汇报了他对天津教案的最后处理：处决天津市民二十人，有二十五人被发配充军，天津知府张光藻和知县刘杰交刑部治罪，革职充军，并且向法国赔偿白银五十多万两，并派崇厚到法国去赔礼道歉：

> 唯此案事起仓猝，本无预先纠集之正凶，而洋人多已伤亡，又无当堂质对之苦主。各尸初入水火，旋就掩埋，并未验伤填格，绝无形迹可为物色凶手之资用。是漏网之犯，难于掩捕，已获之犯，不肯认供。天津无赖之徒，有称为混星子者，向以能熬刑自诩。此次辄以为出于义愤，虽酷刑而不畏，而邻右亦不敢出而质证，恐为舆论所讥弹，又虑仇家之报复。欲求罪当情真，定案万难迅速，欲以无辜充数，则问心既有所不忍，而亦不足服洋人之心。棘手甚多，愈办愈窘。反复筹思，若拘守常例，实属窒碍难行，有不能不变通办理者。
>
> 常例群殴毙命，以最后下手伤重者当其重罪。此案则当时众忿齐发，聚如云屯，去如鸟散，事后追究，断不能辨其孰先孰后，孰致命孰不致命。但求确系下手正凶，不复究其殴伤何处，此变通办理之一端也。常例断狱决囚，必以本犯画供为定。其本犯供词狡展，则有众证确凿，即同狱成之例。此案则各犯恃无尸亲，坚不吐实，旁人又不肯轻易指质，众证亦殊难得。臣等议定本犯无供，但得旁证二人三人指实，取具切结，亦即据以定案，此又变通办理之一端也。计讯定证供确实者十一人，无供而有确证者四人，共计可以正法者十五名。拟办军流者四人，拟办徒罪者十七人，共计可科轻罪者二十一名。除即日将各犯供折咨送总理衙门暨刑部外，谨先缮具清单恭呈御览。其情节较重，讯有端倪，供证均未确实者，尚有十六名，拟归于第二批办理。情节较重，在逃未获者，尚有十一名。一并开单先呈御览，以释宸廑。将来第二批奏结，或再办首从犯各数名，或与洋人订定抵偿实数，中国如数办到，请旨敕下总理衙门核定行知臣等，以便遵循。此

次定拟各犯，若遂速行处决，将来拿办愈难，应与洋人商定，统俟续奏二批后并案办理。

然后曾国藩又在奏折中写明了他对天津教案为第二批人犯的处理办法：

两旬以来，严饬地方文武各员续行访拿，昼夜研讯，又获应正法者五人，应办军徒者四人，各犯供词抄咨总理衙门及刑部备查，谨开列清单续呈御览。此次审明各犯，皆系续行缉获，不在前次附开两单之内。其前单供证未确者，除何四现已治罪外，其余再四讯鞫，迄无定供，亦无确证，碍难定罪，应即随时释放。前单在逃未获者，除杨二现已拿办外，其余购线密拿，迄未缉获。其中尤要之犯，应俟缉获至日，另行奏结。此案事起仓猝，并无预先纠集之人，其后杀人放火万众喧杂，亦非百姓始意所能料。今中国力全邻好，先后两次共得正法之犯二十人，军徒各犯二十五人，办理不为不重，不惟足对法国，亦堪遍告诸邦。昨准总理衙门抄录罗使信函移咨到臣，内称派德翻译官前赴天津出具切结，并确查烧毁房屋被抢物件，以便议偿等语。该翻译顷已抵津，候查回京当可议定赔偿确数。拿凶一节最为难办，此事就绪，则其余各节皆可次第定议。惟查拿凶手虽系首先应办之事，而处决人犯究为最后完案之着。臣等先后定拟，应行正法之犯，应请敕下总理衙门，俟修堂赔银诸事议结之后，知照臣等酌定行刑日期办理，免致处决之后，事犹未了，民气既已大伤，和局仍多不协，不能不鳃鳃过虑也。所有臣等讯结天津案内第二批人犯，分别定拟缘由，谨合词缮折，由驿具陈，伏乞皇太后、皇上圣鉴训示。谨奏。

在天津教案中曾国藩这种有违民心的处理方式被公布于世之后，国内的人民愤怒了，无论是朝廷还是民间，纷纷对曾国藩这种侮辱国家和人民的不耻行为进行谴责。如时任陕甘总督的左宗棠即指责曾国藩这样处理问题是很不正确的："虽受迷无据，而幼童百许、童贞女尸适从何来？王三虽未承招，武兰珍则生供具在，不得谓无其人无其事也。"翁同龢在日记中也对他进行了讽刺："自津事起，通商大臣亲往美国馆中，列长筵，以温主慰藉法酋，坐下座，奉事甚谨。继而，为下保护之诏，为通饬疆臣维持之礼，有言及迷拐事，则力曰其诬。

直是心悦诚服，非含垢忍辱而已。继而得曾、李（指李鸿章）复函，以为谋深识，中外一心矣。毛公（指毛昶熙）铮铮，尚持公论，董恂（时任总理衙门大臣）则曲意逢迎，不堪言状。噫！如仓植指责说："诚恐上损国体，下失民心，为今之计，当不应尔。"他书写的悬挂在湖广会馆的楹联，也被他在京的湖南同乡气愤地撕毁了。

三、一世英名毁于一旦

对天津市民的残杀，在曾国藩一生的大规模的"剃头"行为中算是最后一次了，然而，此次残杀并没有令他因此而得到荣誉，而是把他几十年的声誉都给毁了。连他自己也对这件事感到非常后悔。他在同治九年十一月十一日给彭玉麟的信中就进行了忏悔："仆自问四、五年剿捻无功，即当退处深山。六年春重回江南，七年冬莅任畿辅，皆系画蛇添足。此次再来江南，则画虎不成，反类犬矣。"回忆曾国藩的一生，他没有几件事不是做得违心的。不想做官，但却一直到死在做着；不想杀人，却是个杀人魔王，这样的一生实在让人感到悲哀。

但是，从另外一个角度说，曾国藩此次对天津教案的杀害天津市民以满足洋人要求的处理方式，虽然各方人士都谴责他做的不对，他自己也愧悔万分。但从当时的历史条件来看，却收到了投桃报李的成效：实实在在地使一场战争归于平息。所以，清廷非常满意曾国藩的处理方式。因为在清廷最高统治者看来，中国人有的是，把几个"不安分"的中国人除去，这并不是什么要紧事，而一旦把洋人惹恼了，清廷的统治就维持不下去了。另外，很客观地说，在当时中国实力如此软弱的情况下，自不量力，对洋人采取强硬政策，我们也不能想象结果会是怎样。即连当时和曾国藩势不两立的清流派的代表人物张之洞，当他在湖广总督任上面临同样的"教案"事件时，采取的处理方式与曾国藩也没有两样，并十分后悔自己当初对曾国藩的指责，这件事就是最好的证明！

从六月初十日曾国藩到达天津算起，到九月二十日离开，总共不过一百零二天。如果从接到处理天津教案的谕旨那一天开始计算，到八日四日改调两江总督止，才仅仅有七十天的时间。

在这一百零二天中，眩晕、腹泄、呕吐的现象曾一度出现在曾国藩身上，崇厚因此上奏总督病重，希望朝廷能够另派一名大臣，清廷乃着工部尚书毛昶熙和江苏巡抚丁日昌到天津协同办理此事。八月，又命李鸿章会同办理，并把曾国藩的直隶总督的职务接替了过来。曾国藩先后共逮捕了八十多名无辜的群众，于八月二十三日和九月十三日分两批结案，于是天津有二十名市民被杀，二十五人充军，同时将天津知府张光藻和知县刘杰交刑部治罪，革职充军，还以赔偿费和抚恤费的名义付给法国共五十多万两银子。朝廷还令崇厚为钦差大臣，到法国去进行正式的道歉。一场中国人民反教会的斗争，却招致了无数民众的死于无辜和清政府的屈辱赔款。

在这一百零二天中，曾国藩他自己又得到了什么东西呢？在他办案将了未了之时，社会上便议论纷纷，不少人谴责他"畏葸辱国"。他的"平生故旧持高论者，日移书谯让"。如仓植就曾经对他进行了指责："诚恐上损国体，下失民心，为今之计，当不应尔。"连他书写的悬挂在湖广会馆的楹联也被他在京的湖南同乡气愤地撕毁。可以说，他的多年以来的名誉已经毁于一旦了。

同治九年年底，这件事已经过去了很长时间，曾国藩也已经重新担任了两江总督的职务。他在给老部下李元度写信的时候，才更冷静地对于自己在处理天津教案中的处境与教训进行了深刻的分析：

> 六月初旬，力疾赴津办理此案，众议分歧。论理者，金谓宜乘此机，与之决战，上雪先皇之耻，下快万姓之心，天主教亦宜趁此驱除。论势者，则谓中国兵疲将寡，沿江沿海略无预备，西洋各国穷年累世，但讲战事，其合从之势，狼狈之情，牢不可破，邂逅不如意，恐致震惊辇毂。鄙人偏信论势者之言，冀以消弭衅端，办理过柔，以至谤议丛积，神明内疚，至今耿耿。

这里，曾国藩痛苦地反省了自己在外交的"过柔"的处理手段。这种手段给他带来了"谤议丛积"和"积年清望几于扫地殆尽"的后果，他所付出的代价也非常惨重。

以奕䜣为代表的一些人组成了"论理者"，包括李鸿藻、倭仁、翁同龢、李如松、宋普等人。他们认为民为邦本，朝廷的统治一定不可以失民心，失民心则天下解体，可利用当今的民心，借这个机会，把京城的外国使馆和头领都除掉，与外国决一死战，一来报了咸丰之仇，二来也是大快人心之事。醇亲王奕谖在天津教案后的第二年正月二十六日，递上一封密折，再次把他的观点进行了系统的申明："今夷务内常有万不可行之事，诸臣先向夷人商妥，然后请旨集议，迫朝廷以不能不允之势，杜极谏力争之口。如此要挟，可谓奇绝。去年崇厚出使，以及惩处天津府县，其明证也。"他说："欲复深仇（按，指咸丰帝对英、法联军之仇等），全赖各省民心，大吏筹措，而其权实操之于内。即如上年天津之案，民心皆有义愤，天下皆引颈以望，乃诸臣不趁势推之于民以喝夷，但杀民以谢夷，且以恐震惊宫阙一语以阻众志，而不审度必不至此。不但一时全局荡然，自然亦难望转机矣。"翁同龢在日记里也对天津教案的处理进行了讽刺："自津事起，通商大臣（按，指崇厚）亲往美国馆中，列长筵，以温主慰藉法酋，坐下座，奉事甚谨。继而，为下保护之招，为通饬疆臣维持之札，有言及迷拐事，则力曰其诬。直是心悦诚服，非含垢忍辱而已。继而得曾、李（指李鸿章）复函，以为老谋深积，中外一心矣。毛公（指毛昶熙）铮铮，尚持公论，董恂（时任总理衙门大臣）则曲意奉迎，不堪言状。噫！"这些"论理者"的强硬外交政策，得到了大多数百姓的赞同，他们对"含垢忍辱"者的愤慨，多少也是我们民族自尊心的表现。但是，他们却不懂得审时度势，对中西冲突中的双方实力根本就不了解，夜郎自傲，一心只想着"决战"和"雪耻"，而无在敌强我弱的情况下实际应该采取的行动，实际的"决战"准备就更谈不上了。

以奕䜣为代表的"论势者"派，包括崇厚、董恂、宝鋆、沈桂芬、丁日昌等人，他们多为直接和外国人打交道的外交大臣，或封疆大吏。他们认为中国的将兵武器根本不能和外国相比，皇宫曾经迁逃热河就说明了这一点；因此他们认为只有解除彼此的争端，保存和局，中国才有徐图自强的可能。他们这种从现实出发、考虑到未来的态度，也有可以借鉴之处。然而他们违背民心，不顾国家尊严，缺少民族气节，因此时人和后人都以之为耻。曾国藩历来与奕䜣等人就有着较为密切的关系，而崇厚又是与他共同办案的人，所以他比较偏向"论势者"这一方。

其实，曾国藩自己何尝不愿意做一个"论理者"，懂得维护我们民族的尊严，懂得应该如何去维护国家的主权。西方列强与中国之间的外交关系，实质上是以武力为后盾的，他们除运用武力野蛮地掠夺中国外，同时在外交上也以武力相威胁，或者用武力得到外交所得不到的。天津教案发生后，法国压根儿就没想过和平外交和法律程序，而是向天津、烟台海面调集军舰，运用武力手段威胁清政府；其他的帝国主义列强也互相勾结，英、美等六国和法国联合抗议天津一事。曾国藩非常了解侵略者的这套把戏，他懂得对待武力的威胁，武力的防备是必须的。他在六月二十八日的奏折中是这样描述他的想法的："洋人遇事专论强弱，不论是非，兵力愈多，挟制愈甚。若中国无备，则势焰张；若其有备，和议或稍易定。现令张秋全队九千人拔赴沧州一带，略资防御。李鸿章前往潼关，臣已致函商谕，万一事急，恐须统率所部由秦入燕。此时陕回屡受大创，若令李鸿章入陕之师移缓就急，迅赴畿疆，办理自为得力。"九月初九日他又奏请将福建船政局购办的京米留下两万石放在天津，用以满足李鸿章军及刘铭传军之需。接着于七月十九日奏请檄令刘铭传赶到天津去亲自带领铭军。这些措施表明，曾国藩知道如何防范侵略者的外交。同时，他下定决心，即使事情发生突变，他也做好了一切准备。在来天津前便"自誓效命疆场"、即使是丢掉性命也在所不惜。他向皇上也表达了自己尽忠的决心："臣自咸丰三年带兵，早矢效命疆场之志。今兹事虽急，病虽深，而此志坚实，毫无顾畏。平日颇知持正理而畏清议，亦不肯因外国要挟尽变常度。"然而，曾国藩在天津的涉外活动，却丝毫没有显示出一点要"效命疆场"的痕迹，而是完全遵从了李鸿章运筹的"驭夷之法，以羁縻为上"的策略，事事处处给侵略者让步，最后滥杀无辜的中国人，向侵略者赔款赔罪才把这件案子了结。这种言行的不一致，仅仅用道德修养是不能够解释清楚的，而是由于他在办案过程中对中外形势进行了周密的分析。他写信给宝鋆道："目下中国海上船炮全无预备，陆军则绿营固不足恃，勇丁亦鲜劲旅。若激动众怒，使彼协以谋我，处处宜防，年年议战，实属毫无把握。此等情势，弟筹之至熟，故奏牍信函，屡持此论。"他给彭玉麟的信则阐述的更为详细："中国兵疲将寡，沿海沿江毫无预备，而诸国穷年累世但讲战事，其合众之势，狼狈之情，则牢不可破。我能防御一口，未必能遍防各口；能幸得一时，未必能力持多年；能抵敌一国，未必能应付各国。……然稍一蹉跌，后患有不堪设想者。"他把自己的内心剖析得很清楚："必须隐忍以全和议者，就势而言之也。……必须力争以全国体，此就理而言之也。欲求理势兼顾，殊无良策。敝处所办，盖亦偏于衡势者，措施又多失宜，物议之腾，亦无足怪。"由于形势上的迫不得已，这位内心充满"论理者"思想的人实际行动中却成了"论势者"。

曾国藩固然清醒地认识到中外形势上的差异，懂得运用武力的意义非常重大，也懂得应该实事求是地思考问题。但是，他畏惧于敌人强大的势力，而委曲求全，甘愿受侮，因而丧失了国家的主权，民族的尊严，便造成了这样错误的后果。然而，清廷对于处理天津教案的指示，曾国藩也不敢违抗，也只能顺着朝廷的意思做。例如，五月二十五日，朝廷命令曾国藩到天津去处理此案的第一道上谕中说："匪徒迷拐人口，挖眼剖心，实属罪无可逭。既据供称牵连教堂之人，如查有实据，自应与洋人指证明确，将匪犯按律惩办，以除地方之害。"感觉上好像要曾国藩去伸张正义。所以，曾国藩在五月二十日处理此案的第一份奏折中，也就仔细调查了案情，摆出一副"审虚则洋人理直，审实则洋人理曲"的"公允"姿态。可是，软弱无力的清政府根本没有坚定的态度处理此案，后来因为侵略者的威吓而屈服，再也不敢追究"罪无可逭"者的责任，曾国藩也就对这些"迷拐人口"的"匪徒"不再进行审讯，反而将矛头指向了烧毁教堂的那些人，转换了用刑的方向，改变了专政的对象。这些无论对他、对清廷、对历史都是一个悲剧！

又如六月十九日的上谕："着将为首滋事之人查拿惩办。"七月十六日上谕："如将下手滋事之犯按律惩办，则洋人自不至节外生枝，再不归咎于府、县。"曾国藩并不同意这些上谕的说法："天津士民与洋人两不相下，其势汹汹，缉凶之说，万难着笔，办理毫无头绪。""天津人心汹汹，拿犯之说，势不能行，而非此又不能交卷。"但是，他对于清廷"严拿凶手，弹压乱民"的方针还是一丝不苟地严加执行，向激于义愤的天津爱国士民开刀。同时，他仍然不敢放弃内心"论理者"的姿态："如再要挟不已，余惟守死待之，断不再软一步。"但是，在侵略者进一步要挟的情况下，软弱无能的清廷向侵略者求和。"总署催余缉拿正凶，提解府、县，一日一函，迫于星火"的情况下，他也不是按他上面所说的话做，而是捉拿了八十多名"乱民"，比"断不再软一步"前增加了六倍！这些人的意志都很坚强，不肯认罪，其认供可以正法者，也才只有七八人之多。对于此事他的感慨很深：这些人"将来不免驱之就戮，既无以对百姓，又无以谢清议，而事之能了不能了，尚在不可知之数，乃知古人之不容于物论者，不尽关心述之坏也"。他在八月二十三日的奏折中说明自己也是有苦衷的："欲求罪当情真，定案万难迅速；欲以无辜充数，则问心既有所不忍，而亦不足服洋人之心。棘手甚多，愈办愈窘。"洋人如果又一次挑起事端，"忽来战攻，则吾将获大戾"。怎么办？他的心中自然有答案。但还是依照清廷的意思，违心地提出了"变通办理"，不完全依照供词来断案。他甚至逢迎清廷，提出与洋人商定应赔偿的实际数目、中国绝对没有异议的荒谬建议。并在写给恭亲王的信中说，法国方面的公使"指定必须抵偿若干名，再竭一两月之力，亦必可如数交卷"。

这种俯首听命于侵略者的奴颜，真是把天理、国格和人格都丢尽了。

在夹缝里讨生活的人，或者是从夹缝中冲出去，去重新寻找自己的天空，或者就只能四面碰壁，四面讨好，而最后却什么都得不到。曾国藩就属于后一种类型。他由于畏清廷，畏洋人而做下丧失国格的事，由于处事违心而内疚，由于悖情逆理、遭到舆论的谴责而终日闷闷不乐，这位天津教案的镇压者在办案过程中的心态是非常矛盾的，也是这位早年重视"华夷之辨"、中年首次提出创办洋务以图自强的曾国藩，在他的晚年却做出了如此辱国屈膝、丧失物望勾当的原因。他这位悲剧人物产生的原因也正是当时时代的悲剧。

第十一章　风烛残年

一、再次回任两江

同治九年，曾国藩处理天津教案后只七十天，全国上下对此事纷纷议论，他又因为年迈多病而没能完成缮后工作，只得遵旨重任两江总督。金陵城内的两江总督的衙署，曾国藩进进出出达六次。虽然他还有诸如太子太保、大学士之类的虚衔，并且在同治八年正月十六日御宴群臣时，东边坐七位满族尚书，倭仁坐在首席，西边坐七位汉族尚书，曾国藩坐在首席，这是何等的荣耀，但两江总督这一职位却是他权势的顶峰。

同治九年八月初四日，曾国藩正在对天津教案进行紧张处理之中，突然奉到上谕，调他回任两江总督，由李鸿章接任直隶总督的职位。初七日，他立即以眼病很严重为理由，疏辞两江之任，并称，等天津教案一结束，即请开缺。在私下里他说："趁此尽可引退，何必再到江南画蛇添足！"但是，朝廷于十二日给曾国藩批复，谓"另简贤能之处，着无庸议"。二十五日，李鸿章便来到了天津。九月初六日，他急切地把直隶总督的关防印信接了过去。

朝廷调曾国藩离开天津，离开直隶，主要原因是为了让他避开朝廷内外对他的种种非议，同时也是为了让他去处理两江总督马新贻被刺这件案子。上谕说："两江事务殷繁，职任綦重，曾国藩老成宿望，曾在两江多年，情形熟悉，措置咸宜，现虽目疾未痊，但能坐镇其间，诸事自可就理。"虽然有着冠冕堂皇的理由，但文章毕竟只是一种形式，当时连曾国藩本人也怀疑这次调动的真正原因，不知道为什么会把他调离，尤其对刺马案的具体情况他也不了解。自刺马案发生后，清廷于八月初三日、初八日、初十日、二十三日和九月初十日连发五道谕旨，运用严厉的措辞，谓"兼圻重臣，猝被凶犯行刺，情节重大"，应就"行刺缘由，及有无主使情事"，进行"熬审"，"尽法惩办"，"不得含混奏结"，并且于案发后第七天派江宁将军魁玉代理两江总督的职务，风风火火赶到金陵推鞫，又派漕运总督张之万前去会审。曾国藩接完一案又是一案，内心感到非常彷徨，八月十二日接到不批准他辞两江总督的朝命这一天，他更是徘徊了很长时间。他每日战战兢兢，深恐辜负了皇恩，因此于八月十六日奏请陛见，想了解"圣上"到底是怎么想的。

于是，慈禧太后再次召见他：二十六日他赶到朝廷，巳正三刻，召对于养心殿之东间，叩谒皇太后、皇上圣安，旋即叩头恭谢天恩。

慈禧太后问道："你哪天从天津出发？"

对："二十三日自天津起程。"

问："天津一案中的元凶就地正法了吗？"

对："未行刑。刚刚听到领事之言，俄国公使即将到津，法国罗使将派人来津验看。"

问："李鸿章拟于何日处理这些元凶？"

对："臣于二十三日夜接李鸿章来信，打算在二十五日将该犯等行刑。"

问："天津百姓还喜欢滋生事端吗？"

对："此时百姓都安居乐业，均不好事。"

问："府县前逃至顺德等处，居心何在？"

对："府县初撤任时并没有确定他们具体的罪名，故渠等放胆出门，之后派人告知他们朝廷的谕令，业已革参交部，该员等惶骇，始从顺德、密云等地渐次回到天津。"

问："你的右眼现在还是有光也看不到吗？"

对："右眼一点光也看不到了；左眼倒还能看到光亮。"

问："别的病都好了吗？"

对："别的病还好了一点。"

问："我看你起跪等事，觉得你的精神还不错。"

对："精神总还是没有回复到以前。"

问："马新贻这事岂不是非常奇怪？"

对："这事非常奇怪。"

问："马新贻办事很好。"

对："他是个办事精细和平的人。"

退出。

二十七日，辰初三刻入朝，巳初三刻后蒙召入对，巳正三刻觐见了皇太后。

皇太后问："你在直隶训练了多少士兵？"

对："臣练新兵三千，前任督臣官文练旧章之兵四千，因此一共有七千名士兵。拟再练三千，合成一万，这件事我已和李鸿章商量过，照臣奏定章程办理。"

问："南边练兵也是最要紧的，这一切你们都要办好。"

对："现在海面尚平安，所以只有想办法进行防守。臣打算在江中要紧之处修筑炮台。"

问："能防守便是好的，这教堂的事总是防不胜防。"

对："教堂近年到处滋事，教民总是欺辱那些不信教的百姓，教士也常常庇护教民，领事官好庇护教士。明年法国换约，须将传教一节着重调整一下。"

问："你几时出京？"

对："万寿在即，臣随班行礼后，再行跪安请训。"

退出。

十月初一日，奉派入坤宁宫吃肉。寅正一刻入朝。卯正二刻传入乾清宫，与众王大臣立谈。三刻入，过交泰殿，至坤宁宫。皇上坐西南隅榻上，背南窗北向而坐；各王大臣以次向西而坐，以南为上。第一排南首为醇王、恭王，以次而北；第二排又自南而北；公坐第五排之南首一位。初进饤盘、小菜、酱瓜之类一碟，次进白肉一大银碟，次进肉丝泡饭一碗，次进酒一杯，次进奶茶一杯。约二刻许退出。初九日趋朝请训，召对于养心殿。

慈禧皇太后问曾国藩道："你什么时候出发到江南去？"

对："臣明日进内随班行礼毕后三两日就出发赶到江南去。"

问："江南的事要紧，你还是早些时候去好。"

对："即日我就会启程，不敢耽搁。"

问："江南也要练兵。"

对："前任督臣马新贻调兵二千人在省城训练，臣到任的时候自会照常训练。"

问："水师操练也很要紧。"

对："水师操练要紧。海上现造有轮船还都没有进行操练，臣打算去试行操练。长江之中打算找要隘处试造炮台。海面虽安静，设法防守也非常必要。"

问："你从前用过的人，现在还有多少好将？"

对："好将现在不多。刘松山这个人便不错，今年糟蹋了。可惜！"

问："可惜得很。文职小官没有好的了吗？"

对："好的文职小官省省都有。"

问："水师里面没有吗？"

对："好将甚少。若要操练轮船，还要多找一些船主才是。"

太后停了一会儿，没有问他问题，旋告六额驸曰："令他即可跪安。"曾国藩站了起来，退至帘前，又跪着请了圣安，就马上出来了。

曾国藩在太后面前是如此之恭敬，他的奴才相的最明显的表现，则在慈禧太后召见他时所作的回答里表现了出来，内容极为空泛，除了机械地回答太后的问题，毫无自己的观点，此外就是叩头、对自己诚惶诚恐地责备，那种在官场中挥洒自如的态度荡然无存。不过，慈禧和曾国藩这一君一臣，在认识外国教堂、外国政府和教堂的关系问题上还是很清楚的，曾国藩也非常明白"加意整顿"传教是怎样一回事。但他们却不知道如何切实有效地对付教堂滋事，也只能发出一些无可奈何的感叹；对于愿意实心任事而年龄已经非常大的曾国藩，自然更是感到遗憾。

其实，他们对付"外夷"也不是没有办法。这就是练兵，从而使我们的国防力量得到增强。同治七年，曾国藩担任了直隶总督的职务，十二月十四日曾上殿陛见。慈禧太后对他说："汝从前在京，直隶的事自然知道。"提醒他对畿辅之地直隶的重要战略地位要有充分的认识。曾国藩回答说："直隶的事，臣也晓得些。"慈禧接着就非常直接地说："直隶甚是空虚，汝须好好练兵。"十六日，慈禧对曾国藩进行了第三次的召见，又指出："直隶空虚，地方是要紧的，汝须好好练兵；吏治也极废弛，汝须认真整顿。"曾国藩当时的回答是："直隶要紧这臣也知道。臣要去时总是先讲练兵，吏治也该整顿。"慈禧对他千叮咛万嘱咐："汝实心实意去办。"僧格林沁的儿子伯彦讷谟祜也在旁边加了一句话："直隶省现无军务，去办必好。"到同治九年九月二十七日的这次召见，慈禧就直接对他责备道："你在直隶练了多少兵？"曾国藩说："臣新近练了三千士兵，前任督臣官文练旧章之兵四千，共为七千。打算再训练三千名士兵，合成一万。已与李鸿章商明，照臣奏定章程办理。"慈禧就又对曾国藩说道："南边练兵也是最要紧的，你们一定要办好。"曾国藩说："洋人的事情实在有些麻烦。现在我们在海面上与他们作战很难取胜，惟当设法防守。臣拟在江中要紧之处修筑炮台，用来防卫外轮侵略。"可见，他们还是有着非常强烈的国防意识的。然而，练几千兵，设几座炮台，面对着那么强大的敌人，根本就是杯水车薪而已，对事情又能有什么帮助呢？在对待天津教案一事上，慈禧本来刚开始也打算实行强硬外交，可是还是指示并批准了像曾国藩那样委曲求全的做法，这就是明证。

这年十月十一日，正好赶上了曾国藩要过六十大寿，湖广同乡与一些京官，在湖广会馆举行了盛大的宴会为他祝寿。朝廷赏赐给他一批礼物，同治帝还为他亲书"勋高柱石"的匾额。在皇帝看来，他的"勋"一在于镇压太平天国；第二也是指在天津处理教案的活动，这对他来说实在是莫大的讽刺。而这一点，曾国藩本人也不是不知道，他在家书中这样写道："余向来本多忧郁，自觉平生之事多可愧者，近因右眼失明，身体衰弱，尤念从前愆咎难再补救，此生学业毫无成就，用是愧郁交乘，有如圣人所称长戚戚者。"曾国藩便是怀着这种忧郁的心情担任两江总督职务的。

曾国藩在天津刚刚把一桩迷拐儿童、挖眼剖心的奇案给处理完，很多非议都把矛头指向他，他自然不愿再呕呕去负责这桩刺马奇案的处理，加上，这时朝廷已加派刑部尚书郑敦谨到金陵去进行仔细的审问，严加办理，他更不想把太多麻烦惹到自己身上，因此避开直接办案。所以，他找了很多的理由，在京城里故意消磨时间，待了二十天，才于十月十五日启行出都，闰十月二十二日接替两江总督的职务。这时，距他接到调任两江总督朝命的时间已经有三个月零二十天。果然，正和曾国藩所想的一样，郑敦谨等已经为刺马奇案确定了谳词，曾国藩接任职务以后，仅仅在第二年正月二十七日中饭后，"至贡院与郑小山尚书会审"时，把首犯的名字点了一遍，也没有刑审，便于第三天向朝廷发出了定案奏折。他向家人两次都表示："张汶祥毫无确供，即再熬亦属无益，只好仍照魁将军等上年原定之案具奏。""谷山之案，竟未审出别情，仍照魁、张原拟定谳。"令人感到可笑的是，曾国藩在同一时期的家信中还在教训儿子的时候非常认真，说的话尽是"古之圣君贤相，若汤之昧旦丕显，文王日昃不遑，周公夜以继日，坐以待旦，盖无时不以勤劳自励"。既然他自己很清楚张汶祥"毫无确供"，曾国藩为何不为了弄出一个"确供"来学习商汤、文王、周公，夜以继日地工作呢？这种语言和行动上的不一致，他在私下里也进行了解释："自患目病，肝郁日甚，署中应治之事，无一能细心推求。居官则为溺职之员，不仕又无善退之法，恐日趋日下，徒为有识所指摘耳。"曾国藩对待刺马案根本

就是草草了之，不细心推求，别人说什么，他就跟着附和，固然有目病肝郁的原因，但从当时的政治环境看来，他也是不得已而为之，后人所说的"国藩不欲探求，必有不能深求者在"也不是没有道理。

马新贻于同治九年七月二十六日遭到了刺杀。那天上午，他在总督署右边的校场检阅射箭，结束了以后回署，在就要进便门的时候，忽有一人大喊伸冤，骤奔至马新贻前，左手把他的衣襟掀了起来，右手将小刀刺入右胸，又反卷了几下，肠子又在刀尖上被带了出来。马新贻刚大喊一声"我已被刺"，就倒在地上昏倒了。第二天就一命呜呼。这位刺客成事后并不逃跑，站在那里一动也不动，并且大呼曰："我就是刺客！我愿已遂，我决不逃！"这一发生在戒备森严的督署门前的刺杀，如同一声惊雷，振动了朝野。金陵的司道们更是心惊肉跳，个个都忙坏了，连日开庭审讯。刺客张汶祥上堂，把事情的前因后果都说了出来。首府孙云锦及上元县令张开祁、汝宁县令萧某把供辞记录了下来，犹豫不决，更不敢录供通详，乃就商于藩司梅启照。原来，张汶祥供说的是，马新贻与曹二虎、张汶祥以前都做过绿林，三人曾结拜为兄弟，后来马新贻的地位渐渐高了，升为安徽市政使，见曹二虎妻很美，就把她骗到署里，与她私通。事情被曹二虎等知道了以后，马新贻捏造二虎通捻罪，假手杀二虎于寿州。张汶祥听到这件事情，赶往寿州，伏尸痛哭，发誓要为好朋友报仇，所以才发生了校场刺马的事情。梅启照听到两位县令的这段转述后，马上断言："此官场体面所关也，不便直叙。当使供江浙海盗，挟仇报复。"但张汶祥对他的供词却誓不修改，虽然对他严刑逼供，他也不改口。梅启照"言于护督魁玉，假造供词，以海盗入告"。后来郑敦谨因为佩服张汶祥，想要减轻他的罪名。总督曾国藩坚持不同意，只好以假供结案，将张汶祥凌迟处死于金陵城北的小营，并在马新贻灵前，摘心致祭，真可谓是惨无人道的杀戮。

虽然张汶祥死了，但对于刺马缘由的记载，每个人的说法都不一样，纷纷扬扬。一个当时的上元县书吏胡翁，后来谈起马新贻见色杀友的这段案情，描绘得非常真切，张相文因此概括说："大抵社会上的说法与胡翁的相同；官场上的说法则和奏章相同，所谓官样文章者乎？"曾国藩则是这篇官样文章的最后审定者！同治十一年九月十七日，王闿运在给朱香孙的信中这样说："吾等局外，不妨私议。试以尊意报我，无若郑尚书屈杀张汶祥也。"其实，如果说曾国藩"屈杀张汶祥"又何尝不对呢？

二、鞠躬尽瘁，孜孜不倦

曾国藩第三次任两江总督，从他接任算起直到他的逝世，才有一年零三个月的时间。

他虽然"内疚神明，外惭清议"，感到非常忧郁，又患眩晕、目疾、肝风等病，身体已经到了十分衰弱的程度，但他这个人终究还是重视修养，严于律己，有责任感的，故他就任两江总督的时候，依然做到孜孜不倦，夜以继日地工作。

一年中，他所做的工作非常多。

他首先抓紧进行了练兵。清制本定期对各绿营进行检阅，但江苏通省水陆各营大阅大典，自道光三十年以后，一直都没有举行过；东南用兵有十几年了，绿营却没派上用场。因此，曾国藩自同治十年八月十二日起，到十月十五日止，历扬州、徐州、清江、镇江、常州、苏州、福山、吴淞口、松江等地，对绿营进行了检阅，挑出一些湘勇用于训练或防守，共六十二营及水师十一营。一个右眼失明的垂垂老者，长达两个月时间里都在江淮之上奔波，诚然是用心良苦，也足以表明他有着非常坚强的意志。

他在检阅中深感江苏全省可以依恃的兵勇实在是太少了，"兵数则原额三万三千四百名有奇，现存二万四千二百名有奇，其中多寡参差不一，有已逾原额之半者，有不及原额三分之一者。兵数较多之营演阵，尚有可观，其畸零不成队者，数营合操，仍难整齐，缓急殊不足恃。"他在奏折中把应该改革的旧制归结为四点：一、担当护饷、押犯、缉捕等差役的，不应该用太多的兵力，担当习技、练阵、听令等事的，兵力应该多而且集中，以专责成，不能再如以往一样，把差、操两类兵混为一谈。二、绿营饷银不足，"即使照数满发，犹不足以供事畜之资。而各省司库支绌，尚有只发七成、八成者"，所以会有"兵丁或小贸营生，或手艺糊口，应名充数，出征则漫无斗志，毫不足恃"这样的结果；练兵虽已加饷，但如果加饷却不裁军，那么军饷是不能够维持很长时间的。三、对鸟枪门药的使用应该逐步减少，"恐不能不全用洋枪，而各项器械亦有当用洋制者。"四、水师仍有用马战守者，实在是与水师的名称不相符。"既号水师，即宜居住舟中，官兵皆以狎水为能""以船为家，但可兼操陆队，不复分管陆

汛"。且各省都应该筹备资金用于造船。江苏的兵员情况以及四种旧制，实际上当时这种情况在全国各省都有存在，所以是非常典型的。曾国藩的这些改革措施，如果能逐一实行，清兵的战斗力一定会得到很大提高，从防内为主转向抵御外敌。可惜当时的清政府已腐败不堪，又有几个人能像曾国藩那样头脑清醒呢？

在曾国藩镇压太平天国的过程中，水师发挥了很大作用。对付来自海上的外侮，依靠水师也是唯一的出路。故他对水师的建设非常重视，于同治七年十一月初四日曾专折具陈议对江苏水师章程进行修改，后经马新贻等修改完善。在曾国藩逝世之前的四十天，即同治十年十二月二十二日，又续写了二十一条江苏水师章程，对水师的巡哨范围、如何添造与配置船只枪炮、炮台的管辖、如何配合陆军、官兵的数目、粮饷与惩处等等，没有一项考虑的不周详的，奠定了后来建成的南洋水师和北洋水师的指导思想和营规营制的基础。

曾国藩的暮年，除亲自到达上海对新造的轮船进行察看以外，还与李鸿章一起，奏请朝廷派了一批青年到美国学习科技知识。

为自卫而训练兵勇，为自强而学习西方，这就是这位"老成持重""百僚是式"的曾国藩在政治上的远见及其所具有的光辉思想。他在镇压太平天国后地位得到了很大的提升，在处理天津教案中却又成了时代的牺牲品，而在建设军队与向西方学习时则走在了时代的先锋。在金陵时的曾国藩，还对吏治、河道、海运、盐政等等事务非常关注，预筹与日本通商修约章程，又在上海与奥斯马加国换约，总是在忙忙碌碌地工作，真可以算得上是为国忘躯。

曾国藩一生都非常注重自我修养、自我完善，在暮年更加注意对自己进行批判和苛责。他在一生中最后的一封家书中是这样写的："宦途险峻，在官一日，即一日在风波之中，能妥帖登岸者实不易易。"这句洞彻千古官场之言，也就是他一生小心翼翼的原因所在。他对国家非常忠诚，常以"圣教"要求自己，在家书中他进行了自述："吾自问服官三十余年，无一毫德泽及人，且愆咎丛积，恐罚及于后裔。老年痛自惩责，思盖前愆。望两弟于吾之过失时寄箴言。"当他听到有关长江水师士卒敲诈勒索的一些传闻时，就提高了自己的警惕，非常重视这件事情，在给家乡的弟弟写的信中说："长江水师，外间啧有烦言。或谓遇民间有骨牌、字牌者，则以拿赌讹索，得数千或千余文，乃肯释放。或以查拿私盐、查拿小钱、搜索民舟及附近人家，讹钱释放。夜索打更之灯油钱。民船拉纤，不许在炮船桅上盖过。干预词讼，至有哨官棍责举人者。甚且包庇私盐、祖护劫盗种种弊端。余设立水师，不能为长江除害，乃反为长江生害。两弟在省时，亦常闻此等闲话否？如有所闻，望详细告我。"只用这一个例子，就可以看到他如何严厉地管理自己的部下，管理自己。济济百官，天下能有几人像他这样！

大体上人至老年，经历了太多的事情，就往往会追悔，曾国藩也并不例外。例如，他想起多年的老友冯树堂，不免对自己进行了责备："昔在祁门，余与之口角失欢，至今悔之。今年渠至此间，余对之甚愧也。余往年开罪之处，近日一一追悔，其于次青尤甚。"老年人不但喜欢追悔，还喜欢怀旧。吴廷栋，字竹如，虽然比曾国藩的年龄大了十多岁，却是曾国藩早年在京都治学时的挚友。此时吴廷栋都已经八十岁了，寓居金陵五年，住宅并不宽敞，又因为脚有病不能走路，却终日端坐在屋里不停地校书。曾国藩盛称他是个"讲躬行心得者"，每个月两个人必定会见一次面，促膝谈论。他逝世前一月的正月初二日，到吴廷栋家里去贺年，二人畅谈学业，又言及倭仁逝世，当年在京城的好友一个一个都逝世了，欷歔良久，黯然辞别。谁料这竟然成了两人的临终一见。

曾国藩在金陵的这一年中，似乎已预知自己活不了多长时间，对家人总是给予谆谆告诫。他殷切地期望兄弟子侄"互相切磋，以勤俭自持，以'忠恕'教子，要令后辈洗净骄惰之气，多敦恭谨之风，庶几不坠家声耳"。又对两个儿子嘱咐说："尔辈身体皆弱，每日须有静坐养神之时，有发愤用功之时。一张一弛，循环以消息之，则学可进而体亦强矣。"又将他所知道的前辈的养生六事，再次告诉了家人。曾国藩自己的身体已经非常衰弱了，却反复向家人提出养生之道，实在是人到晚年，"其言也善"啊。

曾国藩不但在治政、治军、修身、诲人等方面，从不放松对自己的严格要求，在治学方面，他也总是持着孜孜不倦的态度。他给儿子纪泽的信中是这样写的："余以生平学术百无一成，故老年犹思补救一二。"在逝世前一年中，他写了好多首诗、十多篇文章。其中五月间所作《湖南文征序》与六月间所作《重刻茗柯文编序》，对于古今文章源流的论述甚为精辟，可谓是一部文章史概论。他在《题俞荫甫〈群经评议〉、〈诸子平议〉后》中，叙有清一代的音韵训诂学的成就非常的详细：

皇朝褒四术，众圣互摽揭。
顾阎启前旌，江戴绍休烈。

迭兴段与钱，王氏尤奇杰。

大儒起淮海，父子相研悦。

子史及群经，立训坚于铁。

审音明假借，课虚释症结。

旁证通百泉，清辞皎初雪。

九原如有知，前圣应心折。

俞君一何伟，跬步追囊哲。

尽发高邮奥，担囊破其镭。

　　这些诗文，也可说是曾国藩在暮年时候总结了自己的学术观点。

　　曾国藩在临死的前月，还写了一篇墓志铭给湘军后期名将刘松山。他的《日记》中，有一篇同治十一年正月初四日的日记是这样写的："将作《刘寿卿墓志》，而久未下笔。"初六日又写道："将作《刘寿卿墓志铭》，仅成二行许。"初十日则是："将作《刘寿卿墓志》，而疲倦似不能支。"到了十四日是这样记载的："作《刘寿卿墓志》百余字。"这篇墓志铭，终因曾国藩病发未完稿，竟成了他临终前的绝笔。

　　在吟诗为文的同时，曾国藩依然没有停止对书籍的研究。居家阅读，行船坐轿阅读，这已经成了他几十年的习惯。他告诉家人说："余衰颓日甚，每日常思多卧多躺，公事不能细阅，抱愧之至。看书未甚间断，不看则此心愈觉不安。""目光似更昏蒙，或以船轿中看书稍多之故。"他甚至自同治十年起，规定每天都要看几页《资治通鉴》，随手记录大事，以免忘掉。他发病后，还不忘读《理学宗传》。二月初三日，他把其中的《张子》卷读完，第二天便与世长辞了。